贵州体育与养老产业融合发展研究

王拱彪 著

科学技术文献出版社
·北京·

图书在版编目（CIP）数据

贵州体育与养老产业融合发展研究 / 王拱彪著. —北京：科学技术文献出版社，2019.8
ISBN 978-7-5189-6041-5

Ⅰ.①贵… Ⅱ.①王… Ⅲ.①体育产业—产业发展—研究—贵州 ②养老—服务业—产业产展—研究—贵州 Ⅳ.① F726.99

中国版本图书馆 CIP 数据核字（2019）第 199664 号

贵州体育与养老产业融合发展研究

策划编辑：郝迎聪　责任编辑：宋红梅　王瑞瑞　责任校对：张吲哚　责任出版：张志平

出 版 者	科学技术文献出版社
地　　址	北京市复兴路15号　邮编 100038
编 务 部	（010）58882938，58882087（传真）
发 行 部	（010）58882868，58882870（传真）
邮 购 部	（010）58882873
官方网址	www.stdp.com.cn
发 行 者	科学技术文献出版社发行　全国各地新华书店经销
印 刷 者	北京虎彩文化传播有限公司
版　　次	2019年8月第1版　2019年8月第1次印刷
开　　本	787×1092　1/16
字　　数	225千
印　　张	13
书　　号	ISBN 978-7-5189-6041-5
定　　价	42.00元

版权所有　违法必究

购买本社图书，凡字迹不清、缺页、倒页、脱页者，本社发行部负责调换

前　言

　　产业融合是当下的热词，在利益的驱使下，一些相关行业积极顺应经济发展的新潮流，寻求与其他产业的融合发展，以应对激烈的行业竞争。这就为各产业的发展与融合带来了新的历史机遇和挑战，这其中当然也包括体育产业与养老产业。

　　就体育产业而言，当前我国的体育产业正处于转型期，一方面面临由体育基础薄弱的体育大国向体育强国转型的问题；另一方面也面临着由体育用品制造业为主向各项类别均衡发展的转型问题。就养老产业而言，面临着我国人口老龄化日益严重的形势，党和政府高度重视养老产业的发展，出台了一系列针对养老产业发展的政策，以缓解人口老龄化带来的各种压力。

　　体育产业和养老产业本身就有一定的关联，并相互影响，且两者目前均处于发展的初步阶段，具备融合发展的可行性。两者的融合不仅可以促进产业自身的发展，还能为国民经济的发展带来新的增长。除此以外，许多相关政策的实施，为两者的融合创造了极为有利的政策环境，因此，产业融合发展对于双方未来发展都是非常好的契机。但是，产业的融合发展也带来了一些前所未有的挑战。例如，两产业融合必然要求各自产业结构方面做出调整，以适应融合发展的态势；两产业融合必然带来全新的商业模式，这就要求产业在管理体制方面做出调整；产业融合必然带来新的商机，这就要求产业提供更具创新性的产品和服务，以满足不同类型的市场需求。由此可见，体育产业和养老产业的融合只有重视和发展多元化的思路，才能在激烈的市场竞争中占得先机。

　　基于对产业融合的研究，再具体到贵州的发展现状和地域优势，笔者提出了对贵州体育与养老产业融合发展的一些想法。共分为十一章，系统地论述了贵州体育产业和养老产业发展中的优势和劣势，并对两产业融合的理论基础、内涵、条件、态势模式与关系等问题展开了详细的论述。

　　本书论述全面、语言严谨、逻辑清晰。在本书的写作过程中，笔者查阅了大量的资料，也就一些比较有争议的问题请教了相关的专家，以期能对中国体育产业与养老产业融合发展事业贡献自己的力量。但是，由于本人能力有限，本书可能还存在很多不足之处，还望读者指教。最后，笔者对给予本书巨大帮助的亲朋好友致以最诚挚的感谢。

目　录

第一章　我国体育产业发展概况 ·· 1
　　第一节　体育、产业与体育产业 ····································· 1
　　第二节　我国体育产业的组织、结构与政策 ······················ 13
　　第三节　我国体育产业发展的现状及问题分析 ··················· 20
　　第四节　我国体育产业发展转型升级的思路及对策 ············· 22

第二章　现阶段我国体育产业区域竞争力分析 ························ 26
　　第一节　国内外体育产业发展现状概述 ··························· 26
　　第二节　中外体育产业竞争力情况比较分析 ····················· 32
　　第三节　中国各区域体育产业竞争力问题分析 ·················· 35

第三章　贵州体育产业发展概况 ·· 42
　　第一节　体育产业概述 ·· 42
　　第二节　贵州体育产业发展现状 ···································· 46
　　第三节　国内外体育产业发展比较分析及启示 ·················· 54

第四章　贵州体育产业发展的制约因素 ································ 64
　　第一节　影响体育产业发展的外部因素 ··························· 64
　　第二节　体育产业内部结构因素分析 ······························ 70

第五章　贵州体育产业发展的优势和机遇 ····························· 79
　　第一节　贵州体育产业发展的优势 ································· 79
　　第二节　贵州体育产业发展的机遇 ································· 85

第六章　我国养老产业发展概况 ·· 92
　　第一节　养老产业的概念、特征及影响因素 ···················· 92

第二节　发展养老产业的理论基础 …………………………………… 96
　　第三节　我国养老产业的现状、问题及发展环境分析 ………………… 101
　　第四节　现阶段我国养老产业发展对策 ………………………………… 111

第七章　体育与养老产业融合理论依据 …………………………………… 115
　　第一节　产业融合的实质 ………………………………………………… 115
　　第二节　产业融合的动因分析 …………………………………………… 124
　　第三节　产业融合对产业组织的影响 …………………………………… 130
　　第四节　产业融合的效应分析 …………………………………………… 133

第八章　体育与养老产业融合的基础及条件 ……………………………… 137
　　第一节　体育与养老产业融合发展的内涵 ……………………………… 137
　　第二节　体育与养老产业融合发展的基础 ……………………………… 143
　　第三节　体育与养老产业融合发展的条件 ……………………………… 147

第九章　体育与养老产业融合发展前景 …………………………………… 153
　　第一节　体育与养老产业融合发展的基本状况 ………………………… 153
　　第二节　体育与养老产业的融合态势测评 ……………………………… 159
　　第三节　体育与养老产业融合发展的契机 ……………………………… 162
　　第四节　体育与养老产业融合发展的内外因分析 ……………………… 168
　　第五节　体育与养老产业融合发展的趋向 ……………………………… 170

第十章　体育与养老产业融合模式 ………………………………………… 173
　　第一节　体育与养老产业融合的互动机制 ……………………………… 173
　　第二节　体育与养老产业的融合模式 …………………………………… 175
　　第三节　体育与养老产业融合发展的关系分析 ………………………… 181

第十一章　贵州体育与养老产业融合发展方略 …………………………… 184
　　第一节　体育与养老产业融合发展的理论模型构建及路径 …………… 184
　　第二节　贵州体育与养老产业融合发展的思路分析 …………………… 190
　　第三节　贵州体育与养老产业融合发展的策略 ………………………… 192

参考文献 ……………………………………………………………………… 200

第一章 我国体育产业发展概况

随着我国社会主义市场经济的不断完善，体育产业化、市场化程度日益提高，产业规模不断拓展，体育产业已成为国民经济活动的重要分支之一。本章主要讲述了体育、产业与体育产业的基本理论，我国体育产业的组织、结构与政策，我国体育产业发展的现状及问题分析，我国体育产业发展转型升级的思路及对策等内容。

第一节 体育、产业与体育产业

一、体育

（一）体育的含义

体育是人类社会发展中，根据生产和生活的需要，遵循人体身心的发展规律，以身体练习为基本手段，达到增强体质，提高运动技术水平，进行思想品德教育，丰富社会文化生活而进行的一种有目的、有意识、有组织的社会活动，是伴随人类社会的发展而逐步建立和发展起来的一个专门的科学领域。体育有广义（体育运动）和狭义（体育教育）之分。

1. 体育运动

体育的广义概念亦称体育运动，是指以身体练习为基本手段，以增强体质，增进健康，促进人的全面发展，丰富社会文化生活和促进精神文明为目的的一种社会活动。它是社会文化中的一部分，其发展受一定社会的政治和经济制约，并为社会的政治和经济服务。

2. 体育教育

体育的狭义概念亦称体育教育，是指在学校教育环境中，指导学生学习和掌握体育的基本知识与技能，使他们形成体育锻炼意识，提高体育活动能力，增进健康，培养道德和意志品质的教育过程。体育教育既是教育的有效手段，又是教育的重要组成部分。

（二）体育的功能

1. 健身功能

①改善和提高中枢神经系统的工作能力。经常参加体育运动，可以促进大脑皮层兴奋性的增强，加深抑制，增强兴奋和抑制的转换能力；神经过程的均衡和灵活性得到提高，对体内外刺激反应更加迅速、准确；提高大脑皮层的分析、综合能力，改善神经系统对各器官的调节作用，从而使各器官系统的活动更加灵活、协调；提高对内外环境的适应能力和整个有机体的工作能力。

②促进有机体的生长发育和提高运动器官的功能。经常运动可以使管状骨变粗、骨密质增厚、骨结节和粗隆增大，骨小梁的排列也随着发生适应性变化，使骨骼更加结实粗壮，抗折性提高。由于体育运动加强了肌肉的工作，使肌肉中毛细血管扩张，血液供应增加，对蛋白质等营养物质的吸收和储存能力增强，肌纤维增粗，因而使肌肉收缩更加有力强健，关节更加灵活和牢固，运动能力提高。

③促进内脏器官构造的变化和功能的提高。运动使人体能量消耗增加，代谢物增多，促使新陈代谢旺盛和血液循环加速，因而心血管系统、呼吸系统、消化系统和排泄系统的功能都将得到改善。例如，使心脏运动性肥大、心肌增强、心壁增厚、心脏容积增加等，从而使脉搏输出量增加，心搏频率减少，出现工作"节省化"现象。肺的功能也会提高，肺活量增大，呼吸深度增加，在剧烈运动时，则能高度发挥呼吸器官的功能，使能量物质的氧化过程得以完善，以保证运动时能量物质的供应。

总之，体育运动能增强人的体质，使人健康长寿。这是体育运动健身功能的直接效果。同时由于体育运动的健身功能还可以派生出其他一些功能，如促进生产、提高劳动效率、提高部分战斗力、促进其他事业的发挥等。

2. 娱乐功能

随着改革开放和现代化建设的深入发展，丰富业余文化生活，越来越受到人们的广泛关注。体育运动娱乐功能的客观依据是体育能够满足人们的精神需要，这主要体现在观赏体育比赛、参与体育运动两个方面。一方面，体育往往以其技术的高难度、造型的艺术性、形式的多样化、竞赛的激烈性和比赛结果的不确定性，给观赏者一种强烈的感情刺激和情感体验，能够满足各种不同层次人群的追求，给人带来精神上的享受。另一方面，人们通过参加体育活动，在完成各种复杂练习中，在征服自然障碍的斗争中，体验到成功的快感，可以增强自尊心、自信心、自豪感。

由于各种运动项目的不同特点，能够使人在运动实践中获得不同的情感体验，从而享受运动带来的无限乐趣。

3. 教育功能

体育的教育功能突出地表现在它已被广泛地纳入各国的教育体系之中，是学校教育的重要组成部分，是学校全面发展人才的重要内容和手段。学校体育通过体育教学、课外活动、各种体育社团及体育竞赛等组织形式，有助于培养学生勇往直前、勇敢坚毅、意志顽强、团结协作的集体主义精神。实践证明，学校体育对培养学生高尚的思想品德、道德情操、良好个性品质都起着积极的作用。学生进行体育活动是进行自我教育或接受教育的一个过程，可使其在社会实践中学习处理人际关系，养成遵守社会规范的自觉意识。同时激发爱国激情，促进社会主义精神文明建设。

4. 培养竞争意识功能

体育运动中的竞技体育具有激烈的竞争性，这种竞争一旦扩大到世界舞台上，就具有广泛的国际性。国际比赛的胜负，关系着一个国家的荣辱和民族的形象，在人们的思想感情上会产生强烈的反响。

人类生活就如同竞技场上的比赛，大到与自然竞争，小到与对手竞争，无一不是在竞争中不断地完善自我和超越自我。从公平竞争的角度来看，运动场是培养人们具有合理竞争意识的最佳场所。

5. 经济功能

体育对发展社会经济的功能，是由体育的健身作用决定的。因为它在提高身体素质及提高劳动者健康水平方面取得了明显的效果，保持和增强了劳动者的劳动能力。因此，体育在体力投资方面所做的贡献，有力地促进了社会经济的发展。

在商品经济的社会里，体育作为第三产业，它以劳动的形式向社会提供服务消费品。当前一些经济发达国家非常重视发挥体育的经济功能，采取多种途径追求体育经济效益。对于体育界来说，要改变体育仅仅是福利事业的思想，树立体育也是产业的观念。

当前体育正与市场接轨，体育的职业化正在初步形成。体育运动的经济功能正在被越来越多的人所理解和接受。近年我国举办的足球、篮球、排球等俱乐部的全国比赛，以及亚运会、奥运会和其他国际单项比赛和各种邀请赛等，都表明我国在挖掘体育经济功能的潜力方面积累了一定的成功经验，为中国体育经济走向国际市场打开了道路。

二、产业

(一) 产业的含义

人们对产业的定义随着所处的历史时期不同和社会经济的发展阶段不同而不断发生变化。

一般而言,"产业"是指在完全竞争市场的经济学假设下,生产同质产品并相互竞争的一大群企业,[①]这一被广泛认同的定义来自《现代经济学词典》对产业概念的描述。我国学者杨治则将产业视为"居于宏观经济的单位(国民经济)与微观经济的细胞(企业和家庭)之间的集合概念"。[②]

苗明杰对产业的概念从以下不同的角度做出了不同的表述——从产品的角度将产业定义为"同类产品及其可替代产品的集合";从生产的角度将产业定义为"同类产品及其可替代产品的生产活动的集合";从产业主体角度认为产业是"生产经营同类产品及其可替代产品的企业的集合"。[③]

王述英把产业界定为"具有使用相同原材料、相同工艺技术或生产产品用途相同的企业的集合",这是从产业结构、产业关联和产业集群层面上对产业形成的认识。[④]

可以看出,"产业"是指在一个经济体中,有效运用资金与劳力从事生产或提供某类经济物品(不论是实物还是服务)的行业。

(二) 产业的分类

早期人类社会的经济总量不大,所以尽管生产不同经济物品,但尚无产业分类之需要。但是随着一国经济总量的不断增长,生产与提供同类经济物品的行业规模越来越大,于是产生了产业分类的需要。

产业分类最早是由20世纪30年代新西兰经济学家费歇尔(A.B. Fischer)提出的,他在所著的《安全与进步的冲突》一书中,提出了把第一、第二产业以外的所有经济活动统称为第三产业。所谓第一产业,又称初级产业,泛指一切直接从地球开采资源的行业,如采矿业、农业、渔业等;第二产业又称次级产业,是指所有对

[①] 赵磊. 旅游产业与文化产业融合发展研究 [D]. 合肥:安徽大学,2012.
[②] 杨治. 产业经济学导论 [M]. 北京:中国人民大学出版社,1985.
[③] 苗明杰. 产业经济学 [M]. 上海:上海财经大学出版社,2005.
[④] 王述英,白雪洁,杜传忠. 产业经济学 [M]. 北京:经济科学出版社,2006.

第一产业生产出来的原料或其他第二产业生产的半制成品进行加工的行业，包括工业、建造业、印刷行业等；第三产业泛指一切提供服务的行业，如法律、医疗、批发、教育等专业。

在工业革命之前，人类产业经济以第一产业为主，主要是农业、牧业、林业等。工业革命后，机器生产逐步取代了以往家庭手工业生产，社会生产力大大提高，随着所占经济比例加大，第二产业开始取代第一产业成为人类经济的主导产业。进入20世纪后，发达国家的大量资金及劳动力流入第三产业，第三产业随之逐渐取代第二产业成为人类经济的主导产业。费歇尔的三次产业分类法自20世纪30年代提出，距今历时已久，而人类科技水平的不断提升及经济的不断发展，也出现了很多新兴行业，产业结构亦与费歇尔身处的年代大为不同。因此，三次产业分类法开始显现出一些缺憾，一些行业分类模糊，第三产业过于复杂。于是有人提出把科技知识从第三产业中独立出来，称为第四产业。第四产业是指以提供智慧型服务为特征的产业。一般认为，与信息技术、科学研究相关的高新技术产业属于第四产业，如计算机软件设计、生化科技等。但第四产业的说法并未完全得到承认，人们的意见也未统一，有人认为非牟利的公共事业为第四产业，但也有人认为那应该是第五产业。中国采用的是三次产业分类法。

在三大产业的大分类下，产业分类还可以依据不同的目的进行细化。我们这里探讨的"文化产业""创意产业""文化创意产业"等，就是从优化产业结构，发展文化、科技等"无烟"朝阳产业出发，在三大产业的大分类下对产业的一种细化。

三、体育产业

（一）体育产业的历史

体育的发展史是同人类历史一样悠久的，它伴随着人类发展的整个过程。人类一经产生，就存在具有现代体育雏形的一些活动，如农耕、狩猎、捕鱼、祭祀、舞蹈等活动；随着社会分工的发展，特别是商业从其他行业的分离，具有产业性质的这些活动就形成了。具有原始形态的体育产业现象从古代社会发展到今天，已成长为枝繁叶茂的参天大树，在欧美等体育产业发达国家，体育产业已成为国民经济中的支柱性产业之一，超过了钢铁、石油、化工、建材等一些传统行业，并且呈现出迅猛的发展势头和巨大的潜力。

体育作为一种社会文化现象和活动，伴随着我国的原始社会、奴隶社会、封建社会走过了不同发展时期。我们从产业的视角审视体育在人类历史发展的各个阶段所具有的不同表现形式，同时由于体育产业现象在各个社会历史阶段的产生、发展、构成形式及所依托的社会背景的差异，体育经济学家、体育产业学家、体育社会学家也从不同的研究方法、研究角度、研究立场对古代体育产业现象提出不同的观点。这里力图以社会发展的进程去描述古代体育产业现象的出现及发展形势。

1. 原始社会、奴隶社会中体育产业萌芽现象

探索体育产业的起源必然要追溯到体育的萌芽及产生。最早发现的约170万年前的云南元谋猿人，约80万至75万年前的陕西蓝田猿人，约70万至20万年前的周口店北京猿人，是我国迄今所发现最早的人类。这些原始人类的生存状况极为恶劣，最初的人类活动就是为了谋生而形成的本能活动，采集果实及狩猎进行的走、跑、跳、投、攀、爬等基本的日常生活活动，这也许是现代某些体育运动项目的起源。在严酷的为生存而进行的物质生产实践过程中，原始人经常在同被追击的猎物之间在速度、耐力、技巧方面的竞争中逐渐认识到可借助一些工具来提高捕获猎物的效率，改善生存状况。于是，石球和弓箭就被发明出来了。在原始社会后期，氏族公社阶段后，频繁的大规模部落战争产生了专门的武器，这一时期已有石戈、石矛、石刀、石斧和石铲，以及易于投掷的标枪和刀、锥、凿等。依据当时的社会背景及生产力发展状况，这些活动只能是为维持自身的生存而进行的简单的本能活动，很难与产业联系在一起。

从公元前21世纪初到公元前8世纪末期，我国经历了夏、商、周3个朝代，进入了奴隶制国家。在这个时期，养生体育得到了极大的发展，这与中华民族文化发源的特殊的地理位置有一定的关系。中华民族地处黄河流域，气候适宜，土壤肥沃，形成人们安静淡泊、温良谦让、乐善好施及讲求天人合一的民族性格。春秋战国时期，诸子百家各自形成独成体系的学术思想，培养发扬壮大自己学派的合适人选，相传孔子门下弟子三千。各学派游说诸国，宣传自己的治国思想，希望能够被帝王采纳，形成历史上少有的"百家争鸣"的局面。这种以学术思想所形成的派别，就有了一定的组织形式。各学派组织或者依赖于奴隶主阶级的王公贵族的资助，或者使自己的学术思想为各国君主所采用，成为治国的策略，为统治阶级服务并得到一定的供养。这种组织生存的方式就有了一定的经济基础，并非是完全单纯的政治组织了。

奴隶社会中，商代出现的甲骨文和西周的"金文"促使教育和人类交往有了较大

的进步。传说夏代有了学校。《孟子·滕文公上》记载："夏曰校，殷曰序，周曰庠，学则三代共之，皆所以明人伦也。"这些机构是传授文字知识、从事劳动和战争技能的场所。西周已有完备的官学系统，其中有礼、乐、射、御、书、数"六艺"教育。从教育内容看，既有德育内容，又有体育因素。

从原始社会进入阶级社会，奴隶主为争夺地盘、捕获物、继承权和对奴隶暴动的残酷镇压，战争频繁发生，战争规模日益扩大。青铜器铸造技术日趋完美。所有这一切都促使了军事体育和战争工具的发展。夏商时期，射箭是战争工具和主要的教育手段。西周时"射"具有特殊地位和突出发展，射箭成了男子本领的象征和执礼的标志，"射"是男子到入学年龄必修课程之一。"对于成年男子，射箭是作战必备手段，同时也是维护奴隶主等级次序、敬德尊礼、进行道德教育的重要方面"[①]。西周时期射箭文化高度发达，也体现在奴隶主阶级的高度重视。《礼记·射义》记载：古者天子，以射选诸侯、卿、大夫、士。同一时期的御术，即车兵作战技术，是军事训练的重要内容。军队操演注重用武舞，增强战士实战技能和体质，以备随时发生的战事之需。频繁的战事也使以铜为主要原料的兵器多样化，有戈、戟、钺、矛、斧、斤、刀、剑等。残酷的战争不但促使了军事体育的发展，也为古代体育经济萌芽的产生提供了一定的土壤。

原始社会向奴隶社会过渡的过程中，发生了三次社会大分工。发生在新石器时代的第一次社会大分工，即畜牧业和农业的分离。发生在原始社会末期和奴隶社会初期的第二次社会大分工，即手工业和农业的分离。这两次社会大分工导致了原始社会的解体、奴隶社会的形成。第三次社会大分工发生在奴隶社会初期，商业从手工业中独立出来，也造就了最初的简单的经济活动——物物交换的出现。由于当时的生产力水平极为低下，奴隶没有人身自由，奴隶及其所创造的财富都属于奴隶主阶级的私有财产，不可能有大规模的经济活动。但即使在最初的人类生产劳动中，特别是两次社会大分工后，简单的物物交换的形式中体现了原始的经济活动，那么从生产劳动、军事、养生、娱乐中演化而来古代体育活动就具有了最初经济活动的踪迹，也就具有了古代体育产业现象的萌芽。

2. 封建社会中的体育产业活动现象

（1）封建社会前期有关体育产业现象的概况（秦、汉、三国、两晋南北朝）

在我国漫长的封建社会中，随着社会文化的发展，生产力水平的不断提高，体

---

① 谷世权. 中国体育史[M]. 北京：北京体育大学出版社，2003.

育活动及体育产业所依托的社会大背景不同，体育产业现象在各个朝代呈现不同的特点和发展趋势。

公元前230—前221年，秦灭六国，建立了中国历史上第一个统一的多民族的封建中央集权制国家。为巩固统治，秦朝采取了许多措施，促进了各民族交流和经济文化的发展，体育文化活动也得到了一定的交流。但由于秦朝的暴政，沉重的赋税、徭役及酷刑，民间体育活动开展受到限制，再加上秦是一个短命的王朝，有关这方面的记载并不很多。

西汉时期，汉武帝采纳董仲舒"罢黜百家，独尊儒术"的建议，用儒家思想教化天下，这对当时的体育影响是较大的。西汉后期，豪强地主建立自己的庄园，称霸一方。许多豪强地主训练家兵，以防农民起义和反抗，因而民间习武风气浓厚，东汉时愈为严重。东汉末年，黄巾大起义使封建王朝遭到沉重打击，经济凋敝，出现"白骨露于野，千里无鸡鸣"的惨景，使体育发展受到一定影响。两汉、三国时期长期的动乱，尤其是对匈奴的作战，戟、矛这样的长武器及射箭技术得到发展，"飞将军"李广就是此时期著名的射手之一。此外，从上流社会到平民阶层，广泛开展蹴鞠活动，相传三国时曹操喜欢蹴鞠，好蹴鞠的孔佳侍从左右。这一时期还出现了击鞠活动；角力、博戏、投壶、弹棋、围棋也较为盛行。

两晋、南北朝时，统治阶级奢侈无度，醉生梦死，士大夫好逸乐，在这种社会风气的影响下，使养生思想得到畸形发展，养生体育获得极大发展。

纵观封建社会前期，现代体育经济中的一些现象都能在这个时期找到它的缩影，宫廷皇室及上流社会中体育娱乐消费现象，军事器械的生产和消费，西汉后期在豪强地主庄园中的家兵等体育劳务活动，都具备了体育产业中的某些因素，"标志着古代体育产业已基本形成"[1]。

（2）封建社会中期有关体育产业活动现象的概况（隋、唐、五代十国）

隋唐时期，政治清明、经济繁荣、文化发达，尤其是唐开元年间，杜甫诗描述当时的情景："忆昔开元全盛日，小邑犹藏万家室。稻米流脂粟米白，公私仓廪俱丰实。"[2] 在国家安定、人民丰衣足食的社会背景下，各种娱乐活动极为兴盛，马球在宫廷中非常流行，宫苑多半筑有球场。唐中宗喜好打球，《资治通鉴》记载唐中宗的"驸马武崇训、杨慎交洒油以筑球场"。由此记载可见贵族阶级对球场的讲究和奢侈。"更有因此而进官的，唐武宗时的右神策军周宝，因技术精湛而升金吾将军，后

---

[1] 易剑东. 古代体育经济纵论[J]. 西安体育学院学报, 2000 (1): 1–5, 30.
[2] 杜甫. 杜工部集（卷五）[M]. 郑州：中州古籍出版社, 2008.

周宝因打球伤一目"[1]。这一时期的蹴鞠活动也盛于前代，较马球稍逊。蹴鞠已有气门，发明了"气毽"，并且玩法多样，女子也能参加。创始于武则天时期的"武举制"，开辟了以武取士的途径，选拔了人才，调动了民间习武的风气，以后武举制又沿袭千年，意义重大。其他如角抵、围棋、散乐、拔河、水上活动也开展得轰轰烈烈。

总之，隋唐时期，经济、文化发达，中外体育文化交流较多，从统治阶级到平民阶层，以娱乐为主的体育表演业兴盛，具有一定产业性质的体育活动得到了较大发展。

（3）封建社会后期的体育产业现象概况（宋、元、明、清）

北宋结束了五代十国的长期割据战乱，社会经济较唐代有了更大发展，特别是先进生产工具的推广，促进了生产力的发展。元代统一中国后，南北方经济均得到了较大的恢复和发展。由于这一时期手工业的进一步发展，商业繁盛，物质、文化生活需求逐步扩大和提高，城市中出现了多种娱乐体育组织和丰富多彩的体育表演，体育表演业获得了长足的发展。明代特别是明中后期，社会生产力水平提高，商品经济活跃，出现了早期资本主义的萌芽，娱乐体育活动持续兴盛。清初，战乱不断，统治者横征暴敛，社会生产力遭到极大的破坏。经过"康乾盛世"的恢复后，经济逐步繁荣起来，也对体育的发展起到了积极的影响。

始于唐代的武举制度在宋、明、清得以延续和发展，但古代将领的来源是世袭制和军功制，武举制只不过是一种补充形式。这对民间武艺的发展和推进起到了不可磨灭的贡献。同时，宋代王安石变法中实行"将兵法"和"保甲法"，明朝实行"卫所制度"，清朝实行"八旗制度"，使平民无战事则屯田自养，战时出则为兵，在一定程度上促进了军事武艺的发展。宋、元、明、清时期的战乱使军事兵器不断改进和发展，花样繁多，实战性能加强，并且出现了火药武器，致使刀、矛等武器逐步退出战场，成为民间武术活动的内容。

在宋代，以娱乐为主要目的的体育表演业开展得较为红火。宋代的一些大都市中出现了前代所未有的固定游艺场所——"瓦肆"。南宋都城临安等地还出现了许多武艺结社组织，如"角抵社""相扑社"；射弩的叫"锦标社"；使棒的叫"英略社"；蹴鞠的叫"齐云社"；打马球的叫"打球社"等。这些社大都不下百人，内有职业武术家，也有一些富家子弟和投靠富家的"闲人"[2]。军队中也有武艺表演的专业队伍，

---

[1] 谷世权. 中国体育史[M]. 北京：北京体育大学出版社，2003.

[2] 同上。

表演内容繁多，远远超过实战需要。明代民间武术内容十分丰富，民间武术体系已形成，只是尚未形成众多流派。清代时，民间由于反抗清王朝的统治，秘密结社组织较多。这些组织同时是练拳习武的结社，使武术进一步得到传播，并且出现了一些文武兼备的学者，如黄宗羲、顾炎武、颜元等。拳派有太极拳、形意拳等。

宋元时期，角抵活动较为盛行，城市瓦肆中已有"小儿相扑"和成人"角抵"。有时官府出面组织比赛，并设一定的奖赏。"膂力高强、天下无对者，方可夺其赏。头赏有旗帐、银杯、彩缎、锦袄、马匹等"；还有平时在瓦舍等市民游艺场所进行表演的，带有群众娱乐性质。"乃路歧人聚集一等伴侣，以图搊手之资。先以女飐数对打套子，令人观睹，然后以膂力者争交。"（《梦粱录·卷20·角抵》）军队中也有职业"相扑手"，在朝廷大朝会、圣节、御宴时表演。这一时期，蹴鞠活动开展得较为普遍，宫廷、民间都有。明代有所衰落，清军入关后，蹴鞠进一步衰落。马球在宋代得到重视，军中和民间都有所开展，但南宋后，马球逐渐衰落，明清时代很少有打马球的记载。

综上所述，由于经济、文化的发展，以娱乐为主的体育表演业在这一时期得以继续发展，并且达到空前的兴盛，标志着我国古代体育产业形态已基本完备。

3. 近代体育产业

1840年第一次鸦片战争以后，中国沦为帝国主义列强的半殖民地，人民陷入水深火热之中。帝国主义在加强对中国军事、经济、政治侵略的同时，也进行文化上的侵略。近代体育史，也是中国"传统体育"与"外来体育"从对抗到相互交融的发展历史。在百余年的半殖民地半封建社会里，中国体育产业也出现了一些新的特点。

中国传统体育主要体现在官方军事训练和农民在反抗外来侵略的斗争中。清代统治阶级分化出来的比较开明的地主阶级知识分子，如龚自珍、林则徐、魏源等主张富国强兵，抵抗侵略，他们有一些与体育有关的主张和实践。林则徐在历任督抚任上一贯重视练兵、阅兵、提倡武勇，多次考阅官兵的各种武艺。魏源主张"师夷长技以制夷"。这一时期，由于八旗子弟的腐化，八旗军和绿营兵被太平天国起义军打得一败涂地，不得不起用地主阶级武装——曾国藩的湘军和李鸿章的淮军，来对付太平军。湘军、淮军后期用洋枪、洋炮武装，请洋教官进行训练，从此开始了近代中国军队中用西方体育来代替传统体育的历史。

在反抗外国侵略和清政府的腐朽统治的斗争中，中国的农民成为革命的主力军。在所有的斗争中，传统体育是他们的主要武装斗争手段。广州三元里人民的抗英斗争中，武术是主要的斗争武器。太平天国起义将领和战士的跑步、爬山等军事体育活动在军事训练中占有相当重要的地位。义和团在反抗帝国主义的爱国斗争中，传统体育做出了巨大的贡献。

民间体育中，1910年，霍元甲在上海友人的赞助和协助下，创办"中国精武体操学校"，这是中国第一所武术学校，后来扩大为"精武体育会"，增加了摔跤、拳击、球类运动项目。为晚清武术的发展和提高做出了重要的贡献。

近代西方体育也在这一时期伴随着帝国主义的侵略进入中国。鸦片战争以来，从地主阶级中有识之士的"师夷长技以制夷"的思想，到洋务派的"中体西用"，维新派的变法，以及资产阶级民主派的革命，始终有以向西方学习的轨迹。在镇压太平天国的起义后，洋务派代表们接受了西方的兵式体操和普通体操，并且运用洋枪、洋炮来镇压太平军，使传统的军事体育处于次要的地位。从此，西方体育开始传入中国。维新派和资产阶级民主派又巩固了西方体育在中国的地位。

帝国主义在进行文化侵略过程中，一些现代运动项目由基督教会传入我国，如篮球、足球、田径等。他们宣传近代体育，推动了篮球、排球等运动在中国的开展，开辟和修建了大量体育场地，组织了中国早期的运动会，培养了许多体育专业人员。基督教会在客观上促进了近代体育项目的发展。

在辛亥革命推翻清王朝后，中国又经历军阀混战时期，到国民党政府的统治，各阶层有识之士将体育和教育进行了广泛的结合，在学校中大力推广体育活动。旧中国也曾举办过各种形式的国家、省、市运动会，但由于国家腐败不堪，组织不力，国民体质的羸弱，很少在国内和国外取得好的成绩。这一时期，体育产业也仅限于零星的体育用品业。我国体育产业在近代远远落后于西方资本主义国家。

近代体育的发展是一段屈辱的历史，虽然近代一些体育项目在一些大城市中有所开展，国民政府也组织并参加了奥运会，但由于整个国家腐败不堪，不重视、不关心的态度，使得体育产业发展举步维艰，难以开展。

4. 现代体育产业

自20世纪60年代后，伴随着社会的发展、经济的进步，人们的物质生活水平得以空前提高，人们的闲暇时间也越来越多，在这一背景下，体育产业迎来了其发展的黄金时期，且逐渐呈现出生活化、社会化及大众化、商业化的特点。在西方发达国家中，体育产业甚至已经成为支撑其经济发展的重要支柱。相较而言，我国体育事业发展的时间相对较晚，兴起于20世纪80年代后，90年代得以快速发展，进入21世纪后已经取得了巨大成效，形成了规模化效应。

当前，商业化是现代体育产业发展的典型特点。体育逐渐成为人们生活中的一项必不可少的活动，甚至遍及社会生产的各个层面。现代体育产业的产值高，规模大。

随着体育产业的迅猛发展，其产生的影响也越来越大，不仅提供了很多社会岗位，还带动了其他产业的发展。另外，伴随着生活节奏和工作步伐的加快，人们也越来越重视身体的健康水平和平常的休闲娱乐，而体育既能帮助人们打造健康的体魄，又能丰富人们的业余生活，陶冶情操。现在越来越多的人投入到体育产业和活动当中。

在全球化发展的大背景下，体育产业除了呈现出社会化、商业化及职业化的特点外，还具备了国际化的特点。其作用也逐渐延伸到国民经济社会发展的各个方面，如扩大内需、提升就业率及提高国民收入等。

（二）体育产业的发展

我国体育产业的形成经过了由事业、福利性质到现在多种形式与产业并存的局面。1949年中华人民共和国成立到20世纪80年代改革开放初期，中国体育始终在计划经济形式下运行，体育只是作为向世界展示社会主义优越性的一个窗口。在计划经济向市场经济过渡过程中，体育产业逐渐在我国形成和发展起来。

国家和社会的重视，有利于体育产业发展的一系列政策方针的颁布，使我国体育产业的发展逐步走上规范化、法制化的道路。新时期，体育产业发展的速度十分迅猛，人们在这方面的消费需求也越来越大，更多的人把视线转移到体育产业的发展上来。群众体育消费也从观赏性消费发展为参与性消费，并日益成为人们追求的消费时尚。

体育产业的发展离不开社会政治、经济及文化事业的发展。经济发展的良好态势为体育产业提供了巨大的资金及基础设施上的支持，基础设备的完善大大方便了人们的体育活动。在物质水平提高的基础上，文明健康的生活方式成为人们追求的焦点，其消费意识不断提高，体育消费甚至已经发展成为一种时尚。在国家精神文明建设的号召下，体育方面的法制建设也得以不断完善，人们从事的体育活动也有了法治保障。毫无疑问，国家经济的发展、制度的完善为体育产业的发展提供了很好的基础，体育产业必将迎来更为光明的未来。

第二节 我国体育产业的组织、结构与政策

一、我国体育产业的组织

体育产业组织研究涉及体育市场结构（structure）、体育市场行为（conduct）、体育市场绩效（performance）的分析框架（简称"SCP分析框架"）。在SCP分析框架中，对体育产业组织的市场集中程度、产品差别化程度和进入壁垒的高低进行市场结构研究；对各组织之间卡特尔、暗中默契的协调、多种策略的应用进行阐述；对体育产业组织间的资源配置效率、利用水平、规模经济、技术进步等判断进行体育市场绩效评价。以下从这3个方面来分析我国体育产业组织现状。

（一）体育市场结构

目前，我国体育市场体系处于雏形阶段，从市场结构因素包括市场集中度、产品差别化和进退壁垒来分析我国体育产业，有利于进一步认清我国体育产业组织竞争与规模效益之间的关系。主要涵盖了体育竞赛表演业、体育健身娱乐业、体育经纪业、体育用品业、体育金融保险业。

（二）体育市场行为

在体育市场状态及结构的影响下，体育市场的行为直接受制于体育市场类型。所谓体育市场行为，指的是企业为了提高利润、扩大市场占有率等而根据市场需求不断调整其企业活动的行为。于我国而言，企业之间的市场行为主要是竞争行为和协调行为。定价行为、广告行为和兼并行为是体育市场竞争行为的表现。

在寡头垄断的体育市场中，体育竞赛表演业、体育经纪业、体育金融保险业的各类企业为了获取最大的利润，一般会采取价格联盟，他们之间很容易建立这种关系。作为一种非价格竞争的行为，寡头垄断在市场上采用广告的形式。对体育企业而言，广告所发挥的作用是不可估量的，一方面它能够向消费者传递出一些切实的信息，帮助消费者构建关于产品的模糊印象；另一方面又能帮助企业树立良好的形象，从而赢得顾客的好感和信任。受制于体育产品本身的特点，通过广告提供直接信息，以实物图像和相关的文字描述，反复强调企业名称和品牌名称，来加深消费者的印象，以提高企业和品牌的知名度。消费者对企业及产品的印象很大程度上来

源于广告，某种程度上，广告的好坏能够直接影响消费者的选择和品牌知名度。

产品策略、价格策略、促销策略和分销渠道的营销组合，可以为企业进一步的兼并打下基础。体育企业通过各种促销活动让消费者对企业或企业的产品产生联想，提高企业产品品牌的定位，丰富体育产品的内涵。通过改善售后服务和售后的质量来提高产品竞争力。

同时，体育企业之间也有协调的关系，企业为了共同的目标相互协调，它们这种市场协调行为并不是以明确的协定和契约来加以规范，而是采取暗中共谋的形式。在体育的某些领域内，由于体育产品差别少，企业更容易进行价格的协调，从而使各方都能得到好处。

（三）体育市场绩效

体育市场绩效是指在一定的体育市场结构中，受一定的体育市场行为而形成的价格、产量、成本、利润、产品质量和品种及技术进步等方面影响的最终经济成果。它反映了在特定的体育市场结构和市场行为条件下体育市场运行的实际效果。体育企业通过自身横向一体化或纵向一体化可以实现规模经济，这样不仅可以大大增强体育企业的竞争能力，也可以承担亏损和抗风险的能力，同时还可以减少采购成本和销售费用。

在企业的规模效率上有 3 种状态：低效率、过度集中和理想状态。目前，我国体育企业普遍生产集中度高，而生产规模偏小，不利于体育主管部门的调控和干预，属于低效率生产。生产的集中度低使体育市场的进入壁垒低，这样会造成企业盲目生产，造成资源浪费，制约体育产品成本的降低和产品质量的提高。同时，经济转型期的特殊性，形成市场力量和行政权力结合的企业垄断，这种企业可以在行政范围内得到区域性的保护，从而严重制约着我国体育市场机制的作用。

因此，我国体育组织要进一步发展，首先要公平竞争，体育主管部门应该完善体育产品的生产标准，完善企业的资金积累机制，扩大体育企业的融资途径。政府在政策方面给予保障，可以制定相关的法律规范，引导企业向公平竞争的方向发展，进一步改革价格制度和价格体系，以市场为主导，营造一个良性循环的竞争氛围。在计划、物资、资金等方面进行适当的支持，完善税收制度。其次，体育主管部门可以应用经济的、法律的和必要的行政手段进行间接调控。再者，企业本身发展自身的优势，灵活应用各种营销手段，在体育市场争取更大的发展空间。进行科技创新，以科技带动企业的发展，实现成本的降低和质量的改进。

二、我国体育产业的结构

（一）计划经济时期的体育产业结构

整体而言，在我国实行计划经济的年代，体育只是作为一种事业而存在，体育产业更是无从谈起。国家直接管控体育活动，片面强调竞技体育的发展，而忽视大众体育的作用，同时对学校体育的发展显得无能为力，导致这一时期体育事业结构发展的失衡。在结构上，体育事业还没有形成全面化的可延伸的系统，体育研究者的研究重点没有定位在体育产业结构。

这种结构的形成，可以从3个方面进行说明——消费结构、体育政策、经济体制。

（二）改革开放后市场经济时期的体育产业结构

改革开放后，我国进行经济建设和经济体制改革，以市场为取向、涉及社会各个层面的经济体制改革轰轰烈烈地进行着。商品经济和市场行为已不再是社会主义所排斥的事物，各行各业以商品和市场来定位各自的发展方向和模式。国际上，我们需要扩大国际影响，让更多的国家和人民关注和了解改革开放的中国，迫切需要竞技体育在国际上多创奇迹。

实行改革开放的政策后，我国在体育机制上也没有迎来实质性的改革，依旧是囊括业余体校、专业体校、地方体工队、省队和国家队的这一层次相加的体系。而几乎所有的大赛获奖选手也基本上是由此选拔产生的。这种运作体系基本上全由国家财政供给，其透明度不高。

为了提高我国体育运动水平，国家在全国范围内建起三级训练网络（国家集训队、省、市、区集训队和各种体育学校、县级业余体校与传统项目学校）。从宏观上看，国家在竞技体育方面加大了投入，十分支持竞技体育的发展，致力于提高运动员的竞技水平和能力。尽管市场在资源配置上发挥了一定作用，但是政府仍旧处于主导地位，因此，该时期仍旧侧重于竞技体育的发展，体育产业结构失衡现象没有得到改善，学校体育和群众体育处于劣势发展状态。就微观层面而言，体育结构得到一定程度的审视，市场化操作得以初步实现，具体操作上主要由体育部门组织各种经营性活动，主张扩大体育服务的领域，并提出了"以体为主，多种经营"的体育事业发展方向，构建体育经营的实体，在一定层面上实现资产经营性质的转变。另外，动员社会力量，从社会上汲取资金，以缓解体育事业发展遭遇的困境。伴随着体育的产业化及社会化发展，逐步转变体育的管理机制。实施全民健身计划，发动群众，挖掘体育的市场空间，引导人们的消费需求，进而逐渐调整体育结构。

（三）我国体育产业结构的现状

近年来，我国不断致力于开拓以本体市场为核心的体育市场，并取得了显著效果，体育市场体系的框架初步搭建。在市场经济体制的作用下，体育改革不断推进，体育产业社会化及产业化的特点不断深化，体育市场已经摆脱了过去不分主次、形式单一的局面，转而形成全方位、多层次的体育市场发展格局，在这一格局中，既包括体育竞赛的表演市场，体育活动健身的娱乐市场，还包括体育方面的旅游开发市场。

随着体育市场的发展，体育经费的来源也得以转变，由过去的政府财政补贴为主发展成为市场获取为主，筹资渠道多样化，解决了体育产业发展的后顾之忧。

然而，从体育产业发展的整体而言，体育产业发展的规模尚需扩大，地区发展水平差距较大，产业发展的结构上也有失协调，体育产业的管理和运行机制也尚待完善，相关政策法规建设也亟须提上日程。总而言之，我国体育产业的发展存在严重的失衡问题。地区间经济发展的不均衡，直接影响了地区间体育产业发展的水平，尤其是东西部地区，差距显著。另外，体育产业内部项目间的开发也存在失衡现象，体育项目的种类不同，其蕴含的功能也各不相同，这导致了产业价值、市场效益间的差距。举例来说，那些球类运动项目市场发展空间巨大，而那些室内活动的运动项目有的还没有市场。另外，还要注意的是，体育本体产业的发展还存在市场开发程度上的不足，并没有体现其支柱产业的优势。

三、我国体育产业的政策

体育产业政策必须同我国的经济发展阶段相适应，只有这样才能发挥其应有的作用。体育产业结构政策的制定要考虑我国的资源情况、经济发展状况。体育产业组织政策则应考虑我国政治经济体制、市场发育程度等。产业政策倘若合理，必然能够引领市场和社会的良性发展，弥补市场在资源配置上的不足；同时，以体育产业政策为手段，运用政府的力量可以推动我国体育产业结构的优化；产业政策的完善又能促使体育产业结构实现合理化和专业化，进而达到资源的合理配置。

（一）我国体育产业组织政策

作为政府采用立法形式制定的产业支持规则、企业行为的市场准则，体育产业组织政策旨在引导企业实现良性竞争，进而达到良好市场效果。由于市场本身的目的是追求高额利润，因而不利于公平竞争。产业组织政策可以协调竞争与规模经济不能自发避免过度竞争、会造成大企业利用其垄断地位采用卡特尔及价格歧视等不正当手段之间的矛盾，建立正常的市场秩序。

1. 体育产业组织政策分类

①从政策内容来看，体育产业组织政策包括反垄断和反不正当竞争行为的政策。它是鼓励竞争、限制垄断的竞争促进政策。

②从政策对象来看，体育产业组织政策可分为体育市场结构控制政策和市场行为控制政策。

体育市场结构控制政策从市场结构方面降低市场进入壁垒、控制市场集中度、禁止或限制垄断；市场行为控制政策从市场行为方面控制各种妨碍竞争和不公正交易行为的发生。

2. 体育产业组织政策目的

引导体育市场的良性竞争，提高产业的资源配置效率是体育产业组织的主要目标。

在体育产业内部实现各企业之间的适度竞争，同时又可以获得规模经济效益。

体育产业组织的具体目标：体育企业应达到并有效利用规模效益；销售费用所占比例较少；体育产品的质量和服务水平较高，具有多样性。

3. 体育产业组织政策手段

①降低市场集中度、降低市场进入壁垒，对中小企业实施必要的扶持政策，从而可控制市场结构。

②禁止和限制竞争者的共谋、卡特尔及不合理的价格歧视，增加市场的透明度，控制市场行为。在体育用品的销售中，要打破地区封锁和行政垄断，消除新的竞争者进入的人为"壁垒"。

（二）我国体育产业结构政策

所谓体育产业的结构政策，指的是政府在总结产业发展规律及分析产业发展趋势的基础上，制定的有关产业的资源配置、产业部门之间的比例协调手段，旨在推动产业结构协调发展的一系列经济政策的综合。[①]

产业政策作为体育市场经济发展的重要内在需求，其作用不言而喻。因此，要不断完善政策方面的建设，这也是开拓体育市场的需要。产业结构政策的形势多种多样，但一般分为产业调整政策和产业援助政策两种类型。产业调整政策的目标是产业结构的合理化，产业援助政策的目标是产业结构的高度化。政府实现对体育产业结构的调整，要适应产业结构演变的规律，制定和推行符合我国国情的体育产业结构政策，减少结构性矛盾对体育市场经济的制约，促进体育产业结构和资源配置的优化。

在我国，体育产业结构方面的相关政策包括致力于发展体育竞赛表演及健身娱乐产业的主体性产业，加强如体育用品等体育相关产业的竞争力，大力支持其他产业的发展等。

（三）我国体育产业政策的现状

作为第三产业中必不可少的重要组成，体育产业能够发挥的作用不容小觑，小到人们的就业，大到国家产业结构的调整，体育产业都能够发挥出其应有的作用。从这一层面可见，体育产业乃是国民经济发展中的一个朝阳产业，具有发展的可持续性。当前，我国在体育产业的发展上已经取得了相当大的成绩，例如，打造了体育产业的服务市场，设立了遍及体育产品、健身娱乐、竞赛组织等方面的体育组织和机构等。

人们消费理念的转变及消费水平层次的提高，在一定程度上为体育竞赛市场空间的拓展创造了有利条件。与此同时，国内在竞赛制度及俱乐部方面的改革，刺激了竞赛市场的发展，一些体育竞赛已经收获了相当数量的观众和支持者，这进一步扩大了体育竞赛市场。

作为我国体育产业重点发展领域的体育竞赛表演业，应将职业体育俱乐部联赛摆在优先发展的地位，同时致力于竞赛表演市场的开发，除了大城市外，也需要中小城市及偏远城市的市场作用。打造完善的市场经营主体，建设集职业体育、一般竞技、民族传统体育、联赛竞赛及商业表演为一体的体育产业体系，不断挖掘体育竞赛表演产业所具有的巨大的商业和社会效益。作为体育产业市场的重要组成部分，健身娱乐市场同时也是体育的主要市场，是大众消费的市场，其发展离不开社

---

① 曹可强. 体育产业概论[M]. 上海：复旦大学出版社，2004.

会经济的发展和人们消费水平的提高。

而在人们健身和娱乐需求的刺激下，体育场馆得以兴起，这也在一定层面上推动了体育用品的发展，激发了社会团体和组织及个人建设体育场馆，以及投身体育产业的热情。

为了切实推动体育产业的发展，国家和政府必须在政策上给予支持，因为政策上的支持是产业发展的重要主导动力。进入 21 世纪以来，相关部门相继出台和制定了各种体育产业的帮扶政策，效果显著。然而，这些政策并不完善，有些方面因为政策的缺乏，在发展上严重受阻，长此以往必将影响到体育产业的整体发展，所以要培养以体育健身为宗旨的政策基点，引导相关部门完善系列政策，如财政投入和补贴政策、产业项目的建设投资政策、体育基金的设置政策及后续的税收政策等，力图打造出全方位、多层面的政策服务体系，为体育产业的发展保驾护航。另外，在体育彩票上，也要设置符合规定的发行政策；实施大型赛事转播的有偿转让；鼓励民间开设体育结构等。

针对体育市场主体发育不良的情况，在体育产品供给方面，政府对作为体育市场主体的体育经济实体和经营组织要放开手，让体育企业对市场信号做出准确灵敏的反应，实现自主经营，自负盈亏。国家和政府要强化其在本体产业方面的扶持力度，使其形成主导优势。在产业发展的阶段时期，可以根据实际情况，对本体产业进行目标定位，如竞赛表演、健身娱乐等。身为第三产业的重要组成部分，体育产业也是提高人们生活和健康水平的最终消费，因而，政府有必要采取措施，扩大这种消费，例如，鼓励民间体育产业的发展，培养负责研究体育产业发展前景的专门人才，对投资体育业、赞助体育的企业，实行免税政策。总之，体育产业的发展离不开国家政策和资金的扶持。

由于需要通过量化研究来反映体育产业的本质特征和发展规律，因而要建立一个科学的统计指标体系，使其既符合市场经济体制发展的特征，又符合体育产业本身发展的规律。同时，我国政府可以在宏观上加强体育产业发展的规划和政策引导，鼓励体育产业发展多种所有制企业，积极培育和依法管理体育市场。

第三节　我国体育产业发展的现状及问题分析

一、我国体育产业发展的现状分析

在计划经济为主的时期，体育作为公益事业而存在，它并未纳入市场范围内，因此，体育产业并不能作为单独的概念存在。随后，市场经济体制推行使得体育迎来了新的发展方向，产业化成为其发展的主要趋势，这时"体育产业"的概念才得进入公众视野。进入新纪元以后，第三产业发展势头迅猛，作为一项绿色产业，体育产业在相关政策及网络技术的帮助下得以快速发展，附加效应显著，日渐受到政府和国家的重视。目前，我国体育产业的特点主要表现为以下4个方面。

（一）规模不断扩大

人们闲暇时间与收入的增长，使得能够投入到体育活动中的时间和资金也越来越多，进而促进了体育产业的发展。要想摆脱下行经济带来的压力，寻求新的经济增长点刻不容缓。目前，国内体育产业的增速已经赶超GDP的增速，顺理成章地成为推动国民经济发展的重要动力，也彰显出了体育产业作为新兴产业的巨大潜力。

（二）体育用品业占据主导地位

市场经济体制的盛行，为体育产品的生产和销售打造了良好的发展空间，刺激了体育产品的发展进程。新时期，体育产品在国内的发展呈现良好态势，经济效益逐年增长，有些产品已经走向国际市场，得到各国好评。典型的产品包括安踏、匹克等，不但为国内外的大型赛事提供了赞助，还在一定程度上塑造了我国体育大国的形象。此外，在体育产品发展的结构上也逐渐得到平衡，在保证传统体育产品市场地位的同时，发展新兴产品。而中国体育用品的博览会也在世界范围内得到认可，博览会的规模和影响不断扩大。

（三）体育健身业、体育竞赛业日益庞大

在经济新常态的大环境下，国民收入提高，经济结构得以不断优化升级，这些都激发了人们从事体育活动的热情。而在健康意识的主导下，人们的健身热情空前高涨，尤其是篮球、健身的男性运动项目及瑜伽、体操等女性运动项目表现出了良

好的发展态势，健身俱乐部鳞次栉比。至于体育竞赛更是层出不穷，大大小小的竞赛充斥着人们的眼球。

（四）互联网推动体育传媒业迅猛发展

大数据技术的兴起和发展也在很大程度上推动了体育活动的发展，相关机构根据大数据技术来对体育活动背后的商业价值进行挖掘。在智能手机普及和三网融合技术的发展下，各种体育媒介得以崛起。在移动互联网技术的支持下，体育方面的APP被相继开发，人们的思维方式及生活方式得以改变。另外，云计算技术、大数据技术及数据挖掘技术等在体育产业中的运用，也在很大程度上推动了体育传媒产业的发展。

二、我国体育产业发展的问题分析

（一）体育品牌力不强

作为一种无形资产，那些优秀的体育品牌能够融品质、品位和特色为一体，在历史发展的长河中永垂不朽。同时，作为组织发展的重要手段，体育品牌还是代表着国家和民族文化产业竞争力的重要体现。当前，我国体育产业在繁荣发展的同时，难免出现一些问题，如体育品牌较少、文化性不强、营销手段缺乏及品牌特色不够等。

（二）资本市场秩序混乱

随着体育产业的不断发展，资本的注入为其发展提供了一定的帮助。要想使体育产业的资本市场秩序井井有条，就需要保证市场充分透明。只有市场透明了，体育资本市场的功能才能发挥得更加有利，才能促进体育产业不断发展，另外，市场的透明还关系着体育产业未来的发展方向。这就需要相关人士在完善资本市场秩序的机制中，制定出对市场透明有直接效用的法律法规。纵观当前体育产业投融资市场可以发现，体育产业获得的融资存在规模小且投资渠道少问题。究其原因，在于体育企业和相关投资者由于缺乏及时的沟通，导致投资者无法获得及时的动态体育信息，降低了其对体育产业发展的信心，由此也相应地缩减了在体育产业上的投资。

（三）体育产业人才缺乏、素质较低

任何产业的发展一旦脱离了人才和技术的支持就会举步维艰，体育产业更加如此。相比其他国家来说，我国体育产业发展得较为缓慢，因此，不论在人才的数量上、创新能力上还是在技术的更新上都远远落后于发达国家。具体分析，我国体育产业人才发展遇到的问题主要体现为以下 4 点：相关体育产业机构培养的体育人才缺乏针对性；数量相对单一；缺乏创新性；人才分配不均衡。这些都是阻碍体育产业发展的重要因素。影响最大的原因就是我国体育产业人才的专业文化程度较差，对新时期体育产业发展的新观点、新技术缺乏理论基础，人才队伍整体上素质较低，不能顺应时代发展对体育产业人才的要求。

（四）"互联网+体育"产业链条不健全

体育产业犹如一条生物链，不仅与其他产业有着深度的融合，而且还促进了其他产业的发展。21 世纪，体育与其他产业的融合已成了新时代的发展趋势，其不仅涉及传统产业领域，还涉及互联网领域，与互联网的融合将体育产业引入了一个新的发展领域，是顺应时代发展的产物。随着互联网技术的不断发展，其也逐渐渗透到体育产业的各个方面，"互联网+体育"的融合使传统产业与互联网技术的相结合发展成为可能。相应的"互联网+体育"的平台也在为人类提供不同的服务，例如，在家就可以进行线上场馆的预定、教练的预约及体育课程的报名等。"互联网+体育"融合发展在为人类带来了诸多便利的同时也显现出来了一系列的问题，如线上线下脱轨、收支不平衡等，这些都说明了当前我国的"互联网+体育"产业的发展还不成熟。

第四节　我国体育产业发展转型升级的思路及对策

实现体育产业发展转型是当前我国需要提上日程的重要任务。我国体育产业的发展有一个伟大构想，即要在 2025 年实现体育产业总规模 5 万亿元、构建布局合理及功能完善、门类齐全的体育产业体系的目标。如果想要实现这一构想，就需要加快我国体育产业发展的转型步伐。加快我国体育产业发展的转型可以从以下 4 个方面着手，分别为体制机制、创新升级、优化结构和培育需求。

一、破解体制机制瓶颈，为体育产业转型升级提供强有力的制度保障

所谓新常态，就是指国家对这一时期经济运行状态的基本判断。新常态预示着我国进入了一个新的经济发展阶段，这就需要体育产业用新的眼光和思维去发展，要顺应这一时期的变化，构建出符合新时期的体制机制。随着全球化经济的快速发展，体育产业结构要想在这一背景下实现全面发展，就亟须优化产业机构。体育产业可以从创新制度方面入手，创新是对体育产业发展的最高要求，也是体育产业做出变化、产业调整的重要因素。体育产业政策、法律法规、市场融资体制及市场准入制度的改革和创新都需要政府、非营利体育组织和企业3个方面的帮助。政府在体育产业发展中的职能主要体现在政策、法律法规的制定上，通过法律法规对体育产业的发展起到管理和制约的作用，政府通过"无形的手"加强体育产业发展的监管力度，体现了政府的宏观职能；非营利体育组织在体育产业的发展中职能是微观的，主要作用在于通过协调体育产业和社会的关系，从而使体育组织与政府相脱离，促进非营利体育组织的发展，从而整体上促进体育产业的发展。在新常态的市场背景下，企业作为体育产业发展中的一个不可忽视的重要因素，要逐渐摆脱对政府的依赖，完善自身的制度，顺应新时期的发展。

二、推进全方位创新，打造体育产业转型升级的强力引擎

新常态下体育产业要想实现转型就必须要重点解决资金短缺、产业落后及创新缺乏3个问题，构建顺应新经济时代发展的资金链、产业链及创新链的新体系是当前体育产业发展亟待解决的重要问题。

首先，资金短缺是体育产业发展最需重视的问题。随着体育产业的快速发展和体育消费需求的不断增加，国家也对其发展制定了一系列的发展政策，政府的引导资金为体育产业的发展带来了希望，不仅拓宽了社会资本及企业在体育产业发展上的投资领域，而且解决了单单依靠市场配置在体育产业上投资的问题。另外，有效发挥政府的财政职能，还可以减少政府对体育产业发展的过度干预，促进体育产业稳定发展。

其次，在产业链的升级上，体育产业改变了传统的"生产—制造"的战略思想，采用了"设计、制造、品牌"三位一体的战略思想，这一战略思想相比传统更加注重

了体育产品的设计感、工艺制作及品牌效应。另外，随着经济和互联网技术的快速发展，体育与服务业的融合为体育产业的发展注入了活力，如在旅游、文化创意、传媒等领域都有所涉及。以竞赛表演业为代表的体育服务业对宣传体育发展史、体育馆的建立等具有重要的意义，而且有经济头脑的人士还将体育与健身相结合，促进了健身行业的发展，体育产业的产业链可谓繁多、丰富、多样。

最后，在创新链上，强加了队伍的整体素质，注重对人才创新能力和技术创新上的培养；在产品的制造上，强调了产学研相结合的构思；注重自身的优势，立足全球发展的眼光，通过政府的扶持和激励，实现了自身的技术创新。尤其在体育用品领域，创新的力度更大，随着互联网技术的不断发展，体育与互联网的融合也为体育用品的创新带来了发展前景。因此，体育产业的创新一定要抓住这一机遇，加快两者的深入融合，使其在体育产品的生产方式、结构和创新模式上起到更大的作用，从而实现体育产业创新链的构建。

三、破除路径依赖，努力优化与现阶段发展趋向相符合的体育产业结构

在新经济时代背景下，经济机构的转型必然会影响体育产业结构的调整，因此，这就需要重视和体育产业相融合发展的体育制造服务业。

首先，近年来，我国体育用品制造业在国际竞争中一直处于弱势，究其原因在于我国制造业以劳动力为主的优势已发生了显著变化。随着经济的快速发展，我国体育用品制造业与外国体育用品制造业相比，技术水平已经远远落后于发达国家，更别谈用技术解决制造中出现的关键问题了，过去那种依托资源整合、要素配置及规模扩张等手段解决这些技术问题已经不现实了。因此，这就需要体育用品制造业构建创新链来解决困扰人们的技术问题，通过人才创新、技术创新、制度创新解决技术上的瓶颈，突破单一的制造途径。同时，还需要体育用品制造业在资源配置上充分发挥市场的导向作用，以政府出台的相关政策为依据，对企业内容有关体育用品的技术标准做出明确规定，再通过组织企业文化将这一技术标准印刻于人们心中，从而使整个行业根据这一技术标准从事生产。

其次，要加强解决体育服务业发展中的供给端单一问题。由于我国的服务业长期处于过度监管的环境下，因此出现了服务供给方式单一、质量差及生产效率低等问题。要顺利解决这些问题，就需要政府取消影响体育服务业发展的不合理的行政

审批，使体育服务业实现较好、较快发展。另外，在服务企业准入及引入的政策要求上强调，那些不符合市场准入原则的服务企业不可以进入，要实现体育服务企业的优化整合，促进各企业间的相互协调发展。还要以满足体育服务业的需求为发展前提，充分利用互联网技术打造覆盖全产业链的服务平台，从而实现服务技术创新、服务业全面发展的目标。

四、着力扩大国内体育消费需求，增强体育产业转型升级的拉动力

体育产业要想实现快速发展，还要将大众体育消费的需求考虑在内。这就需要体育产业将扩大内需作为现阶段体育产业转型的重要因素来对待。体育产业在以扩大内需为重要手段的同时，还要通过政府的宏观职能，强化体育产业自身的需求，从而改变传统的体育产业的"营销拉动型"的体育产业发展模式。"营销拉动型"的体育产业发展模式主要是指在消费群体还没有形成对健身娱乐和体育赛事的消费概念时，企业通过营销策略使消费群体对其产生消费需求。现阶段体育产业发展应以"消费拉动型"为体育产业发展模式，通过实现群众对体育赛事、体育健身、体育转播等产品的消费，从而拉动体育产业的发展。因此，体育产业转型升级要推动体育资源要素的市场化，加快体育产品的市场化供应，使群众的消费需求得到满足。另外，体育产业还要根据消费群体的需求类型及需求特点丰富与体育相关的产品、用品、赛事，从而通过扩大内需，促进国家经济的快速发展。

第二章　现阶段我国体育产业区域竞争力分析

区域产业竞争力，是以区域整体全部国民经济产业为研究对象展开研究的，因而，要研究区域内某一产业的竞争力问题，就要预先设定一个研究阈值，排除要研究这一产业之外的其他所有产业，仅限于对不同区域同一产业的竞争优势进行研究，因而，这种研究具有理论意义上的价值，属于带有限定条件的研究。区域体育产业竞争力的研究，也要严格限定在不同区域之间体育产业竞争优势的比较研究上，尽管这样的研究不能够直接应用于现实中，但也只有这样的研究，才能真正挖掘出体育产业在不同区域内的内在比较优势。这样的例子并不少见，例如，巴西整个国民经济产业水平并不高，但是巴西的足球产业却异常发达；在中国国内，越是经济落后地区，体育户外旅游产业越是得以快速发展，如河北省张家口市的崇礼县，属于国家级贫困县，但是滑雪产业却独占鳌头，成为该区域的重要龙头产业，与北京联合申办了2022年冬季奥运会。为此，本章以体育产业区域竞争力指标为依据，对国际与国内体育产业竞争力问题进行分析研究。

第一节　国内外体育产业发展现状概述

一、国外体育产业发展现状

据有关数据显示，2017年全球体育产业的年产值已达4800多亿美元，并且保持20%以上的年增长速度。在西方发达国家，体育产业的产值占GDP的1%～3%（图2-1）。在体育产业发达的北美、西欧和日本，体育产业的年产值已经进入了国内十大支柱产业之列。美国体育产业的年产值为2100亿美元，是汽车制造业总收入的两倍，超过GDP的2%；澳大利亚体育产业对GDP的贡献超过1%；意大利以足球工业为主的体育产业自20世纪80年代末就已成为国民经济的十大支柱产业；英国体育产业年产值达 70 亿英镑，超过汽车制造业、烟草业的产值。

（一）美国体育产业

美国是世界第一经济大国，商业化高度发达，早在 1995 年体育国内生产总值已达到 1520 亿美元，在全美各行业中列第 11 位。2000 年美国联邦政府经济调查局对 1999 年的分析报告显示，1999 年全美体育产业创造增加值为 2125.2 亿美元，占当年 GDP 的 2.40%。美国的体育产业大体由以下几部分构成。

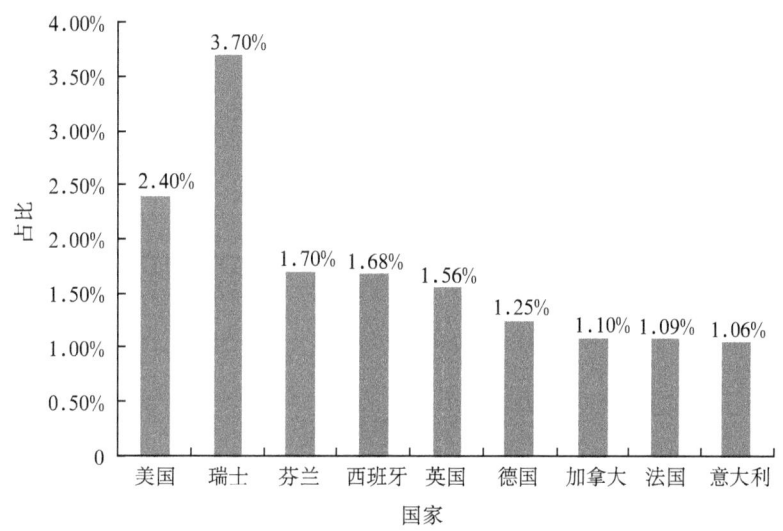

图 2-1　部分国家体育产业产值占本国 GDP 的比重

1. 健身娱乐业

美国的健身娱乐业多以商业性俱乐部的组织形式存在，其经营内容和手段朝着多元化、集团化、连锁化的方向发展。迄今为止，健身娱乐业在美国体育产业中占有举足轻重的地位，其不仅市场规模大，经营水平高，而且组织规范、竞争有序、高素质经营管理人才充足，已经成为全世界最大的健身娱乐市场。

2. 职业体育产业

美国是一个职业体育高度商业化的国家，目前美国大约有 20 个运动项目进入了市场，走上职业化、商业化道路。仅棒球、篮球、橄榄球、冰球和足球 5 个项目就拥有近 800 个职业队（含少量加拿大的球队）。而且普遍经营有方，绝大部分职业俱乐部都可以营利。已经形成了以赛事组织为龙头，带动关联产业联动发展的良性循环局面。球员、俱乐部、联盟为了实现各自的利益,既相互竞争,又相互制约,构成成熟的职业体育产业体系。

3. 体育用品业

据美国体育用品制造商协会（SGMA）调查,早在1996年,美国体育用品业销售产值就达到了43.72亿美元,而且呈逐年快速增长趋势,到2002年,当年产值就超过了50亿美元。尽管全球体育用品业竞争激烈,但美国用品制造与销售业依然具有强劲的竞争优势,年产值早已超过200亿美元,并且在国际体育用品高端市场占据着举足轻重的地位,其中高尔夫、健身器材及露营用品为前三大产品项目,说明了美国是当今全球体育用品业最发达的国家之一。

4. 体育经纪业

尽管从产值上看,体育经纪业在美国体育产业中所占的比重不大,但是,它在推动美国整个体育产业发展中却起着至关重要的作用。一方面,体育经纪业是职业体育产业发展和壮大的直接原因,可以说,没有体育经纪业的勃兴,就没有职业体育产业的繁荣;另一方面,体育经纪公司和体育经纪人卓越的专业化服务,尤其是拓展市场的能力,在带动体育无形资产的开发、体育书刊、音像制品的生产和经营,以及体育广告业和体育用品业的发展等方面也发挥了重要作用。

（二）英国体育产业

英国是老牌资本主义国家,也是现代体育产业的起源国。该国的体育产业尽管在整体的规模、结构和发展水平上不及美国,但是英国是一个有贵族传统的社会,英国人崇尚运动,有体育消费的意识和习惯。因此,该国的体育消费和体育市场都比较发达,体育产业体系也相当完整。

根据英国亨利研究中心两位经济学家提交的《关于英国体育对经济的影响及重要性》的研究报告,该国体育产业主要包括体育用品业、健身娱乐业、职业体育产业、体育博彩、体育赞助和体育广告等。

从英国家庭在体育产业获得的收入及英国体育所创造的收入来源上看,2000年英国居民通过体育行业就业产生了58亿英镑的可支配收入,占居民可支配收入总额的比重超过1%,同年英国体育所创造收入最大的来源是商业体育。2000年商业体育创造收入达到102亿英镑,是业余体育所产生收入的3倍。

另外,英国体育产业的发展情况还可以从该国公共部门在体育领域的投入与产出情况来分析,2000年政府通过收税从体育产业得到了55亿英镑,而它直接的财政投入仅有 6.6 亿英镑，收入是投入的 8.3 倍。

应该说，从"体育英格兰"（Sport England）2003 年公布的专题报告看，英国也是当今全球体育产业高度发达的国家之一。

（三）意大利体育产业

意大利是一个充满激情的国家。体育运动在这个国家的社会生活中占有重要位置。意大利政府一直把体育看作能带动国民经济增长的重要产业部门。意大利的体育产业主要包括体育用品业、职业体育产业、健身娱乐业、体育博彩业和体育赞助、体育广告等。

意大利体育产业中最重要的部分是职业体育产业，而在职业体育产业中又以足球产业为支柱。意大利的足球产业是一个包括门票、广告、电视转播权、俱乐部标志产品的营销、职业运动员买卖和足球彩票在内的复合产业。

（四）德国体育产业

德国体育产业主要由体育用品业、健身娱乐业、职业体育产业和体育赞助构成。根据欧盟发布的统计报告，1994 年该国体育产业增加值占 GDP 的比重达到 1.25%，1998 年在体育产业中的就业人数达到 95 000 人。体育用品业是德国体育产业中的支柱产业，阿迪达斯公司的产品和市场占有率代表了德国体育用品业的整体水平。

德国的职业体育产业在欧洲也高度发达。德国的赛车、足球和网球是商业化程度最高的运动项目。德甲足球联赛尽管在整体上稍逊于意大利甲级联赛和英国超级联赛，但各足球俱乐部量入为出，经营管理有序，负债经营的俱乐部数量要明显少于意甲和英超。

（五）法国体育产业

法国是浪漫国度，也是一个崇尚运动休闲的国家。法国是现代体育职业化进程中走得比较早的国家，职业体育在法国高度发达。法国的体育博彩业也有相当规模，目前，国家体育基金会的资金 70% 来自体育彩票的收入。法国体育产业发展区别于其他欧美国家的一个重要特点，就是政府鼓励和引导体育与经济的融合。最引人注目的是，1996 年法国青年与体育部开始推行"体育就业"发展规划，该规划确定了九项行动计划，旨在促进全国大众体育发展的同时，确立体育在整个法国社会经济发展中的地位。

（六）日本体育产业

日本体育产业主要包括体育用品业、体育建筑业、体育场馆出租业、健身娱乐业、体育广告和赞助及正在崛起的职业体育产业。日本一批著名的体育用品公司目前均开展跨国经营，在外国主销市场设立分公司，就地生产，就地销售。日本的棒球产品和高尔夫球用品几乎垄断欧美市场。

二、国外体育产业发展的基本特点

从上面介绍的6个国家体育产业发展情况，以及从一般意义上概括的两种发展模式，我们可以看到，目前国外体育产业发展大体有这几方面特点。

第一，国外体育产业，尤其是西方发达国家体育产业已经成为本国国民经济的新增长点。这些国家体育国民生产总值（GNSP）一般都占本国国民生产总值的1%～3%，在各行业中的排名基本上在前20名，部分国家甚至跃升至前10名。

第二，国外体育产业普遍是一个复合型结构，既包括与体育相关的物质产品的生产和经营，也包括体育服务产品的生产和经营。国外对体育产业的理解遵循消费决定论，即体育消费决定体育市场，体育市场决定体育产业。政府和各类体育企业都非常重视启动体育消费需求，拓展消费领域。正因为如此，国外体育产业链相当完整，已基本形成了包括核心产业、中介产业和外围产业3个部分的完整结构。

第三，各国体育产业的发展重点有所侧重、有所区别。目前，除美国呈现全面发展的态势外，绝大部分国家都在发展重点上有所选择，例如，意大利以足球产业为主，法国和韩国以健身娱乐业为主，日本和德国以体育用品业为主，瑞士则结合自身的特点重点发展以登山、冰雪项目为主要内容的体育旅游业。

第四，体育产业中的法人治理结构日臻完善。各国体育产业中组织结构普遍从社团化向企业化转变，以营利为目的的商业型俱乐部越来越多，作为体育企业托拉斯的各职业体育联盟在开发各自项目产业中所发挥的作用也越来越显著，体育企业的所有权和经营权分离及"专家治理"的委托经营、代理经营十分普遍。同时，体育产业的全球化浪潮汹涌澎湃，一大批跨国经营的体育企业巨人脱颖而出。

第五，体育中介机构在带动体育产业发展中的作用越来越突出。从国外体育产业发展情况看，一个国家体育经纪业的发展程度是其体育产业发展程度的标志。因为，一方面，只有各类体育企业多起来，才会产生对体育中介机构和体育经纪人的实际需求；另一方面，体育中介机构的成长和体育经纪人高质量的专业化服务，又在创造体育消费需求、拓展体育消费市场及规范体育企业组织架构和经营管理水平等方面起到了至关重要的作用。所以，体育经纪业不仅是体育产业的重要组成部分，而且是确保体育产业健康、有序、快速发展的"润滑剂"和"助推器"。美国体育产业之所以能持续高速发展，以IMG为代表的体育经纪业高度发达是一个十分重要的原因。

三、中国体育产业发展水平概述

2005年以来，随着各地经济、社会及体育事业的蓬勃发展，我国体育产业呈现良好的发展态势，规模不断扩大、领域不断拓展、结构不断优化、效益不断提高、人民群众日益增长的多元化健身需求逐渐得到满足，也为当地经济、社会发展做出了应有的贡献。据部分省市体育产业的统计调查数据显示，我国经济发达地区体育产业增加值占当地GDP比重的0.7%～1%，体育经营单位的数量和规模不断扩大，就业人数已超过当地从业人员数的1%，总体水平已经接近一些发达国家20世纪90年代初的发展水平。这说明，与80年代末和90年代初刚刚起步阶段相比，我国体育产业有了很大的进步并呈现逐年快速上升趋势。2006—2008年，中国体育及相关产业增加值从982.89亿元跃升为1554.97亿元；从业人员从2006年的256.30万人增长为2008年的317.09万人。

中投顾问发布的《2008—2010年中国体育产业分析及投资咨询报告》指出，中国已经形成了一个有相当规模的体育服务业专业市场，国内从事健身娱乐业、竞赛表演业、技术培训业的体育企业、体育产业经营性机构2万多家，总投资额已超过2000亿元，年营业额超过600亿元。另外，每年各地举办的商业性竞赛和表演有300～500次，营业额约8000万元。2010年，仅广东、浙江、北京、辽宁等体育强省（市），其体育产业增加值占中国GDP的比例就已经超过0.58%，对GDP的带动达2770多亿元。体育产业是关联面极广的上游产业，它作为中国国民经济新增长点的趋势越来越明显。

面对日益崛起的经济发展，巨大人口的市场需求，中国体育产业发展的空间还很大。在短短20年的发展时间内，其增长速度要远远超出欧美等发达国家。尤其经历了2008年金融危机之后，在全球各类产业产值下滑的状态下，以中国为引导的亚洲体育产业依然实现了超越式发展。据美国咨询公司 NPD 评估报告显示，从 20 世纪初到 2005 年，全球体育产业产值以每年 12% 左右的水平递增。2005 年之后，受金融危机影响，2008 年和 2009 年分别出现 2% 和 1% 的下滑，而亚洲贡献了 4% 的增长（表 2-1）。

表 2-1　2006—2009 年全球体育产业增加值情况

年份	产值增加值 / 亿美元	同比增长率
2006	2780	—
2007	2890	+4%
2008	2840	−2%
2009	2820	−1%

注：2009 年美洲下跌 1%，其中美国下跌 2%；欧洲下跌 1%；而亚洲上涨了 4%。
资料来源：美国咨询公司 NPD，Sports Estimate 2009 和 Sports Estimate 2010。

但从总体来讲，与欧美发达国家相比，尽管中国体育产业发展势头迅猛，但是毕竟起步较晚，仍远远落后于西方发达国家，因而，在国民经济发展中还难以达到支柱产业的水平，竞争力劣势明显。体育产业在发达国家，已经成为其支柱产业。以美国为例，美国体育产业规模庞大，2015 年产值达 4410 亿美元，约占美国 GDP 的 3%；其发展速度也相当快，包含的内容也相当丰富，自 20 世纪 90 年代以来，美国体育产业的收入每年以 10%～15% 的平均速度递增，高于美国国内同期 GDP 的增速，其核心产业、支持产业和外围产业涵盖了第二、第三产业的众多领域，在推动经济增长和解决劳动就业方面发挥了不可忽视的作用。与此相比，我国体育产业发展还相当滞后，2015 年我国体育产业产值估算仅为 GDP 的 0.6%，产值为 3136 亿元，按同期汇率计算，仅为 506 亿美元，不足美国体育产业产值的 12%。

第二节　中外体育产业竞争力情况比较分析

依据前文对区域体育产业竞争力指标的确认，结合波特专门针对区域竞争力提出的"五力"模型，本节从生产要素、需求状况、相关产业集群、体育企业战略、政府行为 5 个方面对中外体育产业竞争力进行比较。

一、生产要素

体育产业生产要素是指体育生产和经营中所需要的各种社会资源，是维系体育市场主体生产经营过程中必备的因素。体育生产要素主要由体育生产劳动者、体育场馆设施、土地、体育资本、体育经营管理者组成。

与国外发达国家相比，中国劳动力成本低廉，尽管近些年来，中国工人工资得到了一定的提高，但是平均工资水平还是远远低于国外发达国家。据联合国国际劳工组织发布的2013—2014年度72个国家的人均月薪显示，中国劳动者人均月薪为656美元，西方发达国家的人均月薪达到或接近3000美元，可见，就人力成本而言，中国体育产业具备较大的竞争优势（表2-2）。

另外，中国的低工资水平也导致了体育产品和服务供给的低价格。就实物性体育消费品而言，中国体育产品制造原料、流通乃至成品呈低价位运行状态，保证了中国体育产品在国际市场保持价格竞争优势，也促进了国际知名品牌在中国建立加工厂的动机。

表 2-2　2013—2014 年部分国家人均月薪情况

单位：美元

国家	中国	挪威	美国	英国	比利时	瑞典	芬兰	法国	加拿大	德国	澳大利亚
人均月薪	656	3678	3263	3065	3035	3023	2935	2886	2724	2720	2610

二、需求状况

中国拥有将近世界1/5的人口，消费市场巨大。但从人均收入水平看待中国市场对体育产业的需求状况，显示出潜在发展性需求比较旺盛，而针对中国与发达国家人均体育消费显示，中国体育的现实购买力远不如发达国家强劲。进而显示出中国体育产业竞争力具有潜在的后发优势，市场发展空间巨大。与之形成鲜明对比的是，国外发达国家对体育产品的需求已经形成了一定的规模，消费市场成熟稳定，一些国家群众对体育产品的需求已经成为其生活需求的基本部分，美国人每挣8美元就有1美元用于体育消费上，就是一个典型的例子。中国与发达国家人均体育消费情况见表2-3。

表 2-3　中国与发达国家人均体育消费情况

单位：美元

国家	英国	法国	德国	澳大利亚	日本	韩国	中国
年份	2013	2013	2011	2009	2012	2011	2014
人均消费额	619.6	310.4	470.4	487.4	192.0	235.0	145.0

三、相关产业集群

产业集群（cluster）是指，集中于一定区域内，特定产业的众多具有分工合作关系的不同规模等级的企业、与其发展有关的各种机构、组织等行为主体，通过纵横交错的网络关系紧密联系在一起的空间积聚体，代表介于市场和等级制之间的一种新的空间经济组织形式。中国体育市场尚属新兴市场，市场体制和运行机制都不够成熟，粗放式市场经营模式还很普遍，集团化、集约化发展程度不高，这就导致与国外发达国家相比，中国体育产业集群效应不够明显，与体育相关联的产业配套服务竞争力明显不足。例如，笔者在对河北崇礼滑雪场关联产业的相关调查中发现，崇礼滑雪场具备室外温度适宜、存雪期长的优势特点，滑雪场也初具规模，但是与之配套的住宿、餐饮、网络信息查询、交通、泊车等都不够完善；在滑雪场内部，滑雪用具、技术指导、意外伤害应急医疗等都缺乏相应的保障，滑雪场及周边产业组织相互之间缺少有效的协作，无法为消费者提供全方位的服务。而在美国，以NBA为例，已经形成了以赛事活动为龙头，关联产业联动的良性循环体系。除了赛事的门票、广告、电视转播、彩票产业之外，NBA也拉动了体育用品业的大发展，尤其NBA与美国体育用品业巨头耐克的长期合作，形成了强强联合，推动了美国体育产业的大发展。

四、体育企业战略

战略是具有长远性、谋略性的发展规划，体育企业要得到可持续发展，必须从大局出发，从长远出发，依据企业外部环境和自身条件的状况及其变化来制定和实施战略，并根据对实施过程与结果的评价和反馈来调整，从而制定新战略。中国经历了从计划经济向市场经济的转型，其中一些产业的转型还没有完成，一些相关的政策、制度乃至管理思维意识都不够稳定，这样的国家经济背景不利于体育企业制定发展战略，加上大多数体育企业起步较晚，缺乏成功的运作经验和失败教训，市场规范程度和管理制度程度不高等现实条件的限制，也使得中国的体育企业在战略选择上目光不够长远，与国际知名体育企业相比，处于竞争劣势。

五、政府行为

政府行为对体育产业的影响巨大，尽管政府作为监管者，并不直接参与市场运行和产业间的竞争，但政府行为反映一个国家和地区对产业发展的态度和意向，这种行为一般通过一系列的政策和法规表现出来。从体育产业的政策来看，体育产业作为"朝阳产业""健康产业"的代名词，世界各国政府对体育产业均有不同程度的支持和鼓励政策，如日本的"体育振兴计划"、美国职业体育的"反垄断豁免"、法国的《马左体育法》等。中国在计划经济时代，把体育看作国家"事业"，体育的产业价值并没有得到挖掘和体现，自从引入市场经济以来，体育的产业价值才开始被认可并逐渐显现出来，随着改革开放的不断深入发展，体育产业在国民经济发展中的作用引起了广泛的关注，尤其自2008年北京成功举办奥运会并夺得奥运金牌第一的骄人战绩之后，体育产业得到了长足发展，中国政府也提出了由体育大国向体育强国迈进的目标，体育产业被提升为国家发展战略高度。2010年，国务院发布《关于加快发展体育产业的指导意见》，将体育产业提到了国家战略体系的高度。

第三节 中国各区域体育产业竞争力问题分析

中国地大物博，各地区之间资源禀赋各不相同，经济发展也很不平衡。因而，各区域间的体育产业发展，也存在很大的差异性。从体育产业发展整体来看，各区域间体育产业发展不平衡的现状比较明显。综合前文有关区域体育产业竞争力问题研究的相关指标，可以归纳为资源禀赋、区位特征、创新程度三大要素。其中，资源可分为自然资源和社会文化资源两类，创新可分为技术创新和制度创新两类。

据国家体育总局经济司发布的《2006—2008全国体育[①]及相关产业统计公报》显示，从2006—2008年我国体育产业增加值看，体育产业各行业均有不同程度的增

---

① 本书中凡涉及全国统计数据，均不含港澳台地区。

长。体育用品、服装鞋帽制造业增加值始终大幅领先于其他体育行业，与此相关的体育用品、服装销售业的增加值也较高。体育组织管理活动的增加值也呈上升之势，2006年该产业增加值为74.80亿元，2008年上升至117.56亿元。尽管幅度较小，但也表明这一行业的发展态势较好；此外，对体育健身休闲业发展而言，2006年全国该产业从业人员11.78万人，实现增加值46.98亿元；2007年从业人员13.32万人，实现增加值58.79亿元；2008年从业人员15.03万人，实现增加值74.49亿元。可见，随着居民生活水平的提高和生活方式的改变，体育健身休闲业市场日渐繁荣，产业发展规模呈上升趋势。我国体育产业的就业人员于2008年增加到317.09万人，其中，体育用品业吸纳的就业人数为252.67万人，占本年体育产业从业人数的79.68%。尽管国内体育产业得到了蓬勃发展，但各区域之间，依然存在发展很不平衡的情况。

中国各区域的划分以地理和经济发展特征为基础，我国地貌西高东低，形成三大阶梯。东西之间差幅大，反差强。我国也是世界上社会经济发展不平衡程度最大的国家，在我国东西差异中，最突出的一条是东部比较发达，西部相对欠发达。这种巨大差异是自然环境和社会环境叠加的结果。在考虑东西部差异的基础上，结合考虑南北差异，将东部地区又划分为南方地区和北方地区。形成了南方地区、北方地区和西部地区三大片。2003年，国务院发展研究中心李善同和侯永志研究员等完成的《中国（大陆）区域社会经济发展特征分析》报告，提出东北、北部沿海、东部沿海、南部沿海、黄河中游、长江中游、大西南和大西北的八大社会经济区域划分（表2-4）。

表2-4 中国大陆各地区的三大片和八大区的划分

	片	区	所辖省（区、市）
中国（大陆）	北方地区	东北地区	辽宁、吉林、黑龙江
		北部沿海地区	北京、天津、河北、山东
		黄河中游地区	河南、山西、陕西、内蒙古
	南方地区	东部沿海地区	上海、江苏、浙江
		南部沿海地区	福建、广东、广西、海南
		长江中游地区	湖北、湖南、江西、安徽
中国（大陆）	西部地区	大西南地区	贵州、四川、重庆、云南、西藏
		大西北地区	甘肃、青海、宁夏、新疆

一、北方地区

北方地区主要指东北、北部沿海和黄河中游地区，整个区域以平原走势为主，间或存在丘陵地带。四季分明的东北地区坐拥中国最大的平原，是资源丰富、文化繁荣、经济实力雄厚、以汉族为主多民族深度融合的区域，在全国占有重要地位。主要包括辽宁、吉林和黑龙江三省。北部沿海地区包括北京、天津、河北、山东四省（市），黄河中游地区包括河南、山西、陕西、内蒙古四省（区），北方地区面积约占全国的20%，人口约占全国的40%，其中汉族占绝大多数，少数民族中人口较多的，有居住在东北的满族、朝鲜族等。

从自然条件方面来看，北方地区与南方地区在气候上形成鲜明对比，温度偏低，冬季较长，部分地区常年积雪，尤其东北地区更为明显，这种特点为北方地区开发冬季体育项目创造了先天优势。一些地区在冰上和雪上项目开发方面也取得了很好的成就，如黑龙江的亚布力滑雪场、河北的崇礼滑雪场等。

从社会文化方面来看，北方地区的经济发展水平介于南方地区和西部地区之间，区域内经济发展水平差异相对较小。就北部沿海地区而言，坐落着中国首都北京这一政治、经济、文化中心，同时又拥有国内重要的海口城市天津，其在思想意识、开放程度、信息流通速度和保有量等方面，整体上较其他地区均有不同程度的超前优势；这些条件对推动服务业的发展意义重大，当然，体育产业也不例外。就东北地区而言，老工业基地较多，是中国工业化发展最早的区域，目前随着中国社会经济转型时代的到来，东北地区处于由工业社会向现代服务业为主的社会转型过程中，难度要大于中国其他区域，这在一定程度上成为东北地区体育产业发展的障碍。但国家为推动东北地区经济转型，也提出了若干措施，制定了若干政策，如2003年的《中共中央 国务院关于实施东北地区等老工业基地振兴战略的若干意见》和2007年发展改革委制定的《东北地区振兴规划》等，这些政策又为体育产业的发展提供给了机遇。

从区位条件来看，在北部沿海地区，首都北京与天津毗邻，相互映衬，河北的唐山、廊坊、沧州、保定等城市环绕周边，共同构成了全国最大的城市群之一，这些城市群体有条件为体育产业的发展提供强大的动力，随着京津冀一体化进程的推进，以及2010年《京津冀体育产业合作协议》的出台，为提升北部沿海地区体育产业竞争力提供了坚实全面的基础。同时北部沿海地区的天津与河北秦皇岛、唐山、沧州和黄河中游地区的山东潍坊、东营、烟台，以及东北地区的葫芦岛、营口、大连紧紧环绕渤海湾，构成了沿海一线，加以紧沿黄海的威海、青岛和丹东等地，为滨海体育项目的开展提供了先天的区位优势。

从创新条件来看，由于北方地区以首都北京为核心，保持社会稳定发展的意义重大，因而，具有开拓性、尝试性的创新开发受到了一定的限制，使得北方地区的创新意识落后于南方地区，从这一方面讲是不利于体育产业发展的。

二、南方地区

南方地区包括东部沿海、南部沿海和长江中游地区。指上海、江苏、浙江、福建、广东、广西、海南、湖北、湖南、江西、安徽等省（区、市）。

从自然资源条件来讲，南方地区多沿海沿江，地形以山地丘陵为主，总称东南丘陵，其中以南岭为界，以北是江南丘陵，以南是两广丘陵，东部以武夷山为界，是浙闽丘陵。南方地区属温暖湿润的亚热带海洋性季风气候和热带季风气候，多数地区为长夏无冬。因此，水资源丰富、丘陵、温热是东南地区自然资源的典型特征。这样的特点决定了在自然资源方面，南方地区体育产业的发展优势在于利用丰富的水资源，丘陵地带地势起伏、多湖泊的特点，推动户外运动、水上运动等项目市场的开发，如滨海、江上和山地运动项目，以及山地沙滩球类运动、山地自行车、龙舟等；另一优势在于利用长夏无冬的特点，开发错季类、避寒类户外运动等，如在海南省开发冬季户外游泳等项目。其劣势在于冬季体育产业项目的开发上，如滑冰、滑雪等。

从社会文化资源条件来讲，南方大部分地区经济发达。据2013年全国各省份GDP排名显示，广东、江苏、浙江、湖北、湖南、上海、福建分别列GDP排名的第1、第2、第4、第9、第10、第11、第12位。上述各省（市），经济发达，商业化程度较高，其中产品制造业和服务业发展明显优于其他省（区、市），这样的经济基础为发展体育产业奠定了坚实的基础。另外，由于上述地区对外开放程度较高，对各种文化思潮、不同民族间的风俗习惯具有很强的包容性，对新事物也具有很强的接受能力。这样的特点决定了在社会文化资源方面，南方地区体育产业的优势在于利用发达的经济基础和商业化手段，推动体育用品业的制造和销售、高端体育服务行业的发展，以及赛事组织活动、不同民族间传统体育文化活动的举办等。李宁品牌的诞生、多届全运会及亚运会、青奥会、大师杯赛事等的举办等，都是很好的例子。

从区位因素分析，广东深圳是中国对外开放最早的地区，上海是中国国际化程度最高也是最早的都市，目前以深圳为龙头的珠三角地区和以上海为龙头的长三角地区已经成了中国经济发展的标志性区域。在这两个区域内，市场规模大，产业聚集效应明显，对发展体育产业构成巨大优势。但其劣势在于，由于该区域早期经济发展超前于国内其他区域，因而其面临的经济下滑压力也要远大于其他地区，同行业间的同质竞争比较明显，体育产品制造业对国外依存度仍然比较高，如果找不到合适的突破途径，向前发展难度也在逐渐显现。这一点从2012年各省（区、市）GDP的增长速度上也可以看出，一般来讲，GDP总量大的省份，其增长速度则落后于GDP总量小的省份（表2-5）。显然，这样的特点也是符合边际效应递减规律的。

表2-5 2012年中国各省（区、市）GDP排名增长情况

排名	省（区、市）	全年生产总值/亿元	同比增长	排名	省（区、市）	全年生产总值/亿元	同比增长
1	广东	57 067.92	8.2%	17	黑龙江	13 691.57	12.0%
2	江苏	54 058.22	10.1%	18	广西	13 031.04	11.3%
3	山东	50 013.24	9.8%	19	江西	12 948.48	11.0%
4	浙江	34 606.30	8.0%	20	天津	12 885.18	13.8%
5	河南	29 810.14	10.1%	21	山西	12 112.81	10.1%
6	河北	26 575.01	9.6%	22	吉林	11 937.82	12.0%
7	辽宁	24 801.30	9.5%	23	重庆	11 459.00	13.6%
8	四川	23 849.80	12.6%	24	云南	10 309.80	13.0%
9	湖北	22 250.16	11.3%	25	新疆	7466.32	12.0%
10	湖南	22 154.23	11.3%	26	贵州	6802.20	14.0%
11	上海	20 101.33	7.5%	27	甘肃	5650.20	13.0%
12	福建	19 701.78	11.4%	28	海南	2855.26	9.1%
13	北京	17 801.02	7.7%	29	宁夏	2326.64	11.5%
14	安徽	17 212.05	12.1%	30	青海	1884.54	12.3%
15	内蒙古	15 988.34	11.7%	31	西藏	695.58	12.0%
16	陕西	14 451.18	12.9%				

从创新程度来看，南方地区对人才引进和技术开发的投入较大，国内优秀技术人才有明显向南部沿海地区流动的趋势。在制度创新方面，南方地区地方政策相对北方地区灵活，在人才引进、灵活就业、市场开发等方面均体现了开放搞活的政策支持态度，这为南方地区提升体育产业技术水平和创新发展，增强竞争力创造了重要的基础条件。

三、西部地区

西部地区由大西南和大西北两块区域组成，大西南地区主要包括四川盆地、秦巴山地、云贵高原等地形单元，大致包括贵州、四川、重庆、云南、西藏等地；而大西北地区则主要包括甘肃、青海、宁夏、新疆等地。

从自然条件来看，大西南地区以山地为主、地形结构十分复杂，自然资源丰富，其中四川盆地为最大的盆地，人口稠密、交通、经济相对发达。大西南地区江河、林木、牧草资源十分丰富，拥有大面积高山区和草场及常年生的林木和牧草，无霜期长，旅游胜地众多，国内外著名旅游景点数不胜数，如"春城"昆明、"圣地"拉萨等；大西北地区自东向西分别是草原、荒漠草原、荒漠走势，各种旅游爱好者组团、自驾甚至自行车或步行选择这条旅游路线，欣赏沿途风光，这种自然资源条件为开发户外运动和体育旅游提供了先天的竞争优势，尤其大西北地区，尽管看似土地贫瘠，但为户外运动爱好者骑马、露营、野外拓展、汽车沙漠拉力提供了难得的资源。

在社会文化资源方面，西部地区汇集了大量的汉族和少数民族居民，各民族之间的文化习俗相互交融，也形成了多种多样的民间传统体育文化活动和项目。

从区位条件来看，西部地区多属中国边远地区，除成都、重庆经济较为发达外，云南、贵州、青海、西藏、新疆等省（区）经济发展相对落后，且交通不够便利，这种情况限制了西部地区健身休闲、大型赛事活动、体育用品生产和销售等行业的发展，在各区域体育产业竞争中处于劣势地位。但与此形成鲜明对比的是，西部地区由于处于边远地区，其整体自然环境优美，地形地貌齐全，受到户外运动爱好者的青睐。远足、登山、探险等体育活动频繁。

从创新条件来看，与以北京为核心的环渤海地区、以上海为核心的长三角地区和以深圳为核心的珠三角地区相比，也就是和与之对应的北方地区和南方地区相比，西部地区缺乏龙头核心城市的拉动，尚未形成人才集聚效应，技术创新条件受限。但受国家大力推进西部开发建设的政策影响，在政策推动下，一批优秀人才流向西部，献身西部开发建设，为西部经济建设和各行各业繁荣发展做出了巨大的贡献。因而，从管理创新角度而言，西部地区在享受国家政策优惠方面，具有比其他区域更好的竞争优势条件。

总之，通过对中国南方地区、西部地区和北方地区的比较分析，可以看出各区域之间在自然条件、社会经济文化、区位条件和创新程度等方面，各有利弊，各有特色。因而，不能笼统地断定某一区域的体育产业竞争力就优于另一区域，而要根据各区域不同的特色特点，甄别对待，力争发挥特色优势，在全国范围内形成各具特色的体育产业发展新模式、新途径。

第三章 贵州体育产业发展概况

第一节 体育产业概述

一、体育产业的概念

长期以来,我国都是按照本体产业、相关产业、体办产业等分类方式对体育产业进行界定和划分。最初把体育产业纳入到体育事业中仅仅是体育部门的一个创收手段,而长期游离于国民经济之外。近年来,随着体育产业规模的不断扩大,产业内涵和外延的不断丰富、拓展,体育产业已越来越广泛地融入国民经济的大循环中。有学者将体育产业界定为"是利用体育自身功能及辐射作用创造价值的产业,是为社会提供体育产品或服务的组织及部门集合"[①]。

本书将体育产业的内涵界定为生产、提供体育运动服务和劳务产品的企业集合。这种企业集合是以劳动形式向全社会提供各类体育服务的行业总和[②]。其基本特点是强调产品的非实物性,以劳务或服务的"活动"形式存在,并提供满足人的身心等方面需求的使用价值,其生产是消费者直接参与并享受的过程[③]。这种对体育产业内涵的界定,区别于以下几个方面:①将体育产业扩大化,将与体育有关的一切生产、经营活动部门均纳入体育产业的范畴;②将体育产业等同于体育事业,体育产业是社会主义市场经济运行体制下的体育事业,它是体育事业由传统的计划经济转到社会主义市场经济体制下的称谓;③将体育产业仅做功利性定义,体育产业就是体育事业中可进入市场并可获得经济利益的那部分经济活动的总和。

本书对体育产业内涵的界定符合经济学、运动学和产业结构划分等方面的规

---

① 李建设. 发展体育产业的若干理论问题[J]. 中国体育科技, 2004, 40 (5): 21-22.
② 张岩. 略论体育产业范畴[J]. 体育科学, 1993 (6): 5-7.
③ 胡立君. 体育产品特征的经济学分析[J]. 体育科学, 1999, 19 (6): 1-4.

定。首先，将生产和提供体育、运动服务或劳务产品的企业作为指涉对象，规定了体育产业的产品属性的同质性，符合"具有某种同一属性经济活动"的产业定义和以相同商品市场为单位的产业划分规则。其次，体育、运动服务或劳务产品的生产过程和技术工艺具有相似性，即都是以人体运动为基本要素，都具有相类似的生产所需的投入品，如运动设施、设备，都需按解剖、生理、力学等原理和规则生产体育产品。因此，符合以技术、工艺的相似性为依据的产业划分标准。最后，以活动劳动的形式生产或提供体育、运动服务或劳务产品的产业是符合Fisher、Clark和Kaznets等人创立的三次产业分类的标准，即体育产业属于第三产业[①]。

由于体育产业与体育事业容易产生混淆，故在此对体育产业与体育事业两个概念进行区分。体育事业通常指在社会生活中，以一定的目标、组织、系统活动为基本框架，在国家相应部门的领导下，由国家财政支持生产或创造具有公益性和福利性公共产品（物质产品或精神产品）的组织单位的集合。体育产业之所以区分于体育事业，主要基于以下3个方面[②]。

①各自所承担的任务不同。在所承担的任务方面，体育事业的主要任务是满足社会精神文明的需求，注重社会效益，具有公益性和福利性的特征；体育产业的主要目的则是谋求获利，更注重经济效益，因而具有商业的性质。

②资金来源不同。在资金来源方面，事业单位的发展经费由国家财政拨款，但企业发展所需资金则由银行贷款，到期还本付息。办事业不收税，办企业则按利率收取利税，当体育事业向体育产业转化后，经费下拨情况就会发生变化，根据其产业发展的运行机制，强调自我生存、自我发展和自我约束。

③经济性质不同。在经济性质方面，事业经济性质是产品经济，运行机制主要靠行政指令，要求以福利、公益为主，以社会效益为主；产业经济性质是商品经济，运行机制主要依靠市场调节，要求以经营为主，在提高社会效益的前提下努力提高经济效益。

体育产业虽然区别于体育事业，但二者又是密不可分的，体育产业和体育事业之间的密切关系体现在以下3个方面。

①体育产业是体育事业的重要组成部分。体育事业的发展依赖于三驾马车的推动：竞技体育、群众体育和体育产业。这三者之间相辅相成，互相促进，共同发挥着体育的综合功能。体育不但能为国争光，为民谋福，还能为国增利。作为体育事

---

① 丛湖平. 体育产业若干界说的辨析及相关问题的讨论[J]. 中国体育科技，2001，37（12）：2-4.
② 丛湖平. 试论体育产业结构及产业化特征[J]. 浙江大学学报（人文社会科学版），2000（4）：40.

业发展的重要组成部分，体育产业的良好发展，将对竞技体育和群众体育乃至体育事业本身的发展起到有力的支撑作用。

②体育产业对体育事业有着极大的推动作用。"发展体育运动，增强人民体质"是体育工作的根本宗旨。实践已经证明，发展体育产业，在符合现代体育发展规律的基础上开发体育的经济功能，对增强体育的自身造血功能，提高体育的自我发展能力，建立新型的体育事业补充机制，形成体育事业发展的良性循环，拓宽实现体育工作根本宗旨的有效渠道，推动体育事业的可持续发展等具有重要作用。

③体育产业与体育事业应协同发展。在社会主义市场经济条件下，体育产业与体育事业既相互区别和对应，又相互联系和促进。抓好新时期的体育工作，要坚持一手抓公益性体育事业，一手抓体育产业，做到体育事业和体育产业相互促进，协调发展。

二、体育产业的分类

根据2009年《中国体育产业发展纲要》，现阶段我国体育产业包括三大类别：第一类为体育主体产业类，指发挥体育自身经济功能和价值的体育经营活动内容，如体育竞赛表演、训练、健身、娱乐、咨询和培训等方面的经营；第二类指为体育活动提供服务的体育相关产业类，如体育器械及体育用品等方面的生产经营；第三类指体育部门开展的旨在补助体育事业发展的其他各类产业活动。

按照国家统计局、国家体育总局关于印发《体育及相关产业分类（试行）的通知》（国统字〔2008〕79号）精神，体育及相关产业主要分为八大类，分别是体育组织管理；体育场馆管理；体育健身休闲；体育中介组织；体育用品、服装、鞋帽及相关体育产品的制造；体育用品、服装、鞋帽及相关体育产品的销售；体育场馆建筑；以及其他体育活动（图3-1）。

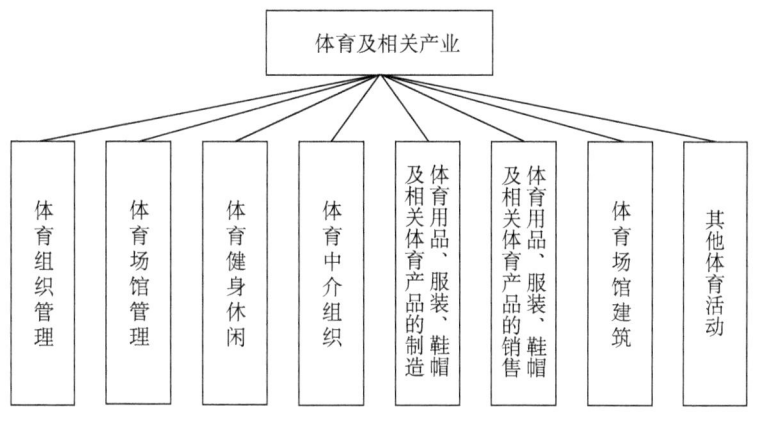

图 3-1 体育及相关产业的分布

三、体育产业与国民经济

体育产业与国民经济的繁荣发展息息相关。早在 2002 年，中共中央、国务院就在《关于进一步加强和改进新时期体育工作的意见》（中发〔2002〕8 号）中指出，作为第三产业的组成部分，加快体育产业的发展是建立社会主义市场经济体制的需要，是符合我国经济结构战略性调整的要求。体育产业的发展对于扩大内需，推动经济增长，实现现代化建设发展目标有着明显的推动作用。2009 年发布的《中国体育产业发展纲要》再次指出，发展体育产业是适应社会主义市场经济体制的需要，是推进体育改革、增强自我发展能力的重大战略举措；加快体育产业的发展有利于深化体育改革、转换体育事业发展机制；有利于拓宽体育事业发展的经费渠道；随着小康生活水平的实现，体育产业的发展还有利于进一步满足人民群众日益增长的体育需求；对于增强体育事业发展活力、保证"全民健身计划"和"奥运争光计划"的实施和实现有着重要意义。

体育产业发展的效应和作用是综合的、多元的和巨大的。一方面，不但有效弥补了政府体育投入的局限性，为体育事业本身的发展增添活力；另一方面，在带动旅游、建筑、通信和新闻出版等相关行业的发展方面发挥着举足轻重的作用。总之，体育产业的发展对引导消费、扩大内需、增加社会就业和优化产业结构等方面都具有重要的促进作用，可谓丰富和完善了社会体育服务体系。

第二节　贵州体育产业发展现状

一、贵州体育产业发展的主要特点

（一）体育产业发展较快

贵州体育产业起步较晚，但是随着经济和资源优势显现，市场已初具规模。在政府的引导和市场的驱动下，各类体育产业经营管理正在走上规范化的轨道，如体育旅游、竞赛表演、健身休闲、技术培训和中介咨询等。

贵州体育产业近年来发展的成效主要体现在以下几个方面。一是体育产业围绕五大新兴产业，努力完成引资和投资任务。2012年以来，贵州省体育局共筹集3400万元引导资金，资助各市州建立了21个休闲基地和山体健身步道。二是推进山地户外运动大省建设。按照"抓资源、促发展，抓特色、树精品"的发展战略，已初步形成一市（州）一品牌，一县（市）一活动格局。其中，全国山地运动会、安顺坝陵河大桥国际低空跳伞挑战赛、紫云格凸河国际攀岩挑战赛、环雷公山超100公里跑国际挑战赛、毕节百里杜鹃国际山地自行车邀请赛、遵义娄山关·海龙囤山地户外运动挑战赛、瓮安全国山地户外锦标赛、晴隆"24道拐"汽车爬坡赛、兴义万峰林国际徒步大会、清镇越野挑战赛、铜仁碧江龙舟公开赛、金沙冷水河全国溯溪大赛、惠水县全国定向锦标赛、六盘水夏季国际马拉松赛等赛事已在全国小有名气，有力促进各地体育与旅游、宣传、文化、农业"五位一体"的融合发展，提高了赛事举办地的知名度和美誉度，一些赛事呈现市场化、社会化发展的良好势头，推动了地方经济社会的和谐发展。三是加大建设多梯度高原运动训练示范基地力度。认真贯彻落实《国务院关于进一步促进贵州经济社会又好又快发展的若干意见》（国发〔2012〕2号）提出的"建设国家生态型多梯度高原运动训练示范基地"，贵州省体育局争取、调剂安排1.1亿元专项资金用于"老王山生态型多梯度运动训练基地""六盘水野玉海高原运动训练基地""清镇全民健身训练基地游泳馆""清镇青少年活动中心"等项目的前期基础设施建设。四是体育社会化、市场化得到促进，百灵围棋俱乐部、智诚足球俱乐部、森航篮球俱乐部、罗萧跆拳道中体倍力健身俱乐部等省内企业的发展，为体育社会化做出了积极贡献。五是积极与贵州省发展改革委等部门共同研究拟定《贵州省人民政府办公厅关于加快发展体育产业促进体育消费的实施意见》，确保《国务院关于加快发展体育产业促进体育消费的若干意见》（国发〔2014〕46号）

在贵州省落地生根,开花结果。六是体育彩票销售额逐年递增。

2016年,贵州省体育产业总规模(总产出)为120.31亿元,增加值为54.96亿元,占同期全省地区生产总值的比重为0.47%。从贵州体育产业内部结构看,体育用品及相关产品销售、贸易代理与出租的总产出和增加值最大,分别为48.49亿元和24.32亿元,占贵州体育产业总产出和增加值的比重分别为39.61%和44.25%。体育服务业(除体育用品和相关产品制造业、体育场地设施建设外的其他九大类)发展势头良好,总产出和增加值分别为107.93亿元和51.87亿元,占比分别为89.71%和94.38%。在体育产业经济方面,体育彩票在"十二五"期间累计销售91.00亿元,比"十一五"期间的35.50亿元增长156.34%;累计筹集公益金25.80亿元,比"十一五"期间增加4.90亿元;提供就业岗位7000个,完成体彩销售额五年突破70亿元的目标(表3-1)。

表3-1 2016年贵州省体育产业总产出和增加值

体育产业类别	总量/亿元		结构	
	总产出	增加值	总产出	增加值
体育产业	120.31	54.96	100.00%	100.00%
体育管理活动	6.96	3.56	5.85%	6.48%
体育竞赛表演活动	7.75	3.36	6.58%	6.11%
体育健身休闲活动	13.91	5.77	10.80%	10.50%
体育场馆服务	14.14	6.62	11.01%	12.05%
体育中介服务	1.61	0.49	1.46%	0.89%
体育培训与教育	3.49	2.81	3.16%	5.12%
体育传媒与信息服务	1.32	0.60	1.02%	1.10%
其他与体育相关服务	10.26	4.32	9.30%	7.87%
体育用品及相关产品制造	1.28	0.32	1.16%	0.58%
体育用品及相关产品销售、贸易代理与出租	48.49	24.32	39.61%	44.25%
体育场地设施建设	11.11	2.78	10.10%	5.10%

资料来源:贵州省统计局。

2018年，贵州争取中央、省级各类资金14亿元，支持全省92个公共体育场馆、25个生态体育公园、1000公里健身绿色步道工程建设，完成12个县级以上老年体育活动中心、50个城镇保障性安居工程体育配套设施、80个乡镇和773个行政村农民体育健身工程建设。

（二）从业队伍不断壮大

贵州体育产业从业人员队伍不断壮大。随着体育产业的扩大，体育产业从业人员队伍的迅速壮大，展示了社会和民众对体育产业发展的迫切需要，同时说明这一行业具有巨大的潜力和吸引力。

（三）体育产业规模小

相对于贵州和全国经济、文化等方面的迅猛发展，贵州现有的体育产业规模仍相对较小。经贵州省统计局核算，2015年，贵州省体育产业11个大类37个中类52个小类总产出（总规模）为57.26亿元，增加值为34.16亿元，占同期全省生产总值的比重为0.33%。从产业总规模看，贵州体育产业对促进经济增长和拉动就业的作用尚未发挥出来。

从体育产业资源的总量来看，贵州还存在体育资源总量小、水平不高等方面的问题。与全国相比较，贵州的很多投资，尤其是体育等社会事业投资先天不足，许多指标低于全国水平，例如，截至2016年10月31日，全省体育场地面积达3521.32万m^2，按全省户籍人口4325.48万人计算，平均每万人拥有体育场地10个，人均体育场地面积0.81 m^2。近十年来，政府十分重视体育产业的发展，加大投入和支持力度，取得了长足的进步。但客观来讲，由于基础差、发展不平衡，现有发展还不充分，产业规模较小。

（四）体育产业发展不平衡

体育产业的发展与经济发展水平紧密相关，经济的区域差距和城乡差距在体育产业上也有类似的表现。贵州体育产业的资源和经营单位主要集中在经济发达的主城区，而在经济发展水平较低的其他地区分布很少。尤其在农村，体育产业的发展几近空白。

具体来讲，在经济实力强的地区，其体育产业的发展情况也相应地强于经济实力弱的地区。体育产业在区域之间、城乡之间的发展严重不平衡，抑制了产业自身的发展和总体规模的扩大,是未来进行贵州省体育产业发展规划需要重点考虑的问题之一。

(五)体育消费水平较低

贵州居民的体育消费处于非常低的水平,城乡居民在体育用品、体育服务、体育赛事等方面的消费所占城乡居民收入的比重很小。据统计,贵州省城乡居民体育消费情况有以下两个特点:第一,城乡居民的体育消费欲望不强。2009年,在全部调查对象中,有3/4的家庭没有购置过体育用品,近九成的人口没有购买过健身服务,近八成的人口未购买过体育彩票,超过九成的人口没有观看过商业体育比赛。第二,城乡居民的体育消费水平低。在所有消费类别中,购买体育产品的占比最高,但也多集中在中低端产品,单价相对较低。这反映了贵州省居民的健康观念有待改善、体育消费欲望不强,居民购买体育产品和购买体育产品和服务支出都还处于很低的水平。

而消费欲望和服务支出都处于较低水平的现象,从侧面说明贵州体育消费市场具有巨大的潜力。发达国家的经验表明,随着经济社会发展,珍惜生命、热爱生活、重视健康的生活态度逐步成为时尚,体育产业也将逐步发展成为国民经济的重要产业。随着贵州省社会经济发展步入高速发展的快车道,近年来,群众体育锻炼的意向及参与率呈现大幅提高的趋势,这预示着人们对体育产品和服务的需求将持续扩大,贵州体育产业的发展也将迎来全面繁荣。目前,城乡居民购买体育产品和服务的人口比例很低、体育消费支出处于较低水平,这与体育产业的美好前景形成了强烈反差,亟须相关部门予以引导,进一步发掘贵州体育产业的潜力,为推动贵州省的经济繁荣和丰富人民群众的精神文化生活做出应有贡献。

二、贵州体育产业主要行业发展现状

(一)体育彩票业功不可没

发行体育彩票是政府给予体育发展的一项优惠产业政策,同时也是弥补财政对体育事业投入不足、发展体育产业的重要经济手段。近年来,随着贵州经济的飞速发展和人民生活水平的普遍提高,人们对体育的消费需求不断增强,体育彩票充分利用市场经济的优势和体育自身的魅力,在花样和玩法上不断翻新。体育彩票业在贵州省从无到有，经过近二十年的发展，至今已取得可喜的成绩：自 2009 年以来，体育彩票克服了市场竞争激烈、基础设施薄弱等不利因素的影响，年销售额持续稳定增长（表 3-2），彩票公益金使用的社会效益也日渐显著。

可以说贵州体育事业的蓬勃发展，得益于彩票业的飞速发展。体育彩票业的蓬勃发展主要从以下几个方面得以体现。

①吸引了人们的关注，满足了人们对体育消费的需求，有效地增强了人们对体育的兴趣，达到了聚集社会资金、为贵州的体育事业发展提供资金保障的目的，特别是保证了全民健身计划的有效贯彻和实施。

②体育彩票年销售额持续稳定增长，彩票公益金使用的社会效益也日渐显著。体育彩票在"十二五"期间累计销售 91.0 亿元，比"十一五"期间的 35.5 亿元增长 156%；累计筹集公益金 25.8 亿元，比"十一五"期间增加 4.9 亿元。

③体育彩票网点总量达到 3000 多个，提供网点就业机会达到 9000 多个。

④体育彩票筹集的公益金已经在修建体育设施、资助群众体育活动和大型运动会、开展全民健身活动、筹办北京 2008 年奥运会、开展体育扶贫工程、支持"奥运争光计划"等方面发挥了重要作用，同时还为补充社会保障基金及其他社会公益事业做出了贡献，取得了显著的社会经济效益，并刺激了相关产业的发展。

⑤很多报纸、杂志都开辟了体彩专栏，购买体育彩票已经成为部分贵州民众日常生活的一部分。

表 3-2　2011—2017 年贵州省体育彩票销量

年份	2011	2012	2013	2014	2015	2016	2017
销量/亿元	11.77	12.00	18.00	21.80	25.83	32.30	34.70
增长率	—	1.95%	50.00%	21.11%	18.49%	25.05%	7.43%

（二）休闲性和参与性体育产业发展较快

随着我国经济的飞速发展、人们体育观念的转变，体育休闲产业逐渐成为我国第三产业的重要组成部分。由于贵州文化历史悠久、地貌千姿百态，有着丰富的体育休闲旅游文化资源和自然资源，集健身、休闲和娱乐于一体的体育休闲产业正逐步受到市场的关注，并将成为贵州经济发展的新亮点。

随着贵州健身休闲业的规模与产值的不断扩大，健身休闲市场已经成长为贵州体育服务市场体系当中的主市场。贵州休闲性体育产业的蓬勃和自由发展主要表现为以下3个方面：①各种类型的体育健身休闲俱乐部纷纷建立，已基本形成了国家、社会、集体、个体私营、中外合资和外商独资的多档次、全方位经营格局。其中，国家举办的比重逐渐减少，集体和中外合资的比重与日俱增[1]。②体育消费需求的逐步扩大为体育休闲产业的发展提供了庞大的市场基础。③健身休闲服务项目、内容、价格趋向大众化、普及化、多样化和国际化，体育休闲服务产品的供给能力明显增强。户外运动、攀岩、高尔夫等体育项目也从无到有，逐步在贵州兴起。

同时，国家调整节假日放假天数，自2008年1月1日起，取消了"五一黄金周"而增加了其他节假日，近郊和近距离的外出活动、户外健身等已成为人们的首选，这种趋势为贵州周边区域休闲体育产业的发展创造了机遇。以运动休闲为主，注重与旅游的紧密结合，让运动回归大自然，满足了人们对高质量生活品质的追求。

（三）竞赛表演业取得初步成绩

在贵州，经过多年的培育，由职业联赛、商业比赛、综合性比赛和各项目单项竞赛组成的竞赛表演市场格局已基本形成。以篮球、游泳、自行车等赛事为主体，逐步形成了由冠名、赞助、门票等构成的收入结构，形成了良性运行机制。综合性比赛中的单项竞赛市场开发力度逐渐增大，等级赞助商、专有权、赛事与活动冠名、代表团赞助、电视转播权等市场开发手段已被广泛运用。全国山地运动会等大型赛事的举办不仅带动了竞赛商业化的发展，还为今后开发贵州体育赛事市场提供了有益的思考和借鉴。

近年来，贵州省各种以市场化方式运作的体育赛事、表演正逐渐增多。例如，中日、中韩的体育互访和交流活动，举办了"2014年驻华外交使团体育系列赛——贵阳站高尔夫球和网球比赛"，百灵杯世界围棋公开赛等国际赛事和活动，特别是国际田联第41届世界越野锦标赛的举办，得到国际田联官员、国家体育总局领导、参赛51个国家和地区运动员、教练员的高度评价，通过越野锦标赛宣传，展示了贵州、贵阳的自然风光、人文风情和城市风貌，国际田联授予贵阳市"世界越野之乡"匾牌，为该届赛事留下了独有的体育文化遗产。

---

[1] 钟天朗，于洁. 我国体育健身娱乐业"十一五"发展规划研究[J]. 体育科研，2006，27（4）：33-36.

（四）体育场馆业蓬勃发展

随着体育产业的深入发展，为改善大型场馆功能单一、利用率低、场馆管理水平不高、向群众开放程度不够等方面的缺陷，贵州省掀起了体育基础设施建设的新高潮。贵州省体育场馆业的蓬勃发展由主城区及各个区县的发展所构成。

在主城区，通过积极打造中心商圈，增设商业门面；盘活部分闲置地段，开辟各种物业形态；利用场地和人员资质优势，开办各类体育培训；承办各种竞赛、文艺演出和商展，盘活了场馆资源，逐步实现了收支平衡。截至2016年10月31日，全省体育场地面积达3521.32万m^2，在全国84种主要体育场地类型中，全省普查到59种，场地数量是44 323个，在59种主要体育场地类型中，数量排列靠前的为篮球场、乒乓球场、小运动场、羽毛球场、田径场、排球场、室外网球场、足球场、室外五人制足球场、室外门球场，共计42 727个，占96.40%。大型场馆50个，占0.11%。

体育场馆建设已经被贵州省政府提上日程，《贵州省"十三五"体育发展规划》明确指出，到2020年，要让2100万群众每周至少参加1次及以上体育锻炼，经常参加体育锻炼的人数要占全省常住人口的34%以上。实现县县有1个综合性公共体育场馆，乡乡有1个灯光篮球场，村村（社区）有公共健身场所的目标，让人均体育场地面积达到1.5 m^2以上。

要实现这一目标，就需要政府、企业及各级组织对基础设施的积极投入。2012年以来，贵州省体育局共筹集3400万元引导资金，资助各市州建立了21个休闲基地和山体健身步道。并预计在未来，调剂1.1亿元专项资金用于"老王山生态型多梯度运动训练基地""六盘水野玉海高原运动训练基地""清镇全民健身训练基地游泳馆""清镇青少年活动中心"等项目的前期基础设施建设。

（五）体育旅游业潜力巨大

据《贵州省"十三五"体育发展规划》提出的目标，到2020年，贵州体育产业总规模超过450亿元，这就要求贵州充分发挥地域优势，建立特色项目。对于贵州这样一个有着丰富的自然资源、基础条件和人文优势凸显的地区来说，发展体育旅游业正当其时。近年来，贵州的体育旅游业虽然已经开始起步，并取得不少喜人的成绩，但也在发展过程中遇到了不少问题。首先，由于体育旅游业本身的不稳定性，对政策、季节、突发事件的过分敏感等，"多彩贵州"的资源优势并没有得到充分利用,体育旅游业还存在一些有待改进的问题。其次,贵州体育旅游业起步晚,可供借鉴的理论和实践经验不足,在规模、效益、档次、吸引力等方面与发达地区存在很大差距。再次,人们对旅游的认识水平还较低,体育旅游市场尚未形成,市场占有量小。

贵州的体育旅游资源蕴含了巨大的潜力,贵州现有的体育旅游优势大致包括3类:第一类是山水风光奇特,气候宜人,民族风情浓郁,文物古迹丰富;第二类是省市交通便利,基础设施完善;第三类是独特而浓郁的民族传统文化旅游、红色旅游等特色旅游资源丰富。如何将这些旅游资源与体育竞赛表演进行有效结合与互动,让现有旅游资源与体育结合进而发展成为体育旅游资源,这蕴含着巨大的商机,也是当前贵州省体育旅游发展值得深思的问题。

(六)体育用品制造业发展有待提高

就目前而言,相比体育用品销售,贵州体育用品制造业还处于起步阶段。第一,贵州的体育用品制造企业数量较少且大多规模较小,大量企业尚处于家庭作坊式的生产方式;第二,贵州体育用品制造业主要以生产低附加值的加工产品和劳动密集型产品为主;第三,由于企业小规模生产,分散经营,同时企业的管理水平低下,使得贵州体育用品企业难以产生具有自主品牌和技术特点的产品。因此,贵州省体育用品业的发展需要进一步提高,未来可结合贵州的地域和文化特色,致力于企业管理、生产技术和开发本土品牌方面的深入思考。

(七)体育新兴产业的发展有待增强

由于贵州体育产业市场化程度低、发展起步慢,导致一些市场化高、利润空间大、发展前景好及社会效益较好的新兴行业也处于缓慢发展之中。例如,保证各项赛事顺利开展的体育冠名权业,其优势未能得到充分发挥;又如体育赛事经营业规模小,发展速度慢;还有体育广告业量小力弱,体育保险业几乎处于空白阶段等。因此,贵州体育新兴产业的发展有待进一步增强。

第三节 国内外体育产业发展比较分析及启示

一、国外体育产业发展状况及对贵州的启示

体育产业对于发达国家及发达国家的城市建设意义重大。据统计，2008年西方发达国家体育产业的平均规模占GDP的2.13%[1]。北美、西欧的发达国家及亚洲的日本等，其体育产业均为国内十大产业之一。下面通过对美国、英国、澳大利亚、意大利、德国和日本等具有代表性国家的分析反思，诠释贵州体育产业发展对城市建设的重大意义。

（一）发达国家体育产业发展的分析

1. 美国

美国是世界头号体育强国，其体育产业已是一个无所不包的混合产业，也是当今世界上规模最大、水平最高、活力和效益最好的体育产业大国。据统计，2010年，美国的体育产业总产值高达4410亿美元，接近GDP的3%，是汽车业的2倍、影视产业的7倍，仅美国篮球职业联赛一年创造的利润就高达50亿美元。美国的体育产业已发展成为十大支柱产业之一。

2. 英国

英国是很多现代体育竞技项目的起源地，其体育产业十分发达且起步较早，举世闻名的世界一级方程式（F1）锦标赛、温布尔登网球赛、高尔夫球赛和英超等均是英国体育产业领域的代表作。2000年，英国体育产业的就业人口为45万，占英国就业人口的1.1%[2]。目前，英国国内体育生产总值已占国民生产总值的1.7%，体育产业在英国经济中正发挥着越来越重要的作用[3]。

3. 澳大利亚

澳大利亚是近年来体育产业发展十分迅速的国家，2000年悉尼奥运会的成功举办极大地带动了该国体育产业的发展。悉尼奥运会带来的生产总值多达50亿澳元，占澳大利亚国内生产总值的2.2%。截至2001年6月，澳大利亚体育产业吸纳的就业

---

[1] 杨越. 体育强国：未来10年中国社会经济发展对体育事业的需求[J]. 体育科学，2010，30（3）：3–10.
[2] 资料来源：《中国体育休闲产业发展报告》。
[3] 揭秘英国体育产业：全民普及之路，逐步走上正轨[EB/OL]. (2011-07-25) [2019-01-26]. http://sports.163.com/11/0725/08/79Q142T400051CAQ.html.

人数为 87 447 人，其中，30 547 人为固定工；体育产业的志愿者为 178 837 人①。

4. 意大利

意大利的体育产业主要包括体育用品业、职业体育产业、健身娱乐业、体育博彩业和体育赞助、体育广告等。意大利体育产业中最重要的部分是职业体育产业，而在职业体育产业中又以足球产业为支柱；意大利的足球产业是一个包括门票、广告、电视转播权、俱乐部标志产品的营销及职业运动员的买卖和足球彩票在内的复合产业。据估计，这一特色产业的年产值为 3.5 万亿～4 万亿里拉，进入意大利国民经济十大产业的行列②。

5. 德国

德国体育产业主要由体育用品业、健身娱乐业、职业体育产业和体育赞助等方面构成。根据欧盟发布的统计报告，1994 年该国体育产业增加值占 GDP 的比重达 1.25%，1998 年在体育产业中的就业人数达 9.5 万人。体育用品业是德国体育产业中的支柱产业，阿迪达斯是其典型代表之一。另外，德国的赛车、足球和网球是商业化程度最高的运动项目。德国的体育赞助也空前活跃，1996 年德国体育赞助的总金额达 16.48 亿美元，仅次于美国和日本，排名世界第三，在欧洲国家中排名第一③。

6. 日本

日本体育产业主要包括体育用品业、体育建筑业、体育场馆出租业、健身娱乐业、体育广告和赞助及正在崛起的职业体育产业。早稻田大学体育经济研究所对日本国内体育产业生产总值（GDSP）的研究发现，2003 年国内体育生产总值为 96 371 亿日元，占日本 GDP 的 1.9%。日本的 GDSP 包括体育产品销售和体育服务业两个大项。其中，体育用品销售主要是市场零售，其销售额为 21 024 亿日元，占总收入的 21.8%；而体育服务业收入包括职业体育赛事观赏、体育设施消费、场地设施租赁、体育旅游、体育教育、体育电视转播等、体育报纸、体育书籍杂志和体育比赛及软件收入等。日本的主要产业是汽车产业，每年收入在 20 兆日元左右，体育产业接近汽车产业收入的 1/2④。

从以上国家的体育产业发展状况看，国外体育产业发展的基本特点：第一，国外体育产业，尤其是西方发达国家体育产业已经成为本国国民经济的重要增长点；

---

① 鲍明晓. 国外体育产业形成与发展 [J]. 体育科技文献通报，2006（1）：12.
② http://paper.people.com.cn/scb/html/2007-11/07/content_30072002.htm.
③ 鲍明晓. 国外体育产业形成与发展 [J]. 体育科技文献通报，2006（1）：12.
④ http://www.ssgwbj.com/show.asp?id=289.

第二，国外体育产业大多是复合型结构，既包括与体育相关的产品的生产和经营，也包括体育服务产品的经营；第三，各国体育产业的发展重点有所侧重、有所区别；第四，体育中介机构带动体育产业发展的作用越来越突出。

（二）发达国家体育产业发展的启示

与美国、英国和日本等发达国家比较，无论在总量还是在质量上我国体育产业的发展都还存在着很大的差距。资料显示，2008年我国体育产业增加值占GDP比重仅为0.52%[①]。它山之石，可以攻玉。发达国家体育产业的发展，如竞赛表演业的运作，对贵州乃至全国体育产业的发展有着重要的借鉴意义。

1. 一流赛事打造一流城市

打造一流城市涉及政治、经济、文化等多方面的因素，作为文化大概念下的体育往往发挥着独特的作用，其效果也往往是其他产业所不可替代的。然而一流的体育赛事又是整个体育产业之于城市发展的重中之重的环节。自1984年洛杉矶奥运会首次实现营利以来，巴塞罗那、悉尼等城市均借助奥运会这一世界顶级赛事实现了一流城市的打造计划。

一流赛事打造一流城市的理念已深入人心。1987年奥运会的举办在巴塞罗那的发展历程上增添了浓墨色彩。里奥·艾瑞克·亚历山大在其著作《体育与城市营销》中提到："奥运会在巴塞罗那从一个工业港口城市向富有魅力的服务导向型城市的转变过程中起着举足轻重的作用。城市议会将这次赛事视为启动大范围的城市改造计划的政治舆论杠杆……最基本的理念在于借助这一赛事逐步实现计划中的愿景目标：通过增加城市魅力来巩固巴塞罗那作为不断进取的欧洲大都市的形象。"[②] 另一个借助于奥运会推动经济发展的国家是澳大利亚。自成功举办2000年奥运会后，体育赛事就成为澳大利亚经济发展的重要助推器，出现了墨尔本、悉尼等世界著名的体育赛事城市。2007年，英国伦敦的一家著名国际体育咨询机构Arksports的研究结果表明，澳大利亚的墨尔本和悉尼在"世界都市举办大型体育赛事指数评选"中分别位列第一和第二[③]。

贵州发展日新月异，政治经济文化水平不断提高。政府明确提出了"深入推进全

---

① 夏碧莹. 试论加快我国体育产业发展的机遇及对策[J]. 浙江体育科学，2011，33（4）：52-55.
② 里奥·艾瑞克·亚历山大. 体育与城市营销[M]. 沈体雁，杨开忠，高莹莹，译. 北京：东方出版社，2006.
③ 世界都市举办大型体育赛事指数评选北京列第八[EB/OL].（2007-04-04）[2019-01-26]. http://news.xinhuanet.com/sports/2007-04/04/content_5935238.htm.

民健身国家战略,推动群众体育发展达到新水平,推动体育产业发展"的目标,这在更高层面上和更大范围内凸显了体育对城市发展的重要作用。贵州要力争挺进国内经济比较发达省市之列,需要切实重视体育产业对于城市建设的助推器作用,尤其要充分认识一流赛事在国际大都市建设过程中的重要价值。打造"国际时尚运动之都",有利于集中精力引入主题鲜明的与"时尚运动"相关的国际一流体育赛事,并以此为切入点促进其他赛事的引入和运作。

2. 品牌赛事助力城市营销

Van denberg、Klaassen 和 Van der Mea 将城市营销描述为一系列有效调整城市功能的活动,从而使得城市所提供的服务能够满足居民、企业、旅游和其他访客的需求。20 世纪 80 年代末和 90 年代初,菲利普.科特勒等人系统地提出了城市营销理论[1],城市营销理论也由此步入了蓬勃发展阶段。在该理论的指导下,城市营销的实践也在众多城市如火如荼地开展,越来越多的城市运用城市营销理论来指导自身城市建设。而体育赛事以其所具有的吸引外地游客、增加城市曝光度、提升城市品牌、促进城市产业结构转型等独特功能,越来越受到西方发达国家的重视。欧美很多国家已将举办体育赛事纳入城市营销和发展战略中,包括中国、南非在内的发展中国家也开始积极申办各类国际性体育赛事。

形象和定位对于城市发展非常重要,品牌赛事是将体育和城市营销相结合的最佳机会之一。以巴塞罗那为例,该城市通过 1992 年奥运会成功转型,成功打造了一张影响深远的城市体育名片。报道奥运会和城市改造计划的记者数量打破了当时的世界纪录,媒体不仅报道了该届奥运会,还对其后的城市改造工作也进行了追踪报道。巴塞罗那通过奥运会这一最重大的品牌赛事塑造了自己的城市品牌,并使其成为投资者们愿意不断为之投资的热点城市。

除奥运会、世界杯等最重大的体育赛事外,其他顶级单项赛事同样能强有力地推动城市营销。例如,美国最著名的四大职业体育联盟:美国职业棒球大联盟、美国职业篮球联赛(NBA)、美式橄榄球联盟和国家冰球联盟,各俱乐部所在城市都积极通过赛事助力城市营销,很多城市的名字都与俱乐部的名字紧密相连。最为中国观众熟知的 NBA,数以亿计的球迷往往都是通过俱乐部的精彩比赛开始认识俱乐部所在城市并心驰神往,如洛杉矶湖人队、迈阿密热火队、芝加哥公牛队、波士顿凯尔特人队、休斯敦火箭队、纽约尼克斯队、底特律活塞队等。很多球迷曾在访谈研

---

[1] 菲利普・科特勒,凯文・莱恩・凯勒.营销管理[M].12 版.梅清豪,译.上海:上海人民出版社,2006.

究中表示，如果将来有机会和有条件，一定要到现场去观战自己热爱的 NBA 球队比赛。

其他品牌赛事助力城市营销的例子同样不胜枚举：美国网球公开赛、F1 汽车大奖赛、芝加哥马拉松赛、波士顿马拉松赛，澳大利亚的英联邦运动会、世界一级方程式赛车大赛澳大利亚站、澳大利亚网球公开赛、世界游泳锦标赛、友好运动会、澳大利亚拉力赛、澳大利亚 V8 超级房车赛、澳大利亚 PGA 锦标赛，英超、意甲、德甲、西班牙足球甲级联赛，英国的温布尔登网球公开赛、伦敦马拉松赛、F1 英国大奖赛及高尔夫球英国公开赛等。以上提及的每一项赛事及其他章节提到的品牌赛事都极大地促进了城市营销，使城市的建设发展受益匪浅。

贵州在发展体育产业的过程中，也形成了一些自己的特色品牌赛事，例如，将红色文化与体育赛事相结合，打造群众喜闻乐见的红色体育运动，这类活动寓教于乐，力争逐步成为享誉西部乃至全国的品牌赛事。但总体来说，贵州的品牌赛事数量和质量还不够，已有品牌赛事的运作水平还不高，没有充分利用贵州独特的山水地理优势。贵州尚需争取更多、更高级别的品牌赛事，从而丰富体育产业的内容，最终助力城市营销，促进城市发展。

3. 大型赛事促进城市转型

除了经济方面的直接贡献以外，体育在一些工业重镇城市的更新发展战略中充当了重要角色，成为城市发展转型的机遇所在。例如，在美国的底特律、英国的伯明翰、曼彻斯特等传统产业衰退的制造业城市，政府将体育发展列入城市重塑的重点战略，希望利用体育塑造活力无限的城市形象，再度提升城市竞争力，吸引外来的游客与投资，促进城市的经济持续发展。

在大型赛事促进城市转型的案例中，英国的曼彻斯特无疑是最具有说服力的。这座在第一次工业革命时具有国际知名度的老牌工业城市，与伯明翰、爱丁堡、格拉斯哥一起被称为英国的"第二城市"（第一城市当然是伦敦），它们都面临着在英国城市体系中找到各自竞争优势的挑战。曼彻斯特将体育和文化作为与其他城市相区别的标志：文化方面，该区域有英国最大的剧院、丰富的艺术展览馆、博物馆和图书馆，同时，曼彻斯特城市大学是英国规模最大的大学之一，而该大学的核心专业之一就是体育科学；体育方面，城市营销部门明确表示体育是城市营销的重要工具，曼彻斯特是世界著名俱乐部曼联队的主场，其本土球队曼城队也广受人们关注。此外，该城市有丰富的举办或申办大型赛事的经历，这对城市转型意义重大，曼特斯特通过体育带动了社会和经济的复苏。

大型赛事的申办和举办极大地推动了曼彻斯特地区体育产业的发展，并由此推动了城市的建设和发展。曼彻斯特地区拥有全国最多的足球俱乐部，是很多著名体育产品（服装、鞋帽和体育设备）的大本营，是英国境内最大的体育产业聚集区，是BBC电视台和曼联电视台等多家著名媒体的聚集区。曼彻斯特通过大型赛事带动体育产业的发展，并最终在就业、城市魅力及城市营销方面给城市带来巨大的潜在和现实的利益。

与曼彻斯特的发展相比，伦敦的个案或许会给我们更加鲜明和直观的启示：随着赛车运动的中心转移到了英国，在以牛津郡为中心的地带逐渐形成了赛车产业集群，也被称为"赛车业的硅谷"。这个聚集着成百上千的与赛车有关的公司和组织的赛车硅谷，现在已俨然成为赛车产业的"杰出技术中心""赛车制造中心""人才中心"。这里代表了赛车制造业技术的最高水平，引领着赛车制造领域技术创新的潮流。全世界大约3/4的单座赛车是在这里设计和装配的，其中绝大部分最具竞争力的一级方程式赛车都是在这里设计和制造的。伦敦以承接赛车运动中心转移，举办大型赛车赛事，带活了相关体育配套产业的发展，在技术、服务、经济领域都取得了显著的成绩，为突破城市发展的瓶颈起到巨大的推动作用。

随着贵州工业化和城市化的进程，工业基础逐步雄厚、门类齐全、综合配套能力增强，已基本形成煤矿、电力、烟草、商业等支柱产业。但贵州同样面临城市发展的瓶颈，需要树立全新的城市形象以实现城市的转型和突破。结合贵州的发展实际及国内外发达工业化城市的成功经验，以赛事带动体育产业的发展，以体育产业与其他产业的协同增效作用寻找和实现城市发展的新的增长点。国际定向越野赛、汽车拉力赛、世界龙舟锦标赛等都是通过赛事促进特色体育城市建设的有益尝试，但这样的赛事还远远不够，尚没有形成赛事传统，与伦敦、曼彻斯特这样的城市通过大型赛事促进城市转型还相距甚远。因此，贵州还需继续加大体育产业的发展力度，借鉴和吸收曼彻斯特、伦敦等国际体育名城的经验，结合自身独有的山水特色，举办具有国际影响力的体育赛事，从而实现贵州发展瓶颈的突破，提升贵州的国际竞争力。

二、国内体育产业发展状况及对贵州的启示

体育产业在我国的发展方兴未艾，2002年《中共中央国务院关于进一步加强和改进新时期体育工作的意见》明确指出要"大力发展体育产业，积极培育体育市场，

为扩大内需、促进就业、拉动经济增长、实现现代化建设发展目标做出应有的贡献"。2010年国务院办公厅出台《国务院办公厅关于加快发展体育产业的指导意见》（以下简称《指导意见》），从国家层面首次明确了体育的产业地位："加快发展体育产业，对拓展体育发展空间，丰富群众体育生活，培养体育人才，提高全民族身体素质、生活质量和竞技体育水平，促进我国由体育大国向体育强国的转变，促进经济社会协调发展，具有重要意义。"《指导意见》还要求体育事业与体育产业协调发展、体育公共服务与体育市场服务相结合，明确了发展体育产业的政府责任，要求各级政府要把体育产业发展纳入经济社会发展规划中并制定和实施体育产业规划。

（一）国内体育产业的发展现状

优良的政策环境和难得的历史机遇使北京、上海、广州等市的体育产业得到了迅猛发展，领跑于其他省市。目前国内体育产业的发展以北上广为领头羊，针对这些城市的体育产业发展现状进行分析，期望能为贵州体育产业的发展提供有益的借鉴。

1. 北京后奥运体育产业的发展

2008年奥运会举办后，北京的体育产业得到跨越式发展，在国民经济中的地位明显上升，真正成为其新的经济增长点。根据北京市体育产业发展规划，奥运会后北京市体育产业增加值已超过GDP增加值的3%。结合中国的国情，奥运会加强了政府对体育产业的关注力度，国家在政策上给予了极大支持。在奥运会结束后，政府鼓励社会资本和外资投资体育产业，同时加快培育体育品牌企业集团和大型体育赛事。近年来，北京市以第二十九届奥林匹克运动会为契机，举办了一系列国际性的大型体育品牌赛事，如世界斯诺克中国公开赛、中国网球公开赛、北京国际马拉松赛、NBA季前赛、意大利超级杯赛、国际场地自行车邀请赛、国际铁人三项联盟世界杯等。奥运会前后，IMG、瑞士盈方、八方环球等国际知名的体育经纪公司纷纷落户北京，众辉体育、雷诺体育等一批国内知名体育经纪公司也悄然崛起。奥运会之后，2009年11月，北京市为推动体育赛事经济、提升赛事品牌魅力、深挖赛事整体形象，在第三届北京体育产业展期间，举办了北京顶级体育品牌赛事推介会，其推介的赛事包括2010年首届世界武搏运动会、中国网球公开赛、世界斯诺克中国公开赛、欧亚全明星乒乓球对抗赛、国际自行车联盟场地世界杯赛（北京站）、2010年北京世界车王争霸赛、2010年皇马中国行和北京国际长跑节等世界顶级赛事。所有这些顶级赛事的举办，加上奥运会之后更加良好的场馆设施和城市基础设施条件的支撑，可以预见的是，未来北京的体育赛事将更加精彩。

2. 上海体育产业的发展现状

上海，是除了北京之外国内的又一大体育赛事中心城市，近年来举办了一系列具有影响力的大型单项体育赛事。在硬件建设上，上海体育场馆设施条件也处于国际领先，拥有上海体育场、上海体育馆、上海虹口体育场、上海源深体育中心、佘山国际高尔夫球俱乐部、卢湾体育馆、上海国际赛车场、上海旗忠森林国际网球中心等一大批具有承办国际赛事能力的体育场馆。在软件建设上，上海有一批具有丰富赛事运作经验的公司及团队，如上海久事国际赛事管理有限公司、东亚体育文化发展有限公司、上海国际田径黄金大奖赛有限公司、IMG等。在这些基本条件的支撑下，上海已基本形成上海ATP1000网球大师赛、一级方程式汽车大奖赛、国际田径黄金大奖赛、汇丰国际高尔夫球锦标赛、世界斯诺克锦标赛和上海国际马拉松六大品牌赛事。这为上海体育赛事产业的发展奠定了良好基础，在上海市的社会、经济、文化、城市建设与城市形象等方面产生了深远影响。

3. 广州体育产业的发展现状

广州，是国内除北京、上海之外的第三大体育赛事中心城市。经过多年的探索实践，广州体育产业门类齐全，初步形成了以体育竞赛表演业为龙头，健身休闲业、体育用品业、场馆服务业和体育彩票业为支柱的现代体育产业体系[①]。广州积极争取和举办国际大型赛事，以此促进体育产业的发展，相继成功取得了世界摔跤锦标赛、世界乒乓球锦标赛、亚洲体操锦标赛、苏迪曼杯世界杯羽毛球混合团体锦标赛、亚洲男篮锦标赛、广州国际网球公开赛等一些国际大型赛事的主办权，特别是在2010年广州取得亚运会及亚残运会的举办权，这为广州打造"国际体育名城"提供了重要契机，同时极大地促进了广州体育产业的发展，为广州迈向国际化、提升城市竞争力提供了空前的机遇。据统计，2004—2008年，广州市体育产业以年均33%的速度增长。2008年广州市共有体育产业法人单位23 150个，比2004年增长68.27%；从业人员98.53万人，营业收入1447.27亿元，资产总额1642.01亿元，分别比2004年增长了33.93%、1.1倍和83.03%；全市体育产业实现增加值122.63亿元，占全市地区生产总值的1.48%，位居全国同类城市前列，在全国排名仅次于北京（同年北京市的体育产业增加值为154.00亿元，占地区生产总值比重为1.39%），2010年已经接近179.00亿元，增长45.00%，占广州GDP的比例已达到1.66%。

---

① 广州市"关于进一步加快体育产业发展的意见"发布会[EB/OL]. (2010-12-31) [2019-01-26]. http://www.scio.gov.cn/xwfbh/gssxwfbh/xwfbh/guangdong/201012/t836989.htm.

体育彩票销售额屡创新高，2009年广州体彩销售超过15.00亿元，仅次于北京市，居全国第二；2010年，体彩销售额持续走高，且已超过20.00亿元；2011年，全市体育彩票销量达26.74亿元，同比增长6.20亿、增幅30.00%以上[①]。经过多年的积累，目前广州已经探索出了一套商业办赛的运作模式和经验，这为广州赛事产业的发展建立了很好的前提。

（二）国内体育产业发展的启示

我国体育产业的发展需要充分把握世界格局，同样，贵州乃至其他省市体育产业的发展也需要充分把握国内的格局，通过对格局的把握而"有所为，有所不为"。分析国内体育产业的发展现状对贵州省体育产业的发展具有重要的启示意义。

1. 继续加大对体育产业的重视力度

为适应建设现代化国际大都市的发展要求，早在2003年北京市就提出了建设国际化体育中心城市的目标。随着观念转变之后，最为重要的是政策的保证，2007年北京市专门出台了《关于促进体育产业发展的若干意见》，对体育产业的发展进行政策引导。此外，北京市为促进其体育产业的发展，还设立每年5亿元的体育产业专项资金，扶持符合政府重点支持方向的体育产业项目、体育产品服务项目和企业。

在《贵州省"十三五"体育发展规划》中体育部分的建设规划包括：到2020年，通过完善城市社区"15分钟健身圈"建设，建成100个生态体育公园［其中，创新建设5～6个"生态体育国家公园"示范点；88个县每个县建成1个，9个市（州）分别建成1个，其中贵阳市建成2个，省级建成1个］；建成100个汽车露营基地、自驾车营地，100条贵州山地户外体育旅游精品线路。在全省建成体质测定与运动健身指导站，实现经常参加体育锻炼人数占全省常住人口比例的34%以上，国民体质测定合格人数的比例达85%以上。从这些规划上，一方面可以看出，政府对体育产业的发展给予了足够的重视；另一方面也可以发现，这些重点项目主要集中在硬件建设方面，主要是为体育产业的发展提供良好的物理环境，但在软件建设方面却缺乏力度。

基于国内体育产业发展的分析，继续加大对体育产业的重视力度需要硬件建设和软件建设，体育产业的环境和内容"两手都要抓，两手都要硬"。除以上重点项目外，对国内外顶级运动赛事应给予足够的重视，不但要进一步做大做强已有的相对成熟的赛事，还需要在政策指引和导向下，积极寻找和开拓更多更好的国际、国

---

① 数据来源于广州市体育局网站。

内顶级运动赛事。此外，建立一所体育大学以便在软实力上推动贵州体育产业的发展，也是很有必要的。体育的基本功能在于增强人民体质，而其重大意义又远非仅限于此。体育精神，折射一个人的性格、一座城市的面貌、一个国家的气魄；体育运动，提升一个人的素质、一座城市的活力、一个国家的实力；体育教育，内在培养体育精神，外在发展运动，是体育精神和体育运动完美结合的"黄金结点"。贵州不断展示给国家和世界饱满的精神面貌，热切呼唤体育精神和体育运动。目前全国很多城市都打造了具有自身地方特色的体育学院，因此，在贵州省成立体育学院恰逢其时。立足于贵州人民对体育事业的热爱及全民健身的实际需要，建立具有地方特色的"贵州体育学院"也必将推动贵州的体育、经济和文化的发展。

2. 准确定位体育产业的发展方向

在举办重大体育赛事的指导思想和基本做法方面，上海市体育局的观点具有重要的借鉴意义："实行错位竞争，选择与上海城市定位相适应的运动项目，积极争取重大单项体育赛事落户上海。近年来，上海有意识地引进了一些在国外有广泛影响力和大量受众的国际体育赛事，如 ATP 网球大师杯赛、F1 汽车大奖赛和 NBA 季前赛。"

上海市所提到的"错位竞争"主要是指与北京的错位竞争。一个城市究竟该引入和培育哪些赛事，是由其政治、经济、文化等多方面的实力和地位决定的。贵州目前无法与北京、上海、广州等发达省市在以上提及的三座城市里举办的赛事方面展开竞争，因此要结合自己的特色和实际，独辟蹊径。贵州具有得天独厚的地理优势和底蕴丰厚的人文优势，加上对贵州当前政治、经济、文化因素的现实考虑和趋势分析，在定位贵州体育产业的发展方向时，特别是竞赛表演业的发展方向时，同样需要借鉴"错位竞争"的思想观点，走"多彩运动"之路，以此带动其他赛事，推动体育产业的全面发展。

3. 牢牢抓住体育产业发展的历史机遇

每一次国内国际体育赛事的举办，都是贵州体育产业发展的重要机遇。全省已经开始兴建大批的体育场馆，逐步弥补贵州在硬件建设方面的不足，为申办各级别的赛事创造了条件。同时，全民健身运动的蓬勃开展也在全国产生了良好影响，凭借扎实的群众基础、浓厚的历史文化氛围、得天独厚的自然环境，贵州将更多地把握住重要赛事的申办机会，让全国综合性体育赛事乃至世界级赛事成为贵州体育事业蓬勃发展的契机。总之，贵州在借鉴北京、上海、广州等相关经验的同时，将牢牢把握住举办各类赛事的机遇，在竞技体育、群众体育等多个方面全面推进体育产业的发展，而体育产业的全面发展则更加有利于"多彩运动之都"的打造。

第四章 贵州体育产业发展的制约因素

近年来，贵州体育产业发展迅速，以其巨大的发展潜力和独特魅力，已逐步成为国民经济发展中不可或缺的部分，促进了交通、旅游、餐饮、新闻出版等相关产业的发展，为构建和谐社会发挥了积极作用。但是，贵州体育产业的发展水平与国内先进省市相比仍存在较大差距：2008年，北京市体育产业实现增加值154.0亿元，比2007年增长75.8%，占GDP比重达到1.39%，显示体育产业的发展跃上新台阶；2005年，广州市的体育产业增加值达54亿元，占广州GDP的1.1%，超过12万人从事体育产业活动，体育产业发展规模逐步攀升，成为广州经济发展新的增长点。与之相比，2016年，贵州省体育产业总规模（总产出）为120.31亿元，增加值为54.96亿元，占同期全省地区生产总值的比重为0.47%。虽然经过几年的发展，贵州体育产业取得了一定进步，但也有必要正确认识当前贵州体育产业发展的形势，深入分析其制约因素，为推动其持续健康发展解除后顾之忧。

第一节 影响体育产业发展的外部因素

贵州体育产业发展受多种因素制约，其中体育产业所处的外部环境对其发展的影响不容忽视。为了深入了解制约体育产业发展的外部影响因素，本节将主要从宏观环境因素分析着手，详细分析了政策、市场需求和体制机制这3个因素对体育产业发展的制约。

一、政策因素对体育产业发展的制约

（一）思想认识有待提升

体育产业在贵州的发展也有着较长的时期，但规范化、制度化的发展并不久远。近年来，国家在制定体育产业发展的政策方面虽有了较大改变，但在扶持体育

产业发展的政策方面，扶持力度不大、不明确，尤其是在用地、融资、税收、赞助、建立新产业发展基金等方面的产业扶持政策不明确，可操作性不强。目前，制约体育产业快速发展及体育社会化、产业化、市场化的重要因素之一是政策不完善。政策不完善源于对体育产业发展前景的认识不足，一些部门及其管理者对体育产业发展的重视程度不够，缺乏对体育产业工作的整体规划和指导，在观念上没有把体育产业、体育经济工作放到应有的位置。体育产业的发展与城市经济文化的发展相辅相成，互相促进，只有进一步提高认识，才能制定合理可行的政策意见，从而从根本上促进体育产业的良性发展。

（二）相关政策有待完善

虽然近年来无论是国家还是贵州省委、省政府都制定了有利于贵州体育产业发展的政策措施，但总的来说，这些政策措施主要起宏观指导作用，在具体实施方面仍显不足。贵州有关部门对体育场地、设施建设投入、全民健身活动等方面有比较成熟的政策支撑，但在提高体育经营能力、人才培育、提高行业管理服务水平、政策法规支持及宣传等方面还缺乏政策引导。事实上，现有政策主要集中在"硬件"方面，在"软件"方面还有待完善。要保证贵州体育产业科学、有序地发展，还需有更加明确的政策支撑和翔实的产业发展规划作指导。

（三）市场管理法规有待提高

国内外体育产业发展的实践证明，体育法规、制度的严重滞后或不健全是体育产业发展迟缓的一个根本原因[1]。而贵州有关制度法规的不完善势必会对体育产业发展的调控力度与效果产生重要影响。从产业经济的角度看，体育产业是一个需要多部门一起配套协调，综合多种环境因素才能发展起来的产业。目前，北京、天津、四川、云南、陕西等省市的工商、税收、信贷等部门已经为体育产业的发展提供了有效的保障，特别是实行体育本体产业经营收入归体育事业使用的优惠政策，极大地调动了发展体育本体产业的积极性。而在贵州特别是在区县基本没有争取或实施这些政策，使本体产业的发展受到制约，没有形成对体育产业发展的支持。因此，贵州体育产业发展相关的市场管理法规有待进一步健全。

---

[1] 赵龙. 吉林省武术产业现状调查及发展对策研究 [J]. 中国科技纵横，2009（10）：14.

二、市场需求因素对体育产业发展的制约

在市场经济体制下,市场需求是产业发展的根本动力。从外部环境看,需求决定产业的规模和结构,体育需求不足是制约贵州体育产业发展的重要影响因素。从内部需要看,按照马斯洛的需要层次理论,随着生活水平的不断提高和社会环境的不断改善,人们将会对休闲、自我实现等心理需求越来越渴求,而体育产业的发展则在一定程度上能满足人们的高层次心理需要。目前,贵州省居民体育需求相对不足与贵州省居民的生活水平和健康意识密切相关。

(一)生活水平不高影响体育消费水平

据中国社科院经济所和首都经贸大学联合发布的首个《中国城市生活质量指数报告》,30个省会城市在居民生活水平排名中居首的是广州,而贵阳排名第十,这与其经济发展水平密切相关。人们的生活水平是由经济发展水平所决定的,而一个国家、地区的经济收入又决定着该地区人们的消费水平、消费结构和消费方式。据国家统计局贵州调查总队发布,2018年,贵州省全体居民人均可支配收入达到18 430元,其中农村居民人均可支配收入9716元,同比增长10.3%,增幅连续3年位居全国第2位。由此可见,贵州经济增长和收入的增加速度保持着较快的发展态势,但经济发展较东部和沿海一些城市仍相对落后,市民的体育消费意识还有待进一步提高。在这种状况下,体育消费对多数人来说还是奢侈品,因此,体育消费无论是在人数上还是在金额上都处于较低水平,要增强人民群众的体育消费水平必先从其生活水平的提升着手。

(二)体育市场的有效供给不足制约体育需求水平

目前,贵州体育市场如体育服务市场和体育用品市场,特别是大众健身休闲娱乐市场中产品结构单一,难以满足消费者多样化、个性化的需求。在体育产品的供应上,体育健身娱乐业对国外一些新兴健身娱乐项目的引进不足,挖掘整理、推陈出新民族、民间健身娱乐项目的力度不够,供给产品的种类单一;对已有产品的系列化开发力度不大,不同消费人群的消费意愿未能满足,消费者消费选择的空间未能进行有效拓展;缺乏对高档健身娱乐产品的大众化开发;没有对健身娱乐产品进行电子化和网络化的开发,电子竞技类的健身娱乐项目稀少,尚未实现现实与虚拟的互动,基于网络平台的新型健身娱乐项目还有待开发。在企业经营等方面,还存

在如企业规模不大、组织形式混乱、经营模式陈旧、商品数量和品种单一、营销方式和手段落后、市场反应速度慢及创造需求的能力弱等问题。这些都在一定程度上抑制了体育产业的发展。

（三）传统观念等因素制约体育消费动力

受我国历史文化传统的影响，长期以来人们形成了以补养为主流的保健传统，尚未形成把用在吃补品方面的钱用于打球、游泳、跑步、打太极拳、户外运动等新的体育消费观。法国医学家蒂素曾指出，运动的作用可以代替药物，但所有的药物都不能代替运动。虽然体育消费观念已普遍被贵州各城镇居民所接受，但他们原有的观念仍未完全转变，尚缺乏"体育投资"的意识。从某种意义上讲，体育锻炼、健身也是一种投资，因为它不仅可以改善健康状况，增强劳动能力，延长寿命、工作时间等，这还与人们花钱买股票，或将钱存入银行有异曲同工之效。体育投资不仅可以满足人们自身的生存需要，而且也是一种高层次的享受和消费。除了观念上的制约，缺乏场地、器材、技术指导，体育消费品种少、价格偏高，体育比赛缺乏吸引力等也是影响群众体育消费的主要因素之一。此外，贵州体育场地受地形条件限制较大，使适合锻炼的场地较平原地区少，影响了人们适时锻炼的积极性，也成为体育消费动力的制约因素。

（四）全民自发参加体育健身的习惯有待培养

多年来，多数人已经习惯于依靠组织活动来推动全民健身，尽管不乏具有积极意义的，能营造一种良好的氛围，但是难以激发参与者的自觉性，也不可能照顾到每个人的运动兴趣和选择的自由，实效不大也难以持续，进而难以养成终身锻炼的习惯，并影响人们的体育消费水平。因此，自发参加体育健身、消费，并把参加体育活动看作改善生活方式、提高生活质量的重要手段还需时日。

近年来，特别是北京奥运会后全民健身意识的不断升温，群众体育的开展取得了较大进步。据2014年统计资料反映，全省体育系统有组织地开展健身活动和群众体育竞赛1700余次，日均活动4.6次，直接参加活动人数达590万人次。虽然政府试图通过对体育基础设施建设投入的增加来刺激体育运动器材、用品等制造业的发展，但群众对体育健身休闲及体育服务业的消费依然不足，对体育用品、体育服装鞋帽的购买量依然不大。而且同我国发达地区相比，贵州群众体育消费水平不高。受以上各种因素的影响，贵州体育市场呈现出整体需求不足的现状。由于生活节奏加快、对体育运动宣传力度不够、全民健身的社会氛围不浓、群众对体育运动的重视不够，致使群众体育没有广泛开展起来。"工作忙，没时间""从事体力劳动，没必要运动""身体很健康，没必要健身"等观念还在一部分群众特别是广大农村人口中存在，未参加体育运动或参加频率很低的人口还很多。根据《2007年全国城乡居民参加体育锻炼状况调查公报》数据显示，我国经常参加体育锻炼的人数比例为28.2%。对没参加体育锻炼人群的原因分析表明，60%多为缺乏健身意识。这就需要我们采取更加科学有效的措施、提供更加周到便捷的服务，引导更多的群众自觉参与健身，形成全民健身的社会氛围。

三、体制机制因素对体育产业发展的制约

体制机制是经营环境的根本所在，体制机制与体育市场化的需要不相适应，不利于体育资源的有效聚集和整合，进而对体育产品的供给效能产生重要影响。贵州体育产业的改革起步较晚、发展缓慢，体制机制不适应体育市场化的需要，产权不清、资源浪费的现象普遍存在。

（一）体育产业管理体制有待转型

当前，贵州体育产业的发展还处于由政府办体育向社会办体育的转变阶段，体育市场化、社会化、专营化的程度有待进一步提高。政府部门对重要体育资源如体育人才、体育赛事、体育场馆等存在一定程度的垄断，阻碍了体育竞赛表演业的快速发展；政府行为在很大程度上阻碍了竞技体育俱乐部的经营管理，制约其成为一个真正的自主经营、自负盈亏、自我约束、自我发展的独立的法人实体。这种管理体制一方面使政府陷入了大量"不该管，管不了，也管不好"的事务性工作的窘境，严重影响了政府的工作效率；另一方面，对企业、中介组织、社会团体等社会力量支持体育发展的渠道产生了阻碍作用，限制了重要体育资源的效益最大化，限制了体育资源通过市场进行合理配置的渠道发展，势必严重阻碍体育产业的发展。

（二）体育市场运行机制改革有待深化

在我国，体育管理体制落后，可谓远远落后于我国经济体制改革。贵州体育管理体制也不例外，同样落后于经济体制改革。在市场经济体制下，原有管理体制日益凸显出问题与缺陷：体制上的高度集中，易导致行政权力比市场需求力度更大；

如可以依赖行政手段获取体育产业发展资金；管理中掺杂的行政因素太多；地方政府体育行政部门以计划经济方式对运动员的选训用退进行包揽，负担沉重；体育人才的流动不合理；运动员退役及再就业问题等解决困难；运动项目协会实体化进程缓慢，新的运行机制有待健全，行政化倾向明显；俱乐部造血功能欠缺；运动员薪金与职业化不相适应；体育中介机构和经纪人队伍发展滞后等问题[①]。贵州体育管理体制改革的落后直接导致了体育产业市场运行机制改革的滞后，制约了体育产业资源效益的发挥。

（三）体育法规制度有待完善和健全

国内外体育产业发展的实践证明，体育法规制度的严重滞后或不健全是体育产业发展迟缓的一个根本原因[②]。尽管国家体育总局制定了《体育服务认证管理办法》《全国体育竞赛管理办法》等法规，但对体育产业的规范化管理和具有针对性和可操作性的法规依然缺乏。法规制度不完善，势必会在宏观上影响体育产业发展的调控力度与效果。同时，由于上述法规属于部门规章，其作用范围有限。因此，在后奥运经济及人们对健康需求日益强烈的发展贵州体育产业这一千载难逢的大好机遇下，贵州有必要尽快出台符合市场经济规律、符合贵州体育产业经营管理的政策法规，同时也应建立相应的配套标准，如体育产业从业人员资格认定标准、体育健身设施的安全与服务标准、体育产业的税收标准和体育产业的准入标准等。

（四）体育市场管理体制有待规范

目前，贵州体育管理体制方面还存在一些亟待解决的问题。主要表现在以下3个方面：一是体育产业管理体制不规范，多头管理与无人管理并存，不同管理部门之间的职能交叉、错位或越位，管办不分等现象易出现，且部门分割、地区保护问题严重；二是统一、高效的行业监督、预警、评价、统计、考核体系和产业发展投资、经营的信息系统尚未建立，例如，对申办经营体育赛事的资格认证及有关从业人员的上岗认证等缺乏明确的规定和要求，对体育赛事安全、效益等方面的风险评估也存在空缺，社会方面的科学认证管理和风险评估部门尚未成立；三是扶持体育产业发展的明确政策缺乏，特别是在用地、融资、税收、赞助和建立体育产业发展基金等方面的产业扶持政策不明确、可操作性不强。体育市场管理体制的规范对贵

---

① 贵永玲. 十二五期间我国体育产业发展思路探讨 [J]. 体育世界（学术版），2010（3）：86-88.
② 赵龙. 吉林省武术产业现状调查及发展对策研究 [J]. 中国科技纵横，2009（10）：17.

州体育产业的良性发展必将起到极大的推进作用。

第二节　体育产业内部结构因素分析

体育产业发展的制约因素呈现出内外并存的现象。上节详细剖析了制约贵州体育产业发展的宏观环境因素，以下将对体育产业自身内部因素进行深入分析。贵州体育产业内部结构因素主要包括经营管理水平、体育基础设施和体育人才等制约体育产业发展的因素。

一、经营管理水平

目前，贵州体育产业尚处于计划经济体制下的管理模式向市场经济转轨阶段，经营管理水平普遍较低。贵州体育产业经营管理水平落后主要表现在以下 3 个方面。

（一）体育事业统计指标体系亟待完善

统计指标体系是指用来描述总体基本状况和各个变量分布特征的综合情况。统计指标体系的制定和规范有效与否是行业管理的基本切入点，只有建立了产业统计指标体系的产业才是真正的产业。产业统计指标对指导产业发展具有重要意义，是揭示产业发展中存在问题的有效手段，有利于了解产业发展状况，为政府部门制定产业政策提供重要依据。

相关部门普遍缺乏对体育产业统计指标体系的正确认识和必要重视。体育产业正确、有效的统计缺乏，势必将会制约贵州体育产业的快速发展。因此，不管是从贵州的宏观经济统计还是从体育产业自身的健康、快速发展来看，与市场经济体制相适应、符合体育产业自身发展规律的科学可行的统计和评价指标体系都亟须建立和完善。

以往在体育统计工作方面有以下不足：实事求是地讲，在相当长的一个时期里，我们对体育事业的家底和基本情况是不太清楚的，所拥有的体育数据也是不全面、不系统、不完全准确的。这种不全面、不系统、不完全准确的情况在很大程度上影响了对体育事业发展状况的正确判断，在研究体育工作时缺乏足够的数据支撑。之所以会出现这种状况主要来自 3 个方面的原因：一是缺乏对体育规律的深刻认识，难以建立全面、系统的统计指标体系；二是对体育内在关系缺乏研究，所开展的统计工作缺乏科学性和相互衔接性；三是不能按照相关程序和相关方法开展统计工作，获得的统计数据缺乏科学性，不利于把握体育产业发展现状。在实际工作中常常出现这种情况，即同样一组数据，要么朝夕不一，要么相互矛盾，更有甚者是随意夸大。

科学有效的体育事业统计指标体系必然促进贵州体育事业的发展。因此，体育统计数据的质量、体育统计工作者的水平还需进一步提高。

（二）市场化运作水平有待提高

体育产业中两大本体产业（竞赛表演业和健身娱乐业）均需要高水平的市场化运作，才能获得最大的经济效益和社会效益。贵州竞赛表演业市场化运作水平不高，主要是体育赛事资源由政府向市场转换不足的问题。鼓励社会各界承办体育赛事，以冠名、特许、指定、专营等方式赞助体育赛事而为企业树立良好的自身形象，通过体育赛事带动相关广告、休闲、赞助、传媒等体育产业链发展方面的市场化运作水平等均与国外和国内先进省市存在较大差距。目前，贵州体育产业比较注重有形资源的利用，对体育无形资产的开发不足，例如，对各赛事活动的会徽、会标、冠名权及指定产品、协会和俱乐部自身标志、队名价值等无形资产重视和开发不足。

体育产业在过去几年的发展并不乐观。第一，体育冠名权业呈负增长状态。体育冠名权业是一项利润率较高，且能保证各项体育赛事顺利开展的行业，它是体育产业发展中一个极其重要的行业。目前贵州这一行业还未兴起。

第二，体育广告业、体育保险业在贵州的发展尚处于空白阶段。体育广告业是促进体育产业发展的重要行业，但在贵州的发展基本上还处于空白阶段；体育保险业是随着体育市场化运作而产生的新兴行业。由于贵州体育产业市场化水平低，体育保险业在贵州省还处于空白阶段。体育广告业、体育保险业的发展状况是体育产业市场化程度高低的重要表现，因而显示出贵州体育产业市场化程度较低。

第三，健身娱乐业是体育产业中拥有最大消费群体和最大市场空间的行业。在宏观调控中贵州经济快速增长，这是健身娱乐消费市场良好发展的基础条件。人民群众消费水平的提高，形成了多层次、多项目、多形式的需求，为健身娱乐市场提供了广阔的发展空间。虽然有良好的外部发展空间，但是贵州体育健身娱乐业从业机构从数量到规模都远远不足。

由此可见，贵州体育健身娱乐业发展迅速，但经营管理模式的科学性有待提高，经营者的经营管理知识与经验欠缺，市场化运作水平低。企业的运营成本过高，使得许多健身娱乐企业在总体上还处于亏损的经营状态。从全国范围内来看，由于各地政府纷纷以竞技体育成绩的提高作为衡量政绩的标准，而对群众体育的重视力度明显不足，进而导致全国健身娱乐业的发展普遍存在问题。

第一，市场管理法规体系问题。任何经济的运作都不能忽视法规的作用，只有上升到法律法规的高度才能从根本上规范行业间及行业内的行为。总体来看，体育健身娱乐市场的法规建设处于相对滞后的发展状态，一方面出现多头管理、政令不一、各行其是、无法可依的状态；另一方面个别经营者以营利为目的，不择手段。同时也导致一些合法经营者得不到有关法规、政策的保护，造成利益受损，影响其经营的积极性。

第二，从业人员的综合素质问题。从业人员较高的综合素质与合理的结构是体育健身娱乐业健康发展的基础和保障，但目前的状况是多数体育经营管理人员缺乏体育经营所必需的专业知识。据有关调查结果显示，体育健身娱乐业的从业人员在学历结构方面：本科学历者仅占22.1%，专科学历者占37.0%，其他学历者占40.9%；专业化结构方面：本专业的占32.4%，非本专业但受过专业培训的占39.0%，非本专业且未受任何专业培训的占28.6%[①]。由此可见，从业人员的综合素质不高和结构不合理可能构成了制约体育健身娱乐业发展的重要因素。

第三，服务质量问题。体育健身娱乐服务质量管理体系尚未建立。目前，国内仅有部分健身娱乐场所开始认识并尝试建立"以客户为中心"的健身娱乐服务质量管理体系。但这种以人为本的管理理念在实际操作中依然存在不少问题。一方面，对怎样以顾客为中心、顾客的需求是什么、健身娱乐组织中的服务质量指标、质量控制的重点等问题缺乏清醒的认识；另一方面，理论研究滞后，缺乏对体育健身娱乐业服务质量管理体系的目标、特点、建立的步骤及要点等问题进行深入系统的研究，从而使得很多健身娱乐场所陷入亏本经营、无序经营和服务质量低的现状[②]。

第四，定位欠准，项目失衡。由于各场所投资规模较大，体育健身娱乐业回收慢，所以各场所的消费价格普遍偏高。据调查显示：目前我国多数人对体育消费的认识不足，承受力偏低，有超过90%的消费者会选择中低档体育消费，且这一状况在短期内难以有较大改变。因此，投资者在投资前需对市场进行认真调查，否则容易导致定位过高、期望过大。目前在我国高消费难以成为体育健身娱乐市场的主

---

① 汤伟，陈超. 我国体育健身娱乐业的研究 [J]. 内江科技，2008，29（2）：68.
② 齐震. 休闲视角下的户外运动 [J]. 沈阳体育学院学报，2008，27（2）：44-45.

流,所以经营者只有真正面向大众准确定位,才能有更好的发展。

(三)投资力度有待加强

体育经营产业的壮大和发展,离不开资金的支持和扶持,如何吸引投资者的目光,如何使体育产业的经营运转自如,仍需各方面的政策扶持才能逐步从萌芽走向壮大。然而在现实中,不仅缺乏必要的政策扶持体育企业发展,而且在经营活动中政府有关部门还存在乱收费现象,甚至有的体育经营场所每年要向多个有关部门交纳费用,这不仅客观上影响了投资者的热情和积极性,还大大加重了经营成本负担。另外,按照新税制,体育部门的税收应该在3%~5%,而实际上,很多体育经营场所的收费是按照文化娱乐行业标准(15%~20%)收税,这也在一定程度上对投资者造成了负面影响[①]。

为保障公共财政对体育的投入与其他事业的投入相协调,完善体育经费保障机制以实现专款专用,执行关于社会资金赞助体育事业的有关优惠政策以增加体育投入的总量等方面,贵州还需进一步完善投入机制,保障体育产业的有效投入,实现体育产业的跨越式发展。

二、体育基础设施

体育基础设施如体育场馆等建设,一方面有利于地区体育赛事的承办能力、体育训练及竞技水平的提高;另一方面又能为全民健身提供更多的硬件支持。同样,健身娱乐业、体育竞赛表演业及体育培训业等多种体育服务业需要以体育场馆为主体的体育基础设施作为基本载体才能得到有效发展。体育产业良性运行的前提是体育场馆的合理布局和创新的经营模式,但贵州省体育场馆建设的历史欠账太多。具体表现如下。

(一)对外开放程度有待提升

虽然在2015年,贵州省曾出台文件,鼓励机关、企事业单位体育设施和体育场馆向社会开放,实现体育资源社会共享。但是很多学校和企事业单位为了安全方面的考虑,运动场所对外开放率仍然不高、场地使用率低。这也造成了参加体育锻炼的人群主要以青少年为主的局面。其他人群尽管有参加体育锻炼的意愿和时间,但

---

① 汤伟,陈超.我国体育健身娱乐业的研究[J].内江科技,2008,29(2):68.

由于对场地单位进行的合理收费不理解，因而在一定程度上降低了其参加体育锻炼的积极性。

（二）体育场馆设施建设有待加强

虽然贵州省的体育场馆设施建设发展在近期形势喜人，但与体育产业发达的省市相比，如北京市人均体育场面积为 2.25 m²，还是相形见绌。这就对贵州省全民健身运动的开展以及体育竞技水平的提高造成了影响。

（三）体育场地出租业发展状况较差

一方面，贵州省的体育设施所发挥的经济功能和社会功能可通过体育场地出租业表现出来；另一方面，贵州省全民健身运动的开展及贵州省民自觉参加体育锻炼的情况也可以从侧面反映出来。由于受传统管理模式的影响，贵州省体育场馆设施的市场化运作程度不高，制约了自身良好经济效益的有效发挥，贵州体育场地出租业有待进一步发展。

（四）多功能赛场及其运作有待开发

多功能赛场的缺乏是一个全国性的问题，北京、上海、广州等发达城市也不例外。与京津沪相比，贵州体育设施落后，多功能赛场也同样处于严重缺乏的现状。多功能赛场不仅能保证体育设施的持续使用，还能使体育场馆成为"一切皆有可能"的地方。多功能赛场能够同时满足足球、橄榄球、音乐会和商业活动的需要，使体育设施利用最大化，增加体育场地的运营利润。对于一些功能单一的体育设施，其运转率很低，且不能像预期的那样发挥作用。所以，发展具有综合功能的运动设施来满足消费者的不同偏好，还可以在赛事结束后将大部分运动设施私有化或者移交给公共公司进行管理（通过竞标的方式），从而使这些设施对每个人来说都易于使用、价格公平。有专门体育机构对世界上近百个国家的体育设施进行了分析，得出的结论是大型体育场馆可以做好管理，但难以靠经营来维持，更不用说回收巨额投资①。奥运场馆如何后续利用和投入资金如何回收，已成为一个世界性难题。因此，必须跳出竞技体育的窠臼，用更广泛的视角设计、利用和经营管理体育场馆。

---

① http://www.docin.com/p-344661938.html.

三、体育人才

体育人才是指具备一定的体育专门知识或体育专门技能又具备了其他相关知识和能力的人,这是广义的体育人才概念。体育人才按照工作性质和职业特征可以分为体育竞技人才、体育教练人才、体育裁判人才、体育教育人才、体育科技人才、体育管理人才、体育经营人才、体育新闻及群众体育服务人才等[①]。长期以来,人们对体育人才的理解常常局限于运动员和教练员群体,而忽略了体育管理、体育科研和体育产业经营等群体,因此这种理解不利于体育人才的总体增长及体育人才的规划和管理。体育人才是体育产业发展的关键,目前,体育人才缺乏的现状已制约了贵州体育产业的发展。

(一)体育经营和管理人才缺乏

体育产业的发展离不开既懂体育经营、又懂法律的人才,欧美体育产业能够得到快速发展的一个重要原因就在于拥有大量分布在俱乐部管理层、体育经纪公司及社区体育管理机构中的体育经营人才。体育市场的竞争很大程度上是体育经纪人素质的竞争,而经济欠发达地区在吸引优秀体育经营人才和保留体育经营人才上面临着巨大困难。同样,贵州在吸引优秀体育经营人才和保留体育经营人才上面临着相同的困境,使贵州体育产业的发展与经济发达地区存在较大差距。

目前,贵州体育市场缺乏的经营人才主要有两类:一类是高素质的通才,主要指知识结构合理、能力素质全面并具有一定人格魅力的体育企业家队伍;另一类是学有所长、技有专项的专才,主要指对某一项目市场的商业化运作有实际营销经验和技能的销售人员队伍。遗憾的是,无论是贵州还是全国范围内这两类人才在数量和质量方面都严重欠缺。

(二)体育商务人才匮乏

我国是一个由计划经济向社会主义市场经济转型的国家,在转型期,普遍存在各类商务人才匮乏的现象。但体育商务人才匮乏在体育产业领域尤其突出。在计划经济体制下,中国体育事业运行的基本特点是依靠财政拨款,运用行政手段管办体育,体育与经济的关系表现为单向的供养关系,缺乏体育对经济的回馈作用。由于

---

① 蒋志学. 体制、人才与保障:2008 年奥运会与我国体育事业可持续发展[J]. 体育文化导刊, 2006 (2):4-7.

经营体育的观念和实践的欠缺，我国的体育人才主要由运动员、教练员和裁判员等各类运动技术类人才构成。改革开放以来，特别是我国明确提出大力发展体育产业以来，体育商务人才开始出现，但是专门培养体育商务人才的渠道和途径在我国体育人才培养体系中尚未建立。迄今为止，熟悉国际体育商务规则的高级体育商务人才极其匮乏，无论是数量还是质量都难以满足培育和发展体育产业的需要。客观地讲，制约我国体育产业发展的主要因素之一是体育商务人才匮乏。贵州体育产业的发展也面临着同样的瓶颈，形势不容乐观。

（三）教练员的学历教育有待提高

竞技体育领域历来有"一个优秀教练可以带出一批优秀运动员；一个水平不高的教练员可能毁掉一批人才"的实践认识。因此，优秀教练员培养的重要内容之一是提高教练员的文化素质和综合能力，而提高综合素质较为重要的方面是学历教育。在竞技体育项目中，大多数教练都是优秀运动员出身。运动员受教育程度不高，落后于同龄人，原因之一是成天忙于运动训练、比赛等。当运动员退役做了教练后，一方面，虽然他们对体育工作熟悉，但对市场运作和经济规律的了解缺乏，对商品和服务的营销知识和技能欠缺，因而不能将体育产品或服务有力地推向市场，不能促进体育产业化市场机制的有效发挥；另一方面，虽然他们的实践经验丰富，但对运动训练的系统理论了解不足。在当今几乎接近人体生理极限的竞技体育项目中，提高运动成绩的主流趋势是理论创新与指导，为此对贵州省教练员的培养任重而道远[①]。

（四）竞技体育人才的培养和退役

受我国"金字塔"人才培养体制的影响，贵州竞技体育人才的培养模式依靠人才培养过程中不断的筛选，最后达到"塔顶"的只是极少的一部分。这种成才培养结构表现为高淘汰率和低成才率，具体表现：①竞技体育人才资源严重不足，人才种类单一、数量少、质量低。例如，国家级运动健将的数量少且呈急剧下降趋势。②竞技体育人才培养模式不平衡。过于重视优势项目和奥运会项目，而忽视了非优势项目或非奥项目的人才开发，长此以往导致人才培养的不平衡。③对竞技体育人才的文化教育滞后或重视不够。竞技体育人才的求胜心极强，为了完成目标任务而忽视

---

① 吴彪，魏家俊. 我国竞技体育人才资源培养的现状分析及对策[J]. 贵州体育科技，2009（1）：11-13.

文化学习，多数高水平运动员的学习兴趣不高、自主学习能力较差、文化知识脱节等，不利于后期文化教育的开展。④竞技体育人才退役保障制度有待健全。优秀运动员的年龄低龄化趋势日趋明显，受职业寿命的限制，每个运动员随时都面临着退役的可能。加之，大量退役运动员在队里滞留时间长，导致运动员的社会地位不断下降，社会吸引力也大大减弱，严重影响了体育后备人才的储存、培养和更替。所以，完善运动员退役后的保障制度，让其成为影响竞技体育后备人才供给的命脉[①]。

（五）社会体育指导员的队伍和素质建设

随着社会不断进步，人们生活水平不断提高，受 2008 年奥运会的影响，人们参加体育活动的积极性也不断增强，群众体育将不断发展，将不断增加对社会体育指导员的需求。社会体育指导员是全民健身活动的直接组织者、管理者和指导者，目前贵州省社会体育指导员队伍的数量和质量远远不能满足全民健身的需求。全国的走访调查显示，大部分场所有 3～7 个体育指导者，一些较大规模的场所也只有 10～15 个[②]。

对体育指导者的调查显示，仅 20% 的体育指导者获得过社会体育指导员技术等级认证，其余指导者则仅是或多或少从事过和体育沾边的行业。在对消费者的调查中，确认该场所指导者能够胜任此工作的只占 20%，不能胜任此工作的占 30%，认为一般的占 50%。由此可见，健身消费者对指导者的评价不高。体育指导者已不再是单纯的技术指导，随着人们体育消费动机的多元化发展，还应掌握保健学、运动生理学、心理学、教育学等学科知识。只有加强体育指导者的全面培养，才能更好地服务消费者[③]。因此，培养社会体育指导员，建立适应全民健身运动需要的社会体育指导员队伍，实属当务之急。

（六）体育产业从业人员文化水平有待提高

贵州体育事业单位和经营单位在岗人员多数缺乏产业开发的经验，文化水平偏低，且大多还是其他专业半路出家，真正既懂体育又懂经营管理的人才是少之又少。从国家体育总局公布的《体育产业发展"十三五"规划》提出，"十三五"期间，我国体育产业总量进一步增长，体育产业总规模超过 3 万亿元，从业人员数超过 600

---

① 李艳，李崇华，杜宁. 浅谈我国竞技体育人才的培养和管理[J]. 内江科技，2010，31（8）：4-5.
② 李凌，刘志玮. 影响我国体育健身娱乐业发展的因素及对策[J]. 体育科技文献通报，2009（9）：105-106.
③ 同上.

万人。但是与飞速崛起的体育产业相比，体育产业从业人员的文化水平亟待加强。据统计，体育产业从业人员大学本科及以上文化的人仅占全体体育产业从业人员的比例不到10%；大专学历的占总人数的比例不到20%；高中及以下的占总人数的比例达70%以上。且往往出现"懂体育的不懂经营，懂经营的却不懂体育"的现象，显然这些现象都不利于体育产业进一步市场化。因此，要提高贵州体育产业从业人员的整体素质，需要培养既懂经营又懂体育管理的复合型人才。

第五章　贵州体育产业发展的优势和机遇

贵州在体育资源、人文地理环境、交通通信和投资环境方面，有其独特的魅力。贵州被誉为"天然大公园"，有"中国避暑之都"的美称，特殊的喀斯特地质地貌，原生态自然环境，浓郁的少数民族风情，丰富的红色文化，赋予贵州旅游资源鲜明的个性特征和较高的知名度。众多风景名胜古迹和红色文物保护单位，为贵州省开发体育旅游资源提供了巨大潜力，具有不可替代的独特性和优势明显的市场竞争力，这些都是贵州体育产业发展的基础保障。

第一节　贵州体育产业发展的优势

一、地理优势是贵州体育产业发展的重要基础

贵州地貌属于中国西南部高原山地，境内地势西高东低，自中部向北、东、南三面倾斜，平均海拔在 1100 m 左右。贵州高原山地居多，素有"八山一水一分田"之说。其地处中国西南腹地，与重庆、四川、湖南、云南、广西接壤，是西南交通枢纽。贵州是世界知名山地旅游目的地和山地旅游大省，国家生态文明试验区，内陆开放型经济试验区。辖贵阳市、遵义市、毕节市、安顺市、六盘水市、铜仁市、黔西南布依族苗族自治州、黔东南苗族侗族自治州、黔南布依族苗族自治州。

（一）独特的自然资源是开展体育运动的基础

独特的自然资源是贵州得天独厚的地理优势之一。贵州幅员辽阔，峰峦叠翠，向来以奇山秀水、风光秀美著称。丰富的山水自然环境可以承载多种多样的体育运动项目，如攀岩、穿越、野外露营等山地户外运动和摩托艇、皮划艇、潜水、滑水等水上运动项目。美丽的山水自然环境又会极大地提高时尚运动项目的参与性和观

赏性，促进体育和旅游的完美结合。

贵州拥有黄果树、龙宫、织金洞、红枫湖、潕阳河、兴义马岭河峡谷、荔波樟江、赤水8个国家级风景名胜区，花溪、百里杜鹃等24个省级风景名胜区，铜仁梵净山动植物、茂兰喀斯特原始森林、赤水原生林、草海鸟类栖息衍生地和习水中亚热带常绿阔叶林5处国家级自然保护区；遵义会议会址、丛江增冲鼓楼、盘县大洞等9处重点文物保护单位。贵州已形成了以林城贵阳为中心，以游览黄果树瀑布、龙宫、织金洞、红枫湖、马岭河峡谷为主的细线旅游景区；以领略苗族、侗族民族风情为主、伴有潕阳河风光的东线旅游区；以瞻仰革命遗址、游览风光秀丽的赤水十丈洞瀑布和品尝国酒文化为主的北线旅游区，以及以瑰丽多姿的"小七孔"自然景观为主的南线旅游区。并建有配套的基础设施。这些丰富的旅游资源为体育旅游市场的开发奠定了良好的基础，已经成熟的体育旅游项目，如红枫湖健身游（游泳）、佛教名山朝拜游（登山）、侏罗纪公园探秘游（健走）、有惊无险漂流游（漂流）、瀑布溶洞风光游（划船）等都有不错的反响，每到节假日经济效益也很可观。

利用这些资源，可以进一步深度开发，结合体育运动，打造生态运动乐园，开展滑水、滑草、运动射击、跑马等运动娱乐项目；或者打造国际山地户外运动的培训基地、接待基地、全国青少年夏季培训基地和国际山地户外运动公开赛的举办中心。

从体育产业的视角去看待贵州的自然环境和文化环境，会发现这座美丽的山水之都可以开发出许多群众参与性竞技表演性强的运动赛事。例如，屈原龙舟赛曾经影响国内外，吸引了大批世界各地的体育爱好者，这就为开展少数民族传统体育旅游提供了良好的契机，仡佬族高台舞狮、苗族的采月亮灯等民族项目健身娱乐和观赏性很高，具有体育旅游和体育表演的价值。

（二）便捷的交通是发展体育产业的重要保障

交通包括运输和通信两个方面，运输有铁路、公路、水路、航空和管道5种方式，包括邮政和电信等方面内容。便捷的交通对城市体育产业的发展意义重大。国内外许多通过体育赛事促进城市发展的成功案例都证明了便利的交通条件在其中的重要性。

国外一些城市的发展见证了体育产业与城市交通之间的密切关系。芬兰首都赫尔辛基便捷的交通构成了其重要的竞争优势之一。赫尔辛基在体育场馆建设和国际体育赛事举办方面积累了非常丰富的经验，不但使其在体育领域具备了强有力的竞争优势,更重要的是,与其他城市相比赫尔辛基更加洁净、安全且交通便捷。英国的曼彻斯特交通也极为便利,拥有3座国家火车站,国际机场能飞往世界180个国家且现已扩建至原有运营能力的两倍,一年能接待旅客3千万人次。曼彻斯特之所以将可容纳2万人的体育馆选址于维多利亚车站旁,究其原因是这里有直接通往地铁及城铁的通道,公共汽车和出租车停靠地也分散于场馆周围。作为一座综合性的场馆,其便利的交通条件无疑为其举办各种体育赛事、吸引各地游客提供了重要保障。

国内一些城市的发展同样也见证了体育产业与城市交通之间的密切关系。其中,上海世博会的地址选择尤其凸显了便捷交通的重要性。上海世博会选址于黄浦江边,卢浦大桥和南浦大桥之间的滨水地区,地处上海城市中心区的边缘。场址外围具备了优越的道路交通条件,除区域东北侧和西侧均有城市主干道外,规划范围周围还有多条地铁和轻轨线环绕,越江交通也已有两座大桥、一条隧道、两条轮渡线。另一个重要的例证来自于北京,北京在奥运会前期将交通建设列入间接投资项目,足以证明了交通在奥运会成功举办中所起的重要作用。北京奥运会的交通建设包括民航、铁路、公路:民航建设包括新建一条跑道和一座航站楼;铁路建设主要是改造京沪高速铁路、北京北站及北京南站,京秦线提速等;公路重点建设项目有新建高速公路、新建一级及二级公路、改造客运枢纽指挥调度系统及信息中心等。

贵州已有西南地区最大的公路、铁路、航空交通网,交通体系方便快捷。四通八达的交通条件也必将成为其打造"多彩运动之都"、发展贵州体育休闲产业的重要保障。从陆路来看,在铁路方面,贵州省会贵阳是中国西南铁路枢纽,以贵阳为中心,黔桂铁路、川黔铁路、贵昆铁路、湘黔铁路4条铁路干线贯穿贵州,营运里程达2093.00 km(2013年年末)。2014年12月26日贵广高铁正式通车,贵州跨入"高铁时代"。跨越贵州、广西、广东三省区的贵广高速铁路(贵广客运专线),沿线设有22个车站,其中贵州省境内设8个车站。2015年6月18日沪昆高铁贵州东段正式开通,贵州全面融入高铁网。沪昆高铁新晃西至贵阳北段全长286 km,全线设铜仁南、三穗、凯里南、贵定北、贵阳东、贵阳北6个车站。沪昆高铁新晃西至贵阳北段是国家《中长期铁路网规划》"四纵四横"客运专线主骨架中沪昆高铁的重要组成部分。沪昆高铁将直接连通长江经济带的上海、浙江、江西、湖南、贵州、云南6个省市,并通过高铁、支线快铁通达长江经济带沿线所有地区。按照国家和贵州省"十二五"铁路建设规划,到2020年,预计贵州全省铁路里程达到4400 km以上,其中高速铁路接近2000 km,基本建成适应贵州省经济社会发展的现代化铁路网。在公路方面,贵州是西南地区交通枢纽省份,是西北、西南省(区、市)通往沿海的重要中转过境地区。贵州基本形成以贵阳为中心、沟通贵州各市县的公路网。西南第一条高等级公路——贵阳至黄果树公路已建成通车,并有贵阳至遵义、贵阳至广西新寨的高等级公路。截至2013年12月,贵州省境内高速公路里程已达3200 km,含兰海、杭瑞、厦蓉、蓉遵、沪昆、汕昆、都香、贵阳绕城8条国家级高速公路。2015年12月31日,贵州省提前3年实现88个县(市、区、特区)通高速的目标,成为西部地区第一个实现县县通高速的省份,也是全国为数不多实现这一目标的省份之一。全省高速公路通车里程超过5100 km,高速公路路网密度达到2.9 km/100 km^2,形成15个高速公路出省通道,与相邻省(区、市)形成两个以上高速公路通道。"十三五"期间,贵州交通预计投入建设资金5000亿元,到2020年,全省公路网总里程达到20万km,其中,力争建成和在建高速公路里程达到7400 km以上,建成环贵州高速公路,形成23个省际通道,使网络结构更加完善、高速公路密度进一步提高,基本建成以高速公路为骨架、国省干线为支撑、县乡公路为脉络、通村公路为基础的公路网络体系。从空运来看,贵州省民航系统已形成"一干九支"机场布局,干线机场是指贵阳机场,9个支线机场分别是遵义新舟机场、铜仁凤凰机场、兴义万峰林机场、安顺黄果树机场、黎平机场、荔波机场、毕节机场、黄平机场和六盘水月照机场。2013年,已建成投用的"一干八支"机场旅客吞吐量达1125.4万人次,共起降航班107 446架次,分别同比增长25.5%和29.5%。

二、人文优势是贵州体育产业发展的必要条件

贵州全省92.5%的面积为同地和丘陵,素有"八山一水一分田"之说。喀斯特地貌面积占全省国土总面积的61.9%,境内岩溶分布范围广泛,形态类型齐全,地域分布明显,构成一种特殊的岩溶生态系统。贵州的气候呈多样性,"一山分四季,十里不同天"。气候不稳定,灾害性天气种类较多,发生干旱、秋风、凌冻、冰雹等的频度大,对农业生产危害严重。

贵州是一个多民族共居的省份,全省共有民族成分56个,其中世居民族有汉族、苗族、布依族、侗族、土家族、彝族、仡佬族、水族、回族、白族、瑶族、壮族、畲族、毛南族、满族、蒙古族、仫佬族、羌族等18个民族。千百年来,各民族和睦相处,共同创造了多姿多彩的贵州文化。

贵州人生性好动、热情奔放的性格和敢于逆势而上、乐于接受新事物的精神为发展体育产业奠定了可贵的人文基础。艰苦奋斗的精神及豪爽乐观的性格在开拓体

育产业、塑造城市精神、推动城市进步方面均发挥了重要作用，这种精神为体育产业的发展注入了源源不断的活力，与体育让城市更有活力的特质也不谋而合。

三、产业优势是贵州体育产业发展的可靠保证

（一）贵州的产业优势

贵州复杂多样的生态环境，蕴藏着极为丰富的生物资源，生物多样性优势突出。栽培的粮食、油料、经济作物有30多种，水果品种400余种，可食用的野生淀粉植物、油脂植物、维生素植物主要种类500多种，天然优良牧草260多种，畜禽品种37个，有享誉国内外"地道药材"32种，是中国四大中药材产区之一，也是茶叶的原产地。同时，高海拔气候特征使贵州整体具有冷凉性，昼夜温差大，有利于干物质等营养成分的积累，具备发展夏秋蔬菜等的独特优势；境内河流纵横交错，深度切割，地表落差大，对疫病传播阻隔有很大帮助，病虫灾害相对较少。生态环境良好，耕地、水源和大气受工业及城市"三废"污染较少，具有发展畜、蔬、茶、薯、果、药等特色产业的优势和潜力，贵州正在逐步形成全国重要的"菜篮子"生产基地。除了第一产业发达外，贵州的第二产业主要是以能源、化工、冶金、装备制造和建筑为主的重工业体系，配合烟、酒、食品、制药为主的轻工业体系。近年来，旅游业、金融业、餐饮、通信、教育、体育等第三产业也开始蓬勃发展。

贵州的产业优势突出，雄厚的产业基础必将能为新崛起的体育产业奠定坚实的基础。体育产业作为国民经济的一部分，与其他产业具有共性，注重市场配置、讲求经济效益。贵州传统产业和新兴产业的繁荣昌盛为体育产业的发展提供了丰厚的物质土壤，而体育产业的发展又可促进产业结构的调整与升级，体育产业的重要功能还在于提高居民身体素质、发展社会生产、振奋民族精神、实现个人的全面发展和社会文明进步，这必将进一步加速相关产业的发展，繁荣贵州地方经济，丰富人民群众的精神文化生活，成为新的经济与文化增长点。

（二）传统产业优势与新兴体育产业良性互动

贵州是国家重要的西部大省，也是国家历史文化名城。殷实的产业基础和雄厚的实力为贵州举办大型赛事奠定了坚实的基础，且已推动贵州开展了一系列的攀岩、登山、龙舟等大型赛事。通过举办这些赛事，促进了贵州的产业发展，为其塑造了良好的品牌形象。通过体育赛事的开展对贵州本土品牌产品的发展与宣传、提

升本土企业国际竞争力等起了举足轻重的作用。

在促进传统产业优势与新兴体育产业形成良性互动的过程中,一方面,要促成品牌赛事、优势赛事;另一方面,通过这些时尚赛事的运作,促进贵州产业的改造升级和发展。知名赛事能为企业提供全新的营销平台,向世界展示风采,塑造全新的企业形象,打造具有核心竞争力的国际品牌。贵州体育产业的发展必将在产业结构优化的过程中起到良好的推动作用。

四、统筹城乡是贵州体育产业发展的巨大动力

贵州是典型的喀斯特地貌,山地多、平地少,地表崎岖破碎,这在很大程度上影响了城市的发展。再加上耕地质量不高,后备耕地资源匮乏,土地单位产出远远低于全国平均水平。这使得农业生产率低下,农民生活更加贫困,生态环境脆弱,严重限制了农村劳动力向城市转移,影响贵州的城市进化。因此,贵州的城乡发展差距很大,农村人均收入相对低于城镇人均收入,而且区域发展很不均衡。从消费方面看,由于收入决定消费,长期以来城镇居民消费比较平稳,2015年全国城镇居民可支配收入达到31 195元,贵州为24 580元,为全国平均水平的78.8%。2012年,全国城镇居民恩格尔系数平均为36.2,而贵州为39.7,城镇居民消费不可能对经济增长有突变性作用。同时,贵州的农民收入较低,农民人均纯收入在2007年才突破2000元大关,2015年达到7387元,是全国平均水平的64.7%。2012年,全国农村居民恩格尔系数平均为39.3,而贵州为44.6,农民的消费对经济增长拉动也非常有限。因此,要想发展体育产业,必须先提高贵州城乡居民的消费能力,把统筹城乡改革和发展问题提升到战略层面。

通过以上可以看出,贵州需要在国家政策的帮扶支持下,尽快实施新的措施来促进经济发展、加快城市化进程、缩短城乡差距。

城市化发展是体育产业发展的主要源泉,对体育产业的发展产生多方面的影响。第一,城市化改变了人们的消费观念和生活方式。城市化的发展必然带来城市人口的增加和城市人均收入的提高,从而影响休闲体育的消费人口和消费能力,同时也对人们休闲娱乐的观念和需求产生影响,为体育产业提供发展平台和广阔的市场空间[1]。第二,城市化进程的加速创造了巨大的体育消费需求。农村城市化进程的

---

① 李娜. 对我国城市化与体育产业协调发展的研究[J]. 辽宁体育科技,2008(2):14-15.

加速为解决广大农民的基本体育消费提供了可能。一方面，城市化不仅把农民带进城，增加了他们的收入；另一方面，城市化会带来社区体育产业的迅猛发展及集团化、连锁化体育经营方式的形成，这又从供给方面为激发和引导新市民初步形成的体育消费提供了可能，从而有利于拓展消费领域，扩大消费规模[1]。第三，城市化及基础设施的建设为体育产业的发展提供硬件保障。随着城市化建设的不断推进，城市的基础设施将得到进一步完善，城市与农村，大城市与小城镇、城市与郊区等资源的配置与整合将得到优化。城市基础建设为体育产业的发展提供了基本的硬件保障。这里所说的城市基础建设包括两个方面的内容：一是体育设施，包括设施齐全的体育场馆、健身娱乐性的体育中心和综合性的体育公园等；二是交通设施，合理、健全、便利、畅通的交通网络是体育赛事能够招揽众多观众的重要因素之一。由此可见，城市化及基础设施的建设与完善将有利于创造巨大的体育消费需求，拓展体育消费领域，扩大体育消费规模，促进体育产业的发展[2]。第四，城市信息化是体育产业完善发展的途径。城市信息化的核心是通过网络对大量以电子形式存在的信息资源进行集中有序的管理、共享与利用，实现多媒体信息的互动传播。体育产业可以借助网络这一使用方便、功能强大的传播媒体，不断扩大其影响范围，扩展潜在的顾客人群，完善行业的服务方式[3]。

综上所述，城市化发展将对贵州体育产业的发展具有巨大的推动作用。首先表现为贵州城市化进程加速了贵州体育产业发展；其次，城市化进程中城镇人口增多，不仅能刺激广大新市民对体育消费的需求，还有效扩大了体育消费群体的规模，提高体育消费的水平，对体育产业的发展有着积极的影响；最后，城市化进程能为体育产业创造良好的"内环境"，不仅有利于培育和发展体育市场，还能拉动贵州体育产业领域的投资需求。

第二节 贵州体育产业发展的机遇

为达成在《贵州省"十三五"体育发展规划》中提出的目标：到2020年，基本形成健身休闲、竞赛表演、场馆服务、中介培训、体育用品制造与销售、"互联网＋

---

[1] 李娜.对我国城市化与体育产业协调发展的研究[J].辽宁体育科技，2008（2）：14-15.
[2] 宋成刚，曹锋华.论新时期城市化与体育产业的互动发展[J].成都体育学院学报，2008（5）：21.
[3] 许丽梅，郭彩琴.城市化与体育产业互动性分析[J].百色学院学报，2007（6）：32.

健身休闲"等各门类协同发展，对其他产业带动作用明显的健身休闲产业体系。贵州体育产业发展必须打好山水、民族、赛事、传承、融合、扶贫"六张牌"。力争全面建立适应社会主义市场经济的、具有活力的大众体育、竞技体育的体育产业发展体系；建立起相互配套、设施完善的各级各类公共体育设施，满足广大群众的健身需求和举办体育文化活动的需要；建立起完善的体育指导、体质监测、体育咨询的全民健身服务体系；建立起高水平的竞技体育体系，竞技水平进入西部领先行列，重点项目进入全国先进行业；建立起较为发达的健身休闲业和体育竞赛市场，拉动体育产业的快速发展，为国民经济提供新的增长点。

一、政策支持

在《贵州省"十三五"体育发展规划》（以下简称《规划》）中，提出了深入推进全民健身国家战略，推动群众体育发展达到新水平。《规划》提出了2个方向和3项创新，对于贵州体育产业的发展具有指导性意义。

方向一：实施农民体育健身工程与"四在农家·美丽乡村"有机结合，在政策措施、资金安排和项目实施上形成合力，重点抓好贫困县乡级农体工程和村级农体工程建设。方向二：把打造"一县一品"特色赛事品牌活动与体育产业扶贫结合起来，扶持贫困乡镇因地制宜开发山地民族特色体育赛事、活动，以赛事活动带动贫困乡村劳动力转移就业为抓手，实施体育产业脱贫工程，促进贫困地区的经济发展、乡村建设、脱贫致富，发挥山地民族特色赛事"促一方发展，富一方百姓"的重要作用，拓宽体育扶贫新渠道。这将扶贫和体育旅游融合到一起，给广大农民提供了致富和就业的机会。

创新一：建成100个生态体育公园，到2020年，通过完善城市社区"15分钟健身圈"建设，建成100个生态体育公园[其中，创新建设5～6个"生态体育国家公园"示范点；88个县每个县建成1个，9个市（州）分别建成1个，其中贵阳市建成2个，省级建成1个]，建成100个汽车露营基地、自驾车营地，100条贵州山地户外体育旅游精品线路。创新二：依托贵州山地、江湖、溶洞、林草等丰富的喀斯特地形地貌，广泛深入开展徒步、露营、登山、攀岩、马拉松、汽车越野、山地自行车、冰雪、低空跳伞、滑翔伞、龙舟、漂流、独竹漂等山地户外运动项目，精心打造独特的贵州"水、陆、空"全域体育新局面。创新三：依托贵州中医药资源，拓展"体医结合"理念，将医疗护理、养生保健、康复疗养与贵州多梯度山地运动、避暑纳凉气候条件相结合,深度开发健康养生体育旅游,推动"体育+大健康"和贵州山地民族体育旅游新发展。

二、北京后奥运经济提供了强大动力

2008年北京奥运会的成功举办不仅标志着我国进入了由体育大国向体育强国迈进的征程,也为加快我国体育产业发展提供了难得的机遇。奥运会既是体育盛会,又是经济大舞台。自北京奥运会成功举办以来,全国人民对体育运动的关注达到前所未有的高度,国家和各级地方政府也高度重视体育产业的发展,并出台了一系列相关政策促进和支持体育产业的发展。经过几年的探索和实践,贵州的体育产业也取得了长足发展。

贵州体育局对"十二五"期间体育事业所取得的成绩进行了全面总结,重点总结了包括全民健身、竞技体育、体育产业和体育文化4个方面所取得的发展。

群众体育工作按照省委省政府"民生实事"、"5个100工程"、"四在农家·美丽乡村"六项行动计划、小康寨建设、安居工程等具体要求,以建设群众身边体育场地、健全群众身边体育组织、开展群众身边体育活动为重点,不断加大全民健身服务体系建设力度。一是体育场地建设力度前所未有。"十二五"期间,体育系统共争取到中央资金9.0613亿元,资助61个县(区、市)建设综合性公共体育场馆,完成825个乡镇和8946个村级农民体育健身工程和40个县级老年体育活动中心,完成"全民健身路径工程"2285套。二是体育社会组织不断壮大。目前,全省共有各类项目协会和体育社会组织1022个(其中省级78个),省体育局资助的全民健身活动站(点)近1000个。同省教育厅、省民宗委等单位共建国家级青少年体育俱乐部108个,青少年户外体育活动营地13个(其中国家级5个);体育传统项目学校31个(其中国家级11个);省高原人才开发计划训练基地19个;民族传统体育训练基地36个。全省共建立了13个一级社会体育指导员培训基地和1个国家级培训基地,共培训各级社会体育指导员2.5万人,基本形成了遍布城乡、规范有序、富有活力的社会化全民健身组织网络,培训各级社会体育指导员近1万人,各市州均设有国民体质监测站和健身指导站,体育协会组织基地、营地、站点和社会体育指导员的作用得到进一步发挥。三是全民健身活动日益广泛。全省各地结合实际、因地制宜广泛举办各种形式多样、内容丰富、参与度高、群众喜闻乐见的全民健身活动。据2014年统计资料反映,全省体育系统有组织地开展健身活动和群众体育竞赛1700余次,日均活动次数为 4.7 次，直接参加活动人数达 590 万人次。

竞技体育工作坚持符合贵州实际的竞技体育发展道路，着力提高训练效率、科研水平和复合型保障能力，集中资源、突出重点。一是竞技比赛成绩实现历史突破。"十二五"期间，贵州省运动员在国际国内重大体育赛事中共取得金牌 37 枚、银牌 32 枚、铜牌 46 枚，在拳击、体操、射击、皮划艇、田径等优势项目上实现了重大突破，蝉联 1 枚奥运金牌，体操、射击获得世界锦标赛冠军，男子体操团体项目连续两年获得全国冠军，女子马拉松获得全运会银牌。二是恢复举办省运会。在省委、省政府的高度重视下，停办了 23 年的全省运动会得以恢复举办，每四年举办一届。省九运会的成功举办，充分展现了贵州人民的良好精神风貌，发挥了体育促进社会和谐发展的多元化功能，发现和培养竞技体育优秀后备人才，推动了全民健身、学校体育、民族体育和山地户外运动的蓬勃发展，得到省委、省政府的充分肯定，受到社会各界的广泛好评和普遍赞扬。三是业余训练开始恢复。省体校及贵阳、遵义、六盘水、毕节等几个市州体校共有 1400 名青少年运动员和学生常年进行系统的体育训练，有的已在全国拳击、举重、田径、射击、水上等项目的比赛中崭露头角。四是足球事业发展得到推进。同教育部门紧密配合，认真落实中央关于发展足球运动的指示精神，按照省委改革领导小组的要求，主动协调国家体育总局有关部门，积极营造足球职业联赛的良好氛围，为贵州人和国酒茅台足球队（中超球队）和贵州智诚俱乐部足球队（中甲球队）比赛搞好服务。成立贵州省青少年校园足球工作领导小组，组成足球项目专家咨询组，举办足球教练员培训班，启动全省校园足球四级联赛，研究制定了《关于进一步加强学校体育工作的实施意见》等政策措施。全省共布点校园足球学校 134 所，都匀、贵阳等 6 个城市成为全国足球进校园布点城市。

在体育文化方面，一是借助"生态文明贵阳国际论坛"平台，成功举办了两届生态体育主题论坛，同清华大学新经济研究中心合作，实现了生态体育理论交流研究和户外运动实践的有机结合，积极争取围绕城乡一体化、山地特色新型城镇化、"美丽乡村"、"公园省"形成的"生态体育城市"项目和"生态体育国家公园"模式，取得推动贵州省经济社会转型发展的成果。二是经过多年打造的"多彩贵州"龙舟（独竹漂）系列赛，受到台湾南投县体育会的关注，他们专门组织运动员和教练员赴黔学习"独竹漂"，促进了两岸群众之间的感情交流和少数民族传统体育文化交流。日本高知县已获得日本羽毛球协会经费资助，拟同贵州省开展群众性羽毛球交流活动，马拉松项目同佐贺县已多次进行互访交流。省直有关部门、各市州体育部门及大专院校的一些同志直接参与了外事交流活动。

三、国民经济持续增长奠定了良好基础

贵州是中国西部大省，区位优势突出，近年来国民经济持续增长。随着国家西部大开发战略决策的实施，近几年来，贵州省通过大力调整经济结构，积极扩大开放，深化体制改革，加快基础设施建设，实现了经济社会的全面发展，综合经济实力进一步增强。2011—2016年，贵州省全省的生产总值（GDP）增长都比较稳定，尤其是在近些年全国平均增速从"保8"到"破7"的转型过程中，表现都堪称不俗。

在人均GDP上，20世纪西方发达国家经济发展的历程表明，人均GDP从800美元跃升到3000美元将是国民经济获得快速增长的时期，这一时期也是居民消费更新换代、休闲娱乐需求加快的时期。目前，贵州省各个方面的发展即将迎来这样一个蓬勃发展的历史时期。从2003年贵州GDP增速突破10%至今，每年GDP增速都在10%以上，保持了较高的增长速度。特别是在2016年，全国平均增速为6.7%，而贵州省取得了10.5%的增速，位居全国前三。

2018年，全省坚持以习近平新时代中国特色社会主义思想为指导，在省委、省政府的坚强领导下，认真贯彻党的十九大精神和习近平总书记在贵州省代表团重要讲话精神，全面落实中央各项决策部署，坚持稳中求进工作总基调，坚持以脱贫攻坚统揽经济社会发展全局，坚持守好发展和生态两条底线，以供给侧结构性改革为主线，坚决打好三大攻坚战，深入实施三大战略行动，加快推进三大试验区建设，统筹推进稳增长、促改革、调结构、惠民生、防风险、保稳定各项工作，经济社会发展继续保持总体平稳、稳中有进的良好态势，决战脱贫攻坚、决胜同步小康取得新进展。2018年全省地区生产总值14 806.45亿元，比上年增长9.1%。按产业分，第一产业增加值2159.54亿元，增长6.9%；第二产业增加值5755.54亿元，增长9.5%；第三产业增加值6891.37亿元，增长9.5%。第一产业增加值占地区生产总值的比重为14.6%，第二产业增加值的比重为38.9%，第三产业增加值的比重为46.5%。具体到行业，全年规模以上工业增加值比上年增长9.0%，其中，煤炭开采和洗选业增加值比上年增长7.7%，电力、热力生产和供应业增长8.6%，烟草制品业增长8.1%，酒、饮料和精制茶制造业增长17.5%，医药制造业增长12.3%，电气机械和器材制造业增长25.8%，计算机、通信和其他电子设备制造业增长11.2%。全年旅游总人数9.69亿人次，比上年增长30.2%；旅游总收入9471.03亿元，同比增长33.1%。

在地区生产总值和城乡居民收入指标上，贵州的经济发展也显示出已步入高速发展的快车道。全省呈现出"经济高位平稳增长、民生环境持续改善、改革发展纵深

推进、各项社会事业全面进步"的发展态势。2018年，全年全体居民人均可支配收入18 430元，比上年名义增长10.3%。按常住地分，城镇常住居民人均可支配收入31 592元，比上年增长8.6%；农村常住居民人均可支配收入9716元，比上年增长9.6%。全体居民人均消费支出13 798元，比上年增长6.4%。按常住地分，城镇常住居民人均消费支出20 788元，比上年增长2.2%；农村常住居民人均消费支出9170元，比上年增长10.5%。从居民消费支出类别看，2016年，贵州全省居民消费价格比上年小幅上涨1.4%。用于提升生活质量的交通和通信、医疗保健、教育文化和娱乐等类别支出增长较快，分别比上年增长21.9%、19.9%、14.4%。

由上述资料可见，贵州省地区生产总值、人均GDP和城乡居民收入都具有快速增长的趋势，其快速增长必将促进贵州国民经济的持续增长。体育产业的发展离不开经济发展的有力支撑，贵州经济发展的良好势头必将为体育产业的发展奠定丰厚的物质基础，提供千载难逢的历史发展机遇。

四、群众体育蓬勃开展必将带动体育消费

体育人口是讲到群众体育时不得不提到的一个概念。人口学理论把人口定义为"生活在一定社会生产方式，一定时间，一定地域，实现其生命活动并构成社会生活主体，具有一定数量的人口组成的具有一定规模和质量的社会群体"。而根据国际通行的定义，每周参加体育锻炼的次数超过3次、每次运动30分钟以上、达到中等运动强度的人口大体上可以视为体育人口。贵州省体育人口比重的不断加大，必将带动体育消费。支付能力是影响居民体育消费的经济因素，而体育消费人口和购买愿望则是制约居民体育消费的社会文化因素。据悉，国外体育产业纷纷进军中国市场的主要原因即源于我国巨大的人口数量。贵州体育提出的"十三五"目标，到2020年，经常参加体育锻炼的人口力争达到2100万，经常参加体育锻炼的人数占全省常住人口比例达34%以上。随着贵州体育人口数量的壮大，将无疑为体育市场提供巨大的潜在消费人群。

群众体育活动的蓬勃开展，同样为贵州体育产业培养了大量的潜在消费人群。首先是体育消费的个性化需求。贵州群众体育活动惠及面大，形式丰富多样，将有力促进群众体育水平的提高，部分体育爱好者将不满足于现状，随之而来的就是体育消费的个性化需求，即要求提供规范化和专业化的体育服务和体育产品。其次是体育消费的参与性需求。过去对体育被动的、单一化的需求已被主动的、多元化的

需求所替代，人们不再满足广播操、工间操这样简单的体育供给，转而追求符合自身条件和消费水平的健身、娱乐、休闲、探险类的体育需求，各类新型运动休闲娱乐项目不断涌现，假日体育、旅游体育、家庭体育方兴未艾。最后则是体育消费的观赏性需求。过去人们对体育的观赏性需求主要是在电视上收看四年一届的奥运会和亚运会，观赏的对象也主要是本国优秀运动员在大赛中的表现，如今人们不仅仅满足于观看奥运会、亚运会及各单项的世界锦标赛，还观看 NBA、F1、欧洲五大联赛、大师杯网球赛、世界拳王争霸赛及国内的足球、篮球、排球、乒乓球、羽毛球、围棋和象棋的俱乐部联赛、武术散打擂台赛等。

从贵州体育人口攀升和群众体育运动开展的现状来看，贵州居民体育需求在质和量两方面均发生了重大变化，而这些变化将为体育产业的发展培养大量的消费人群，在一定程度上必将拉动体育消费，促进体育产业的快速发展。

第六章　我国养老产业发展概况

为解决社会养老问题，我国逐步确立了养老产业化发展战略，但养老产业目前还存在着许多亟待解决的问题。本章将对养老产业发展的影响因素、理论基础及现状等问题进行分析，然后提出一些实际可行的发展策略，以期为养老产业的未来发展做出一定的贡献。

第一节　养老产业的概念、特征及影响因素

一、养老产业的基本概念

（一）养老产业的含义

在一些欧美发达国家，"养老产业"这一概念的出处是寻不到的，主要因为西方国家的社会养老保障制度健全，体系完善，为老年人提供的服务种类丰富，因此只有"银发产业"的概念。"养老产业"是中国学者根据国情而提出来的。

在中国，最早研究养老产业的时间可追溯至20世纪90年代末。尽管学者都纷纷提出了关于养老产业的概念，但到目前为止养老产业的定义还没有达成一致。有学者认为养老产业就是指为了满足老年人的消费需求，为其提供产品及服务的行业。这个观点有明显的不足之处，仅仅将老年人作为消费主体来考虑，却忽视了老年人自身的角色——劳动者。也有的学者在前者的观点上提出了自己的见解——老年人群体既是消费者，又是劳动者，持这一观点的专家认为养老产业必须要考虑到老年人群体的双重角色——既是消费者又是劳动者。另外，还有的学者指出那些认为老年人享受生活就是彻底休息的观点是错误的，其实还有部分老年人仍在以充足的体力和精神服务着社会，国家提出的退休年龄延迟就是很好的证明。根据上述对养老产业的不同观点可知，在进行养老产业的研究中，一定要对老年人力资源利用的问题加以重视。

通过综合上述观点，本书认为养老产业就是为满足老年人群体精神方面的需求，为其提供的由各种产品、服务及基础设施构成的产业链。养老产业是经济发展到一定程度的必然结果，它介于第一、第二、第三产业中，属于综合性产业体系。目前，社会上出现的为老年人提供的产品、基础设施都属于养老产业。

根据养老产业的定义可知，养老产业是为了满足老年人的需求而提供的，因此养老产业的发展也必须与居民的购买力、产业结构调整等有紧密的关系。养老产业的稳定发展，不仅有利于减轻年轻一代的压力，还有利于满足老年人的精神和物质需求，促进产业结构的优化升级，有效促进社会发展。

（二）养老产业与养老事业的区别

对养老产业和养老事业的概念区分多数学者容易混淆，主要是由于两者的关系造成的，因此本书将重点分析一下它们之间的异同。养老产业是经济发展到一定程度的必然结果，是产业化的经济活动；而养老事业则指为满足老年人的精神和物质需求而做的工作，如老年人工作的计划、内容和目标等。两者的相同之处在于都是为老年人提供服务的，都是为了满足老年人的需求；而两者的不同之处在于为老年人提供服务的主体不相同，根据市场调节作用，为老年人提供需求的是养老产业；根据当地相关政府部门的主导作用，为老年人提供需求的是养老事业。随着民间资本力量在市场机制调解中的作用越来越大，政府开始将民间资本引到养老产业，这样做有利于缓解老龄化带来的经济压力和负担。民间资本的注入及企业的投入为养老事业向养老产业过渡提供了契机。我国当前的养老产业与社会主义市场经济的发展方向是一致的，但随着我国经济的不断发展，人口的老龄化问题也越来越严重，由此带来的养老产业的资金短缺问题也日益突出。另外，政府部门由于改善老年人群体需求的力量十分有限，因此，未来政府在养老产业上的投入也会越来越多，相应地，养老产业的发展也将越来越重要。

（三）养老模式

养老模式受国家和地区的影响，国家和社区不同，它们的养老方式也就不同，根据这些养老方式提供的法律制度和方针政策也会随之不同，这就是养老模式。

根据养老的承担主体划分，主要有居家养老、机构养老和社区养老3种养老模式。

居家养老模式的主要承担主体是家庭，指老年人在家里接受家人对其生活和医疗护理上的照顾，这种养老模式在亚洲地区最为普遍。而机构养老模式的主要承担主体为社会机构，老年人住在由社会提供的养老院或者福利院中，有机构内的专业人员为其提供生活和医疗护理上的照顾。社区养老模式主要有两个方面的承担主体，意思就是老年人居住在家里，由城市中各个社区建立的养老护理服务中心中的人员上门为老年人提供生活和医疗护理上的照顾。

老年人选择什么样的养老模式主要受家庭经济和身体健康两个方面的影响。上述3种养老模式各有各的优点和缺点，第一种养老模式虽然可以与子女相处的时间长一些，经济成本低一些，但是却享受不到专业人士的服务，需要子女不辞辛苦地为自己服务，容易给子女带来压力；机构养老虽然可以享受到专业人员的照顾，但是却享受不到与子女长时间待在一起的待遇，不利于满足老年人对亲情的需求；社区养老可谓是最好的选择，既可以与子女长时间地待在一起，也可以享受到社区提供的照顾，更有利于减小国家在养老机构上的投入力度。

二、养老产业的特点

（一）综合性

养老产业涉及的领域既宽广又多样，是为老年人提供精神和物质需求的综合性的产业链。之所以说养老产业具有综合性，主要是因为其涉及了众多市场，横跨第一、第二、第三产业，包括的行业有数十个。养老产业链长，涉及领域广，为人们提供了就业，减轻了人们的压力，拉大了内部所需，促进了社会的快速发展。

（二）特殊性

养老产业所提供的需求都是为老年人服务的，即面对的特殊群体就是老年人。养老产业中所涉及的商品和劳动虽然不尽是为老年人提供的，但是养老产业的服务对象总而言之还是老年人，且要根据老年人的不同需要提供不同的精神和物质产品。

（三）微利性

养老产业作为社会公共服务的重要部分，在发展中具有微利性。正是这一特征决定了养老产业不可能成为人们谋取利益的行业。养老行业相比其他行业来说，赚取的利润少之又少，但这不能说养老产业是无利可图的行业，更不能说其是福利行业。养老产业的微利性只说明了其并不以赚取更多利益为目的，而是一种为老年人提供服务的行业。养老产业赚取的利润较少，但从事养老产业的企业却牟取了较大的利益，这并非两者具有较强的矛盾性，而是因为资本的注入具有微利性，在长期的发展中才逐渐有了可观收入。

三、养老产业发展的影响因素

（一）传统观点的影响

由于老年人受传统经济发展的制约，没有较强的消费观念，在对待子女的问题上比较看重子女的言与行，对自身经验的积累却不那么重视。老年人的消费观念是长期形成的，因此在短时间内他们的消费观念很难发生改变。另外，由于传统观点的影响，认为养老产业属于非营利性组织，无利可图，这阻碍了养老产业的发展和社会化进程。这种根深蒂固的片面认识导致了讨论养老产业是否营利成为目前最受争议的话题。最后，受传统观念的影响，老年人常常将辛苦积攒下来的钱为子女存下来，这种观念阻碍了社会产业化的进程。

（二）体制性障碍

由于养老产业与养老事业有很大的相似之处，且市场和政府的界线不明确，因此导致了养老产业体制的不完善。政府职能部门在养老产业的管理上缺乏相互协调发展的政策，且政策与政策之间的执行力度也较低；民营资本在养老产业上的融资服务及用地面积不足等问题导致了不同企业对养老产业的经营权兴趣不大。

（三）缺乏总体规划和指导

由于养老产业和养老事业的界线不明确，由此造成了政府在养老产业上的支持力度也相应地有所减小，并且还没有制定养老产业发展的构想和政策制度，缺乏明确的系统制度体系。最终导致了养老产业长期处于停滞不前、无序运行的局面，影响了养老产业在中国的发展。

（四）养老产品、养老服务质量差

近年来，老年人对养老产品、养老服务质量差的呼声越来越激烈，这些问题降低了老年人对养老产业的信心，使其失去了选择养老模式照顾自身的兴趣。因此，养老产业人员的整体素质及养老产品质量的好坏都是影响养老产业发展的重要因素。

（五）缺乏产业扶持政策

由于养老产业耗资巨大，工期较长，而且养老产业营利低，资金回收期长，因此制定相应的产业扶持政策是相关部门亟待解决的重点任务。

第二节 发展养老产业的理论基础

一、马斯洛需求层次理论

马斯洛需求层次理论的代表人物是美国心理学家亚伯拉罕·马斯洛于 1943 年提出的。马斯洛将人的需求分为五大层次，分别有生理需求（physiological needs）、安全需求（safety needs）、社交需求（belongingness and love needs）、尊重需求（esteem needs）及自我实现需求（self-actualization needs）。这 5 个层次是根据人的高低需求来划分的。其实，马斯洛在分自我实现需求的时候，还有一个需求——自我超越需求，由于其也是人的自我实现的需求，因此将两者合并在一起，统称为"自我实现需求"。根据马斯洛划分的 5 个层次，我们可以看出其是按照人对事物、安全、爱和获得尊重的需要依次划分的。其中，对事物的需求之所以位于第一，是因为人生下来就需要填饱肚子，填饱了肚子之后才能追求其他的需要。马斯洛的需要层次论运用到养老产业领域，需要这样分析：在食物需求方面，老年人必须要满足生理和对衣食住行的需求；在安全需要方面，由于老年人的年龄特点，因此其相比年轻人更需要得到安全感；在社交需求方面，老年人不仅希望得到来自周围人的关心和爱护，还需要子女的照顾和爱；在尊重需要方面，根据老年人的年龄来讲，其由于受到传统观念的影响，因此他们的观念与年轻人存在着更大的差别，这时老年人就更需要得到年轻人的尊重；在自我实现方面，简单地说就是老年人不服老、不认老的心理，有的老年人即使退休了，也不愿长期待在家里，仍希望利用自己的一分光和一分热服务社会，为社会提供更多的力量和服务。有的老年人在自身条件的允许下，还希望自己有一分热，发一分光，积极参与社会活动，从而获得自我实现的需求，完成自己的人生价值。更有老年人自己投入到社会实践中，满足自身对文化的不同需求。

二、代际伦理关系理论

代际关系从字面上理解就是指一代与另一代人之间的人际关系。在日常生活中听到最多的关于代际问题的主要对象集中与年轻人和老年人两者之间。年轻人和老年人经常会出现代沟,这些代沟的形成多与他们的生理、心理及社会经验有关。年轻人与老年人之间的代际关系有时候是整合、融洽的,有时候是分离、矛盾的。代际关系理论的提出是养老产业发展的重要理论依据。代际关系产生最多的空间领域,是家庭。代际关系的产生多遵循一条基本规律——交际交换。

何谓交际交换?用生活化的语言解释就是父母为子女提供一定的经济支持和生活照顾,而子女则将情感和爱给予父母。两个方面的交际交换中难免会存在失衡的状态,由此就会相应地带来代际矛盾。

代际矛盾又可以称为代沟,代沟的形成往往与人的生理、心理、思维方式及行为习惯的不同有关。根据心理学家的理论证明,人从出生到死亡这一段时间中,10岁之前对父母无限地崇拜,10～20岁对父母持反抗和抵触的态度;50岁之后开始站在父母的立场考虑问题,体会他们的思维方式。通过心理学家的研究说明,可以明显看出最容易产生代际关系的年龄阶段在10～20岁。

代际冲突并非是不好的,事实上代际冲突的利大于弊。主要表现:代际冲突只是人与人思维方式的不同而已,对社会发展具有推动作用。代际冲突的发生是时代发展的必然结果,不论是亲生子女还是非亲生子女都会与父母产生代际冲突。时代越发展,代际冲突就越强烈。由于在不同时代生活的人,他们的思维方式和行为模式都会存在着巨大差异,又因为受生活环境的影响,他们的生活习惯也会迥然不同。有时候即使子女与父母都会遇到相同的经历,但他们的处理方式还会有明显的不同[1]。这些都是父母在长期的生活中不断形成的思维方式和行为方式,他们随着年龄的不断增长,这些行为和思维也会发生相应的改变,因此面对代际冲突问题时,作为子女一定要理解和尊重父母。因为,随着时间的推移,子女也会遭遇跟父母同样的事情,到时候可能会面临"子欲养而亲不待"的状况,这就是代际冲突带来的重要影响。代际冲突并不是无法避免的,只要父母与子女在遇到不同问题时及时沟通,就会有效避免代际冲突的发生。另外,在交流的过程中,还要注意说话的语气,从而使双方对话能够顺利完成,真正达到相互交际的目的。

---

① 张震. 家庭代际支持对中国高龄老人死亡率的影响研究[J]. 人口研究,2002,26(5):55-62.

在经济发达的欧美国家，由于经济发展水平较高，社会保障体系完善，因此老年人基本上都热衷于社会机构和社区养老模式。而对于发展中国家（中国）而言，由于经济发展水平低，社会保障体系不完善，因此很难依赖于社会化的养老模式，只能选择家庭化的养老模式。但随着全球经济的快速发展，城市化进程的不断加快，家庭养老模式的地位日渐衰弱，社会化养老模式地位日渐增加。具体到中国现阶段的养老模式可以发现，老年人还比较喜欢家庭的养老模式，社会化养老模式仍无法代替家庭养老模式的地位。究其背后的原因得知，一方面，由于我国传统家庭观念的影响，人们非常注重与家人之间的相处，崇尚子女养老的观念；另一方面，我国的经济水平相比发达国家相对落后，社会无法承担养老的重任。根据代际伦理关系理论可知，以后中国养老模式的选取一定与其有直接的联系。

目前，我国的经济发展处于关键时期。由代际伦理方面引起的问题逐年增加，要想顺利解决这一问题，就需要人们站在代际维度层面对其问题进行深入的剖析。

代际关系理论的发展为代际伦理学的发展提供了理论支持，一方面有利于完善伦理学相关的知识，为伦理学的发展创造条件；另一方面，有助于构建符合我国伦理道德发展的制度，开展道德教育课，教育子女尊重父母。另外，开展道德教育代际沟通有利于强化社会群体的道德素质，使其道德行为符合社会要求。

三、持续照顾理论

持续照顾理论的提出最早可追溯到 20 世纪 90 年代，提出的背景是由于养老结构和服务项目之间不能有效结合，而且还不能为逐渐失去自理能力的老年人提供服务，持续照顾理论应运而生。持续照顾理论认为养老机构要随时随地为老年人提供全方位的照顾，并要根据老年人的不同需求提供相应的服务，从而使老年人感受到专业的服务。这一过程也是养老机构不断追求养老服务更加持续性和综合性的具体表现。

持续照顾理论相比前两种理论的本质区别在于，这个理论是站在老年人的立场上考虑的，其要求养老模式要能够为老年人提供全方位的服务，而且要保证老年人居住的环境是优雅的，能够促进老年人得到细致、全面服务的地方。

持续照顾理论得到了学者的普遍认同，由此各个国家也依据这一理论开始发展养老产业，中国在此理论指导下将专门针对老年群体的服务资源等予以整合，进而构建起了一个相互联系的有机整体。这个有机整体不仅可以确保老年人在这个机构中能够获得全方位的照顾，而且还能根据老年人的身体健康状况为老年人制定全面的、针对性的、细致的、稳定的养老制度。[①]持续照顾理论在发达国家已经初见成效，部分地区已经构建起了以持续照顾理论为依据的养老服务体系。而且这些服务体系还根据老年人的不同需求为其提供了针对性的帮助。这样的社会服务体系不仅实现了对老年人实施全方位服务的功能，而且养老体系之内的设施也可以根据老年人的不同需要进行转换，从而为老年人不时地获取服务提供了保障。

依据持续照顾理论构建的养老产业机构应具有基本功能的问题研究最成熟的地区要数我国的香港了，根据香港颁布的《安老院规例》规定，养老机构主要包括三级：第一级是高度照顾安老院，这一级主要是为那些残疾、瘫痪及老年痴呆的老年人提供全方位的服务，这一级的照顾需要配备专业的医护人员及护理人员。另外，这一级别的服务是养老院最高级的服务，且享受这一级别服务的对象并不是符合上述要求的就行，其还对老年人的年龄提出了要求，年龄必须满60周岁的老年人才可以享受这一级别的照顾。第二级是中度照顾安老院，这个级别的养老院主要对一些具有自理能力的老年人服务，这类老年人通常只需要一些基本的饮食卫生服务就够了。第三级是低度照顾安老院，这一级对老年人的照顾是最简单的，因为这个级别的老年人生活完全可以自理。正因为老年人需要照顾的程度不同，养老院提供的养老服务方式也有所区别，这种区别主要体现在配备的人员和设施设备上。对于老年人的护理需要细心和耐心，养老机构的服务就要在这些方面提供全方位的监督，使在养老机构的老年人能够住得安心和舒心。

在养老体系中，持续照顾理念提出来之后就受到广泛关注，在世界范围内，各个国家都将这一理念结合本国现实应用到养老体系中，在对老年人的养老服务中，完善各种设施，对养老体系的建设进一步规范，形成一套适合自己国家国情，并且能够真正地为老年人服务的体系。在养老服务中，根据老年人口的实际情况，进一步细分各项设施和服务。同时，还可以灵活调整和改变这些机制，满足不同时期老年人的特殊需求，从而使养老服务能够更好地进行下去，使老年人的养老得到优质的保障。基于可持续发展的理念，许多国家正在逐步探索和发展新的养老服务模式，这种养老模式能够为老年人提供全方位的服务，一直到人的生命终点，这就是长期护理制度（LTC）模式。这个模式在一些经济发达的国家正在兴起，他们逐渐建立完善的长期养老服务体系，为老年人的终生养老服务提供健全的制度保障。根据

---

① 杨建军，汤婧婕，汤燕. 基于"持续照顾"理念的养老模式和养老设施规划[J]. 城市规划，2012（5）：20-26.

持续照顾的理念，建立3种不同的养老模式，分别为机构养老、社区养老及居家养老，更加全面地涵盖了不同养老服务。按照老年人的需求，给老年人安排适合的养老方式，使老年人老有所依、老有所养。

四、产业链理论

产业链理论属于产业经济学范畴，这是一个更加广泛、宏观的概念。这个理论是从产业之间的经济关系、逻辑关系中产生的一种链条式经济形态。形成一个产业链，能够在一定程度上保证产业之间的经济关系有序进行。在产业链中有很多产品交换、信息反馈和价值交换，充分体现了产业间的紧密联系。我国的经济发展较晚，在20世纪90年代的时候开始形成产业链。在产业链中，相互之间具有联系的产业形成的产业系统可以更加稳定地应对市场变化，对上下游企业之间的供求关系，也反映了行业内企业提供的产品与服务之间的协作关系。在产业发展过程中，将产业之间的合作形成合理、高效、稳定的产业链，对减少资本的浪费、人才的流动、技术的共享具有很大的好处，更能使整个产业向良性发展的方向不断迈进。

对养老产业链来说，这是惠及大众的事情，这个产业链包括了第一、第二、第三产业，这涉及人们生活的方方面面，从生产、经营到服务是一个有紧密联系的产业链条，从更大程度上保证了养老产业的健康发展。

养老产业链的核心应该是为老年人提供养老服务，满足老年人的物质和精神需求。养老服务涵盖多个范畴，包括日常照顾和医疗援助服务，以满足老年人的基本需要；除了物质上的服务之外，养老产业链还对老年人的精神健康十分重视，定期为老人提供心理辅导服务，以了解他们的心理状态，满足他们的心理需要；在老年人的休闲娱乐方面，提供丰富的文化及娱乐活动，以及为长者提供旅游及保险金融服务。在养老产业链逐渐健全的时候，会有更细的产业分工，不仅体现在养老产业中，而且体现在养老支持产业中。产业链的完善能够基本满足老年人的养老需求。养老产业链的形成还对其他行业的发展具有一定的促进作用。

随着养老产业链条的完善，养老产业必将辐射各行各业，成为我国重要的经济增长点。

第三节 我国养老产业的现状、问题及发展环境分析

一、我国养老产业的现状

（一）发展处于起步阶段，速度较快但是产业间发展不均衡

我国养老产业链形成的时间较晚，随着政策的支持，近年来养老产业发展得也越来越好。养老产业的规模在不断扩增中，投入的资金、技术、人力也越来越多，但是养老产业中存在一个制约发展的情况，那就是各个产业的发展不平衡。有的产业发展十分迅速，有的产业却一直发展缓慢，例如，医疗就是一个发展较快的产业。如今，我国的医疗技术逐渐与世界接轨，很多疑难杂症有了突破性的进展，这对老年人来说也是一个福音，很多老年人患有各种各样的病痛，当医疗发展得很好的时候，也带动了养老产业的发展。在老年人的生活服务方面，开发出了很多老年人适用的日用品、保健品，对老年人的身体养护来说，更加方便。在旅游产业中，有很多适合老年人的旅游产品，像"银发游"等就是专为老年人打造的旅游产品。这些相关产业的快速发展，更加推动了养老产业的发展。

但在有些领域，养老产业的发展速度缓慢，例如，养老金融业和养老地产行业是刚刚起步的产业。大多数老年人对金融业都不熟悉，老年人对金融的参与一般就是养老金和给孩子的生活费用，这些费用多是银行存款的形式。很少有老年人将金融养老、投资理财与养老联系起来，并没有为自己的老年生活合理规划资金的使用，对商业养老保险和银行的理财产品知之甚少。对适合老年人居住的住宅开发得很少，适合老年人的住宅很少或者在偏远的地区，老年人不愿去居住。

由于老年人观念的根深蒂固和我国养老保障制度的缺失，虽然养老产业产值不断增长，但仍然落后于经济发展的速度，我国的养老产业与发达国家的养老产业之间的差距依然存在。

（二）养老产业发展地区不均衡

经济发展水平和人口老龄化与养老产业的发展密切相关。我国区域经济发展的不平衡导致了区域老龄化与养老产业发展的显著差异。

东部地区是我国经济发展较快的区域，同时也是老龄化程度较高的区域，相对而言，养老产业的发展水平也高于我国中西部地区。在政府部门大力扶持养老产业

的今天，东部地区依托政策和资源优势，率先发展起养老产业来。在东部地区的养老产业中，高端的养老产品、老年专用复健用品等在科研的支持下，逐渐发展起来，成为经济快速发展的又一个增长点。但是在经济发展相对缓慢的中部地区和西部地区，养老产业的发展也比较缓慢，没有资本和科技的支持，高端养老产品很难形成产业链。这种情况下，使中部地区和西部地区的养老问题非常严重。这些地区对老年人的养老需求较高，政府资助的养老机构难以满足老年人的养老需求。在养老产业中，社会资本很少，很难完成养老产业链的体系化发展，仅靠政府资本无法长久维持养老产业链的持续良性运转。尤其是在西部地区，因为人口密度较低，老龄化人群相对较少，因此，养老产业的发展更是十分缓慢。仅仅依靠国家的养老政策和资金支持，提供基本的养老保障。

（三）养老产业公益性和市场性相交叉

养老产业在社会大环境中应运而生，这种产业受到社会观念和文化水平的制约。在我国的养老模式中，大部分是家庭养老模式，人老了之后，子女对老人进行赡养，而新型的养老方式是机构养老和社区养老，这是社会发展水平的证明，属于社会化养老的范围。有些家庭满足不了老年人的养老需求，就需要社会养老来提供服务。机构养老是一种养老模式，还是一种养老事业。在我国的社会分工中，机构养老具有一定的福利性质，只是福利的程度不同。在公立养老机构中，这是公益性事业，一般这样的养老机构老年人入住率较高，花费的费用较少，并且国家给予一定的政策补贴。一些民办养老机构，由于属于养老产业的性质，国家的扶持力度较小，因而老年人不愿去这种性质的养老机构，于是民办养老机构的发展比较缓慢。

（四）新兴养老项目进军养老产业，实为开发地产项目

未来，中国的老龄化趋势逐渐加剧。许多保险部门、住房企业和中央企业都看到了商机，因为房地产市场受到严格监管，因此，投资人开始在养老行业开展项目，并通过养老的概念开发了所谓的新养老项目。尤其是在房地产领域，开发房地产项目包括新型高端养老社区养老、旅游养老、连锁养老等各种形式的养老服务产业。

2010年，中国保监会发布了《保险资金投资不动产暂行办法》，扩大了保险基金的投资范围，允许不动产的投资。中国人寿、新华人寿、太平洋保险、平安养老等寿险公司积极参与房地产项目，开始一些以养老为主题的房地产项目。从土地规划

到保险产品开发，国家规划的布局为相关客户带来了养老地产建设的高潮。

国家一直将房地产企业纳入严密的宏观调控中，不断调整整个房地产业发展的重点。因此，一些大型地产开发商纷纷转向了养老地产的开发，以前备受冷落的养老地产开发开始重新受到更多的重视，尤其是一些国内的大型房地产企业，像万科、华润、首创、保利等企业都进入了养老地产的市场。

但需要指出的是，现有养老地产项目大多为非住宅用地，有些还没有全面的产权。事实上，许多土地特许权是以旅游地产和工业地产的名义享有的，名义上房地产项目是为满足老年人的需求而设计的，具有医疗、餐饮、文化、体育等综合服务。就像城市的中心地区，有一些高端的住宅项目，实际上不利于国家房地产调控政策的实施。

二、我国养老产业存在的问题

我国养老产业的发展还处于起步阶段，尚未与老年人的流动需求形成无缝对接。主要问题如下。

（一）养老产业相关政策不健全、监管缺位

在养老产业的发展前期，国家政策的引导是十分重要的。在国家政策导向下，社会资本也有信心进入养老产业领域，为养老产业的繁荣发展做出一定的贡献。这些年国家颁布了《关于对老年服务机构有关税收政策问题的通知》《国务院关于加快发展养老产业的若干意见》等。这些政策文件规范了老年护理服务的税收制度，同时鼓励企业进入养老产业，从政策上不断完善对养老产业的支持。虽然我国养老产业政策已经出台，但大部分政策文件都是原则性的。在需求方面，没有具体的实现策略。在实施过程中，虽然政策中给出的有限政策增加了对养老行业的扶持，但并没有具体的立法。缺乏良好的发展政策和法规对养老产业的发展不利，尤其是在标准化和快速发展方面就受到很多限制。

目前，我国养老行业的配套法律政策不完善，尤其是在民办的养老机构政策方面，没有很强的政策支持，对社会资本在养老产业的投资是十分不利的，严重制约了养老机构的发展。具体表现如下：第一，养老机构运营成本较高。按照物价部门现行核定的物价标准，只能维持最基本的水、电、税、工资等的缴费和发放，但是就没有足够的钱来升级养老的硬件设施，同时提高养老机构的人员服务水平。第

二，制定了一些注重发展民办养老机构的政策，但支持有限。目前，国家、省、市各级政策尚未得到有效落实，这些政策没有落地实施，民办养老机构的运转就会出现许多问题。第三，养老机构在功能要求上具有一定的专业性。例如，为了防止老年人跌倒，在养老机构的高层窗户上安装了护栏；为了避免有的老人走失，门必须24小时上锁。然而，许多养老机构不能严格遵守职能部门的规定，时常有意外情况的发生，却不能进行专业的补救。第四，养老机构本身是公立或者民办有很大的区别。由于银行的担保或者贷款需要有抵押，但是民办的养老机构被银行认定为公共事业，不能给予民办养老机构发放贷款，这使民办养老机构的运营十分困难。

民办养老机构健康有序发展的关键是先进的管理理念和规范的管理方法。但是，在我国民办养老机构的发展中，民办养老机构的准入控制、经营和退出还没有建立完善的制度。除此之外，民办养老机构的资金回笼较慢，成本、服务合同和保险也有不足之处。如果老人在民办养老机构发生意外事故，很难进行保险的认定和赔偿，这就容易引起纠纷，不利于民办养老机构的发展。

（二）养老产业供求失衡，资源未能实现优化配置

供给与需求的不平衡主要体现在现有的供给不能满足老年人的供求需求，供给与潜在需求相对过剩，而缺乏有效需求。

对于老年人的养老床位，根据国际上公认的5%老年人的养老需求，我国需要至少800万张床位来满足现有的需求。但实际上，我国的养老床位只有250万张左右，还有极大的养老床位的缺口，这是严重的养老机构供给不足问题。另外，就养老机构的布局来说又存在相对供过于求的问题。养老机构布局不合理，不符合地区分布的特征。从养老机构的整体布局来说，我国养老行业和养老机构在区域规划中没有发挥太大的作用。一些养老机构的配置在服务和地点等因素方面没有科学的调研，使得有些地区老年人不多，却建设过多的养老机构，而有的地方老年人的养老需求多，却又没有足够的养老机构。从地理上看，在中心城区的养老机构入住率较高；郊区对养老机构的需求远低于供给不足的中心城区，养老机构入住率较低，这说明了老年养老机构的规模和结构严重不协调。除此之外，不同地区的养老机构的完善程度差距过大，导致相对过剩和严重分化。在现实情况中，拥有完善的基础设施和高质量服务的养老机构往往成本高昂，老年人最无法忍受高额的费用；廉价的养老机构往往缺乏基础设施和服务，没有人性化的服务，很难满足老年人的养老需求。

与此同时，在经济欠发达的城市和农村地区，大多数养老机构的条件比较差，

基本上很少有完善的养老设施和设备，人员配备参差不齐。政府有关部门没有按照实际需要进行全面的指导和规划，养老机构发展不平衡。由于经济发展水平较低，政府部门拿不出太多的资金用于对养老产业的支持，将主要精力放在了增长GDP上，这进一步增加了养老机构用地的分配和审批难度。现有的城市养老机构已不再能满足城市地区的老年人居住，郊区养老机构又比较偏远，与家庭的地理距离较远，周围的设施还没有建立完善，对老年人的生活会产生一定的影响，因此这部分工作还有许多地方有待协调和完善。

此外，受传统观念的影响，现代老年群体的消费观念仍然比较陈旧，往往会将财产转移给下一代，或者存到银行以备急用，很少为自己购买养老保险。同时，现有的社会保障机制还不完善，它直接影响老年人的消费习惯和消费方式，导致有效的制度性养老金保障严重短缺。

（三）养老服务体系不健全

目前，家庭养老仍然是我国养老产业发展中最重要的养老方式。由社会提供的社会养老保险制度和新的社区养老模式发展较晚，尚处于起步阶段。在有些养老机构中，即使是最基本的餐饮和送药服务也不能满足老年人的需求，因此，在这样的养老机构养老，生活质量很难得到保证。近年来，以旅游"候鸟模式"为基础的养老模式，和"医养结合"的医院办养老院的建立，只是在一定程度上对现有资源进行重新整合，没有提供有针对性的服务。因此，在养老机构的体系建设不完善的时候，很难为老年人提供更好的服务。

现阶段，我国大部分养老机构专业化水平较低，养老服务理念已经过时。它只能提供最基本的日常护理服务，而且所提供的日常护理不具有典型性，完全不能满足现在老年人的多样化需求。与此同时，养老行业的整体工资水平非常低，很少有专业的护理人才愿意从事养老服务，这样就导致养老机构护理服务水平低，专业技能有限，服务意识差。因此，许多老年人的实际需要无法得到满足，这样的养老机构很难持续运行下去。在养老机构中，很少有人愿意投资养老产业，这导致我国许多民办养老机构基础设施较差，有的养老机构是根据闲置的仓库、工厂和老的养老设施进行改造之后置办起来的。这样的养老机构的硬件设施和软件设施都非常差，老年人在这样的机构中养老，完全不能满足基本的生活需求，久而久之，这样的民办养老机构也无法运营下去。此外，中国的一些养老机构没有考虑老年人的身体特征和生活习惯的实际需要。因此，在设计和施工过程中没有建设适合老年人的通道、楼梯、墙体标语等，这对养老院的运行非常不利。在实际运行中，由于现有基础设施存在隐患，既不能满足老年人的要求，又面临着因资金短缺无法改造或扩建的问题。

养老行业是特殊的，其微薄的利润和长期的投资回报需要保证科学持续的长期资本投资，必须有效控制经济波动和人员调整等因素，给予优惠政策和帮助，积极发展基础设施建设和专业化发展是保障我国社区养老产业有序发展的重要基础。但在实际情况中完全没有实现这些设想。此外，中国公立养老机构和民办养老机构的发展极不平衡。公立养老机构因为有政府的资金支持，可以为老年人提供相对舒适的环境、优质的医疗和贴心的服务，因此公立养老机构的入住率非常高，经常没有床位供应，得到了公众的广泛认可。但是民办养老机构资金有限，服务水平较低，没有条件组织职工进行职业技能培训，这导致人们对民办养老机构的信任度非常低，大部分人不愿入住民办养老机构。此外，中国的民办养老机构资金有限，专业化程度较低，如果没有强有力的政策，它们很难长久地运营下去。因此，民办养老机构面临着重重问题，举步维艰。另一个困扰着民办养老机构的问题是，民办养老机构很难从社区或街道上获得理解和支持，与社区、街道打交道的机会很少。此外，民办养老机构和公立养老机构使用相同的模式，没有特殊的功能和特色吸引老年人入住。在民办养老机构的建设和运营中，存在的问题不是一时就能解决的问题，因此，民办养老机构的发展一直非常缓慢。

目前，我国养老行业面临的最严重的问题之一是养老机构和专业养老服务者数量有限。同时，在很多养老机构中，护理人员的护理专业化水平普遍偏低，这对老年人的养老很不利。政府有关部门要高度重视并积极推进老年产业基础设施建设，培养高素质的专业人才，从制度建设和法律建设入手，将养老产业的标准化管理重视起来，引导我国养老产业走上标准化发展的道路。

（四）养老产品和服务相对匮乏，质量有待提升

1. 养老产品供给严重不足

目前，市场上多是为年轻人设计的产品，缺乏专为老年人及其生理需求而设计和制造的产品。在一线城市很难找到老年产品的特许经销店。在中国，大多数老年人产品的设计非常古板单调，无法满足老年人的生活需求，因此，老年产品的供求同样存在问题。老年人在生活习惯和思维方式上与年轻人有很大差别，可能很少有适合老年人的房地产项目。城市中养老公寓多位于偏远地区，大部分是商品房的改

建，根本无法满足老年人的生活需要。

2. 老年服务与精神文化、休闲文化产品偏少，产品质量不足

城市老年人的休闲娱乐场所主要集中在家庭、公园等场所，缺乏设施完善的老年体育中心；适合老年人的书籍、电影等文化娱乐产品普遍很少，适合老年人休闲娱乐的场所也寥寥无几。

（五）缺乏专业人才，服务水平比较低

在中国，根据目前的老龄化状况，至少需要1000万名护士来为老年人的养老服务，但实际上，从事老年护理的人员仅20万人，其中具备专业技术培训资格的仅2万人；有些地区的社会保障服务行业难以满足老年人的需求，没有优良的社区养老服务机构。从目前中国养老服务市场来看，从事养老机构事业的人员很少具有较高的专业素质，仅仅是为老年人提供基本的三餐服务，在老年人的情绪照顾、心理健康等方面关照较少。一般来说，养老机构的专业建设滞后、服务水平较低、缺乏专业人才等问题严重影响了服务内容的拓展和服务质量的提高，难以满足高层次的要求。此外，由于养老行业的整体工资水平相对较低，很多专业护理人员不愿从事养老服务工作。并且养老行业一直被误认为不是很好的工作，很多年轻人不愿意加入养老行业。在专业服务人才缺乏的情况下，老年人的养老生活十分单调，除了吃住之外，很难享有其他的服务了。

（六）产业间发展不均衡，未形成产业链带动效应

养老行业涵盖了广泛的领域。它可以直接促进养老产品的生产、养老旅游、养老管理和养老文化的发展。它还可以在与养老行业相关的建筑、机械、家电等行业发挥主导作用。此外，养老产业之间的所有联系都是分散和独立的，养老行业上游研发人员稀少，缺乏独立的研发产品，核心价值较低。在整个产业链的中间，没有极具价值的产品附加值，加上老年产品的生产效率低，老年护理服务的规模和技能低，对老年人的服务态度差，这些因素使得养老产品和服务一直不能满足市场的需求。由于市场集中度低、品牌知名度低，其下游营销和物流服务直接影响养老产品和服务的市场价值。

三、我国养老产业发展环境分析

(一)政策法律环境

1991年,中国正式提出了"福利社会化"的概念。从那时起,中国的养老政策和相关法律就一直聚焦于这一核心。随着中国新生儿增长率的降低,国家对该行业的关注也越来越多。从战略高度制定老龄产业发展政策和战略。明确指出我国巨大的人口基数,所以老年人的数量是巨大的。随着政府对养老产业的支持,在政策和资金方面逐渐提高了力度,有利于进一步促进养老产业发展,充分发挥养老保障作用。产业对国民经济的拉动作用给老龄化产业带来了一定的促进趋势,尤其是在经济转型的时期非常具有时代意义。

1. 养老产业支持性政策

2011—2013年,在国务院、民政部、发展改革委的组织领导下,出台了一系列关于老龄产业的政策和文件,其中,《中国老龄事业发展"十二五"规划》《民政事业发展第十二个五年规划》《国务院关于印发服务业发展"十二五"规划的通知》《国务院关于加快发展养老产业的若干意见》《关于促进健康服务业发展的若干意见》等是最具有代表性的文件。这些文件和政策介绍了一系列与养老行业相关的政策和文件,以证明其必要性和重要性。从税收角度看,从我国养老产业、国民养老、产业发展及相应的养老金融贷款和企业发展的角度,需要一系列国家参与措施来确定国家吸引和引导社会资源的基本方向。只有在国家政策的支持下,社会资本才能更快地流向养老产业。社会资本的注入,可以使养老产业形成自发的生态运行机制,有利于民办养老机构的兴起,同时可以为政府减小养老的压力。

自2014年以来,国家相关部门共同发布了一系列文件建立养老服务体系,出台了一系列政策来推动我国的养老产业发展。在建设服务设施标准化、养老服务专业化、老年护理服务风险管理和养老保险产品等方面逐渐完善了相关政策和法律。

中共十九大报告明确指出,要积极应对人口老龄化问题,建立养老保险制度,尊重老年人的社会地位,完善各项政策体系和建设良好的敬老社会环境,推进医疗一体化,促进养老产业化发展及行业的发展。

2. 养老产业法律保障

就法律保护而言,中华人民共和国的法律保护老年人的权利,对《中华人民共和国老年人权益保障法》进行了一系列修订,考虑到实际的人口结构和社会发展的基本趋势。对大多数老年人来说，这是一个护身符，保护他们的权利免受侵犯。这也表明中国已经开始关注日益凸显的人口老龄化问题，专门法律的制定有利于从法律方面规范关于人口老龄化的应对。

（二）经济环境

1. 国民经济迅猛发展为养老产业奠定坚实的经济基础

近年来，我国的经济发展一直在平稳地增长，总体发展趋势稳定，产业结构不断变化、优化升级，产业发展的速度和结构正经历着逐渐转型的情况，同时保证速度与结构统一，质量与效益统一，稳定增长取得预期效果。经济增长的着力点加快了服务业的发展。中国经济发展进入新常态。此外，在中国经济发展的今天，城镇化进程加快，并且规模逐步扩大。在经济增长中，人们的人均收入也逐渐增加，国民生活水平有很大的提高。

经济水平的提高，为我国养老产业的发展提供了很大的动力，在养老服务行业有更多资金能够支持养老产业的发展。同时，国民也有资金来支付自己的养老服务。

2. 国民财富积累推动养老服务高端化、个性化

改革开放40年来，国民经济快速发展。在"鼓励一部分人先富起来"的政策指导下，中国的富裕阶层也在迅速扩大和形成。随着我国富裕阶层的不断发展，其消费能力不断提高。在个人消费和家庭消费趋势方面，我们也追求个性化、高端化、专业化的产品和服务，以及养老产品和服务。年轻一代收入的快速增长为高端消费和个性化老年护理服务及产品提供了坚实的物质基础。

（三）社会环境

1. 老年人口数量不断上涨

当前，我国社会逐渐出现了老龄化现象，老年人口在总人口中所占比例呈现不断增长的趋势。根据当前老年人口1000万／年的增长趋势，可以预计在2033年，我国老年人口的数量将会达到4亿之多。仅老年人口的内部组成来说，老年人中丧失劳动能力或者半丧失劳动能力的人口所占比例较大，且空巢现象严重。

所谓老少比，指的是年龄在65岁及以上的人口数同年龄在0～14岁的人口数的比重，老少比的比值越高，表示该国家的老龄化水平越严重。

根据人口老龄化发展的走向可知，2020年也就是明年我国将面临重度老龄化发展的艰难局面，其老年人口数量达2.43亿。到2053年，老年人的数量将迎来发展巅峰，这同时也意味着从 2020 年到 2053 年的这 30 多年间，我国老年人口的数量将呈现不断上升的趋势。

2. 传统养老观念的转变

现如今，老年人会选择一些适合自己的养老机构，这完全是由于种种原因的影响，导致老年人不能及时得到很好的照料，不仅不能真正实现享受安宁，更享受不到天伦之乐。因此，子女们在为父母选择养老机构的时候，他们会更加注重这所养老机构是否拥有专业的养老服务等各项因素，更重要的是是否可以与同伴进行交流沟通。

随着社会不断地变迁，对于老年人而言，尤其是对 1950 年之后的人群来讲，他们对生活品质的要求也越来越高，故而首先要尽量满足这群老年人的预期与追求；其次，要确保他们心理健康与人身安全，同时还必须积极为这群老年人创造可以实现自我价值的机会。因此，随着传统养老观念的转变，老年人无论是在物质生活上，还是在其精神层面上，由于休闲颐养服务产品的提出，都积极体现着老龄化观念，这是当下老年人的一种生活模式，在未来将会拥有更大的发展空间。

由于社会经济发展的脚步不断推动着现代人们思想观念的转变，养老模式也是逐渐呈现多元化发展的趋势，各种养老服务新产品的相继推出为老年人群提供了更多选择。在众多养老服务新产品中有一种模式称为"候鸟式养老"，这是目前最为流行的一种新型养老模式，特别是在一些经济发展相对较高的国家十分盛行，这种养老模式与候鸟极为相似，为了能够将疗养与旅游充分结合，这种模式利用季节与气候不断调整养老地点，从而为老年人提供更好的养老服务。尽管如此，在中国很多地区由于经济发展并不均衡，很多人由于工作繁忙而忽略了对老年人的照顾，但是不管怎样他们在为父母选择养老机构的同时，更加关注养老机构的环境，而非价格问题，相对而言一些先富起来的人群会选择让父母远离家乡，去往环境、气候更加良好的外地养老。由此可见，气候的好坏，环境是否优美是养老首要考虑的问题，据统计，每年都会有三四十万老年人选择海南作为养老场所。

3. 现代游憩休闲养老模式的发展

所谓游憩休闲模式，是指以健康与安乐为目的，为老年人提供游憩资源的同时，提供更多实现自我价值的机会，是一种新型的养老模式。早在 1984 年，这种游憩休闲就在美国游憩疗养学会中有界定，其不仅拥有较高的专业素养，还提供了相应的休闲养老服务。对于现代老年人而言，随着社会科技发展的不断提升，随着人们思想观念的不断转变，这种游憩休闲养老模式不但可以提供更专业的健康调理，同时也是符合养老模式的主流发展趋势。

现如今，尽管社会正处于不断发展的进程当中，但由于工业化程度的不断提高，接踵而来的却是环境问题，由此尽可能降低对环境的压力，逐渐提升环保意识成为现代民众格外关注的问题。因此，无论是在国外还是在中国，很多国家都有亲近大自然，渴望回归大自然的意愿，其中美国就积极开展了周末农民风气，中国也相继推出了"桃花节"等诸多环保活动。即便是在养老机构，对环保观念也有所提升，目前更加提倡怎样将养老与养生，还有修养与保健融为一体，只有将养老项目与各种开发产品相结合，才能更加符合现代人对健康养生的需求，才能更加贴近大自然，才能尽可能回归对大自然的向往与追求。

第四节 现阶段我国养老产业发展对策

一、确立养老服务的产业地位和产业化发展方针

现如今，对于养老产业而言，首先要不断改善养老服务产业，将其作为一种高端服务行业的增长点，在促进社会资本进入的同时不断推动产业化步伐，逐渐加强养老服务市场化，将这一产业做大。只有这样，才能在社会经济不断进步的今天，使养老服务不断提升，才能为区域协调与可持续发展创造更有利的基础条件。

（一）完善政府对养老产业的政策扶持和引导，适当加大对养老服务的投入比例

目前，政府应在高于国民收入增长比率的基础上，尽可能适当调整并建立整体财政预算制度，不断提升养老产业化水平，在实现养老产业逐年增长趋势的情况下，不断体现政府作用，不单单限于其基础性与福利性层面，在其示范性层面也要实现养老项目的建设，并投入适当资金。

（二）建立和完善产业组织体系，加快形成养老服务的配套产业链

对于养老产业而言，产业组织的匮乏是造成这一行业迟迟不能扩大发展的主要因素，由此，首先必须依据"谁投资谁受益"的基本原则；其次，必须遵循市场机制规律；再次，不断创建实体化且产业化的养老服务组织体系；最后，形成可以相

互联系的养老产业链。对此，政府必须不断推动投资主体与投资方式多元化发展，在整合资源的情况下，从各个层面发展经济实体，从而实现养老服务发展规模不断拓展。

（三）严格服务质量和标准，优化市场环境，加大行业监管

在养老服务质量与标准方面，首先要制定一套严格的服务质量标准与操作规范；其次，必须制定严格的准入标准与退出机制，不仅如此，政府必须从保障与服务职能像执法和监管功能逐渐转变，在确保监管检查机制有效性的同时完善养老服务质量评估与反馈机制；最后，必须增强养老产业的监管力度，不断强化行业内外的监督工作，在确保市场秩序平稳的情况下，不断推动行业自律，最终确保养老机构为老年人提供的服务合法而又不会使其受到损害。

二、居家养老以社区照顾为主，实行产业化经营

居家养老，是指以家庭为核心、以社区为依托、以专业化服务为依靠，为居住在家的老年人提供以解决日常生活困难为主要内容的社会化服务。原则上讲，居家养老通常会由非营利组织与企业及个人投资开办；但相对而言，居家养老市场又基于宏观管理。居家养老是一种独立的经营性实体，是一种产业化的经营。而社会养老不仅可以不断增强市场培育，使养老产业获得政府的扶持与引导更加完善；还在尽量节省形成成本的前提下，尽可能从高成本的传统行政方式中解脱，是一种创新管理手段；同时，养老服务市场必须合理分配资源，必须在基本需求得以满足的情况下，适当调整各类老人的补贴范围与额度，再进一步适当普惠。

三、机构养老服务实行分类管理

根据国家政策的不同，以及收养老年人性质的不同，通常可以将养老机构分为两种类型：其一，是单纯以接受城市低保或者农村五保等老年人的养老机构；其二，是提供有偿服务的自主经营的养老机构。前者通常是由财政拨款，是一种由政府直接管理或委托经营的养老机构；而后者则实行着相同的扶持政策。前者通常是不需要老年人缴纳任何费用的；而后者是在政府监管的前提下，会有相应的收费标准，不仅如此，这些养老机构的类型也会有一定的区别，有的可能是根据投资渠道

划分的，有的可能是根据开办者针对收费政策或收养对象而划分，等等。

四、提高从业人员的职业地位和专业化水平

对于养老机构从业者而言，不管是机构养老服务还是居家养老服务，其都应享有正规就业者的职业地位。如今这些养老工作从业者不能只局限于拥有与其他行业相应的平均工资水平，还应享有正常的从业年限与技术水平，进而不断增长工资的机制。养老机构还必须实时借鉴国外先进经验，在不断加强社会工作专业教育培训的同时，严格实行持证上岗职业准入机制，不断发展养老服务专业的职业教育，不断培训专业养老机构服务工作团队，继而有效提升养老服务从业者的知识水平与服务技能。

五、有效调动社会资源提供养老服务

由非营利性组织、慈善机构等各类社会组织及志愿者提供的低价甚至免费的养老服务，也是养老服务中最重要的资源之一。这种由非营利组织或志愿者提供的养老服务，通常会出现在一些福利水平相对较高的国家，如北欧国家或英国。其中，在英国就有几百万志愿者提供服务，志愿者的服务有一部分是免费的，另一部分不是免费的，或虽不对服务对象收费，但有某种渠道的收入为服务的提供者支付成本或者报酬，如政府预算、社会捐赠等。相比之下，我们缺乏对这部分资源的有效利用和积极引导，我们不仅不能充分发挥出其潜在能力，还在一定程度上缺乏科学性与专业性。

六、探索化解行业风险的多方渠道

由于社会经济的不断发展，行业风险是不可忽视的一部分，怎样尽可能化解是政府首先考虑的问题，其不仅要不断增强法制建设，在尽可能减少行业风险的同时，从法律上明确各方的权利与义务。不仅如此，还必须结合城市实际发展脚步，对行业做出相应的风险评估，进而确保商业保险的有效引入。

七、大力发展社区照顾服务

社区照顾服务，是一种融合邻里互助的四合院模式，是一种提供低成本与就近护理的托老服务与转介服务。尽管如此，对于老年人群体来讲，这种服务是十分困难的，由于如今不仅对养生需求有所提高，随着社会科技发展的不断推进，老年人群对护理与就医的要求也相对提升，由此，老年人群对服务产品的协调与服务资源也提出了更高要求。

时下，无论是对多学科的老龄研究的累积，还是对政府与社区，甚至对企业各自的责任的明确，这些都是提升福利资源整合的主要因素，只有充分发挥这些顶层设计的作用，才能更好地实现老龄政策之间的协调与福利资源的整合。由此，由于一些地区已经达到中等发达程度，故而对社区照顾服务的要求也逐渐提升，首先，针对长期照顾来讲，社区公共服务所提供的照顾必须是救济型，而绝非是适度普惠型，必须将家庭支持与社区照顾机构充分融合，做到无缝连接；其次，包括对养老照顾者的休息服务等，必须从全方位考虑所提供的服务产品，不仅是对生活与健康的照顾，还要顾及老年人的心理服务，甚至是护理服务等诸多层面。

第七章　体育与养老产业融合理论依据

所谓产业融合，其通常指的是不同产业，或者在同一产业中不同行业之间的相互渗透，是一种逐渐形成的新兴产业的动态发展过程，最终融为一体形成产业融合。目前，这种产业融合模式已经成为一种对产业现实发展的选择，其主要由产业渗透与产业交叉及产业重组三大类组成，不再局限于对一种发展趋势进行的探讨。

第一节　产业融合的实质

一、产业的形成及其实质分析

（一）产业的形成和产业的传统概念

所谓产业，从其产生到形成，再到活动与演化，可以说是一种有着清晰历史发展脉络的真实体现。在大约一万年前，人类开始发展的初期阶段，人类主要依赖的是采集与狩猎，那时的人类并没有产业活动，但逐渐地人类社会开始发展，人类逐渐开始饲养动物并有意识地进行放牧，与此同时还对植物进行栽培，逐渐发展定居农业，农业成为古代社会中决定性的生产部门。随后，伴随着人类文明的不断发展，人类生产力的发展与剩余产品也逐渐增多，因此，从最初的畜牧业开始，人类将其逐渐从农业中剥离出来，然后又从农业当中逐渐将手工业分离，如此分工在人类社会中相继出现3次，最后是从农业与手工业中将商业分离出来，最终形成了商业这一专门的商人阶层。

由于人类历史上的三次社会分工，逐渐形成了农业与手工业及商业三大产业。直到18世纪末期工业革命的兴起，社会经济才被机器这一大工业占据主导地位，但由于很多手工业进行分工并逐渐发展，继而形成了工业。由此可见，社会分工发展取决于产业部分的分工与形成，在产业与分工之间无疑存在着一定的联系。因此，通常社会分工可以被划分为3种形式，包括一般分工、特殊分工与个别分工。前者指的就是农业、工业与商业三次社会大分工；而后两者，随着社会化生产的发展脚步，由于社会分工不断被深化，故而导致后两者划分越来越细，如此一来，将不断促进产业部门被分化并不断增生。对于前者而言，这些生产大类又可以分为各种具体的工业部门和工场内部的分工，即特殊分工与个别分工。总之，分工的发展程度如何直接影响着产业数目的多少。这里所指的产业是某种共同特性的企业所组成的集合，是人们观念与思辨的产物。所谓集合，与单个企业相比，尽管是现实的但并非是看得见的，其是存在一定的抽象性，很难为人所观察与测度。在现代西方经济学当中，原本是没有"产业"地位的，但为了尽量弥补微观经济学与宏观经济学在产业问题上的欠缺，即便是没有构建产业这一概念体系的特殊必要性，由于其研究的对象是特定企业的集合，产业经济学仍旧应运而生，继而产生产业。

所谓集合，其本身就可以被视为一个模糊的概念，无论是从不同研究目的出发，还是从不同角度着手，特定企业的集合究竟是一个怎样的集合，又以怎样的标准来划分这些不同企业产业的归属等诸多问题，都可以通过这些研究逐一解答。倘若根据产业的层次性或阶段性来划分产业，其不仅可以根据同一商品市场来进行，还可以根据技术与工艺的相似性，或者是以经济活动的阶段为主要着手点。此外，通过对产业组织现状进行分析，在划分不同企业产业归属的时候，不仅可以根据同一产业市场上企业间的垄断与竞争态势着手，还可以通过其特性来进行划分，即生产同类或与之存在密切关系且能替代的产品或服务。一般情况下，所谓的产业与市场在某种意义上属于同义语，也就是说要构成一个产业，其必须立志于同一市场生产同类产品的企业。不仅如此，在同一市场上所展开的竞争，甚至是其所追求的最大利益目标，往往是源自同一产业内的各个企业。这是因为，只有生产同一或同类，甚至是有着一定联系替代关系的产品或服务企业群，只有始终以这类企业集合成的产业作为研究对象，才能促进彼此之间的竞争，乃至于垄断关系，才能进一步进行竞争与垄断态势，才能获得相关的市场结构与市场行为，以及对市场绩效的分析结果。即便是这样，产业仍旧是以生产为主，从供给方面一步步进行解决，其是一个必须从需求角度着手分析并了解的概念。也正因为如此，在划分不同企业产业归属标准的时候，由于产业中整个产业结构的地位与作用，其完全取决于如何选择，只有选择使用相同原材料或相同生产技术与工艺，才能准确分析出社会再生产过程中各大部门之间的均衡状态需求；才能确保各具体行业之间的均衡状态需求；才能保证各中间产品之间的均衡状态。因此，特定的生产技术与要素投入，甚至是特定产业，其从根本上是相互对应的，决定着这一产业是否能与上下游产业之间存在投入产出关系。

综上所述，尽管生产通常是从最初对产品功能与用途来进行划分，是根据产品自身特性来划分，但由于其本身只不过被定义为一个需求角度，因而只针对下游厂商或消费者，无论是从其用途而言，还是以其特性来讲亦是如此。倘若从另一个角度去审视，其通常是第一供给角度的一个定义，一般着手于产品的生产方面，其不仅具有相同的原材料，同时还具有相同的生产技术与生产工艺，甚至拥有相同的生产过程，或者可以说是一个企业集。显而易见，以上两个层面共同构成了产业的基本内涵，两者之间各有自身的侧重点，但又互相补充。换句话讲，能被称得上是同一产业的，首先在生产上就用于相同或相似的技术企业集合，不仅如此，那些产品还必须在尽可能满足相同需求的前提下，或者说在满足类似需求的情况下，才能得以实现。

（二）产业的实质分析

倘若从供给角度去分析，一套特定的资产体系，其必然是在某一经济活动完成的基础上继而产生的，也就是说一套特定的资产体系就是所谓的产业的实质。从某种意义上讲，这里所谓的资产体系，其关键在于资产具体所包含的部分与各个部分资产之间的比例，其不仅包括特定生产技术与工艺流程，还有相关专利知识，相应的原材料与设备，甚至是中间产品与劳动力，以及高级管理人员与工程技术人员等诸多方面。产业指的是资产体系，而绝非资产的总数量或规模，因此，一套特定的资产体系即可被视为一个产业。此外，在一个产业当中这些企业资产内容与结构，通常都是大致相同或相似的，同样具有同类企业的结合。

实物资产、金融资产与知识资产是任何产业中最重要的三大资产组成部分。而通常无论是针对产业而言，还是针对企业的资产体系而言，主要包括固定资产与流动资产，金融资产与无形资产，还有人力资本几个主要内容。首先，所谓实物资产，其资产结构在不同产业中所占比例也各有不同，通常包括固定资产与流动资产，前者主要指的是一些建筑物或构建物；而后者则指的是一些半成品与已购入的原材料，主要是为了连续生产所提供的必需品，是不可或缺的一部分。其次，所谓的知识资产即智力资产，主要包括人力资本与无形资产，后者指的是各种核心技术，或者是商业模式，也可能是专利或商标等；而前者不仅包含企业家，还有专业技术人员及管理人员等几个重要组成部分，在某种程度上，其某些部分与后者的某些部分相互重叠。最后是金融资产，主要指的是货币。通常在金融行业中，金融资产占据着至关重要的位置;相对而言,在传统制造业中实物资产占比相对较大;但是在总资产中实物资产占比会相对较小。另外,在如今高科技产业中,知识资产则更加重要,尤其是对轻资产投资项目。

  针对资产体系而言,与其他任何一个产业相比,其划分方法都大致相同,其同样都是根据不同的,或者是相似的数据作为主要衡量依据,因此,对产业的划分也会直接受其所影响。倘若在对产业划分时过于严格,那么产业数目就会相对较多,划分的产业也会相对更加细致;反之,划分出来的产业数目就会相对较少,所划分的产业也会相对较粗。在对产业进行划分的时候,要选择严格遵守"不同"去进行,还是对"不同"划分选择从宽的标准,都必须根据分析目的而定。值得一提的是,在划分产业之时,必须始终根据统一划分标准进行划分,在分析各个产业间关系动态变化的情况下,再进一步进行划分。由于现实经济活动必然会有一定的变化,因此,在划分之时必须确定明确的产业边界,根据一定的划分尺度再进行,尽可能避免由于现实变化造成产业边界不清晰的现象发生,只有这样才能确保产业间发生关系的变化明确。由此可见,倘若从主观或客观的角度来分析,产业融合并非是以前者的变化进行划分的,后者的经济活动变迁也将造成产业边界的不清晰,继而导致产业划分不明确。由此,任何产业在划分之时,原有的产业划分标准必然会受到现实产业融合的影响,从而迫使其进行相应的修改。

  综上所述,任何一个产业在进行划分的时候,都与产业划分的粗细有着密切的联系,无论是针对产业间的分工,还是针对专业化的程度。由于在各个产业当中,划分通常带有一定的主观性,但往往对于每一个产业而言,划分的越粗,在产业之间的分工水平就相对降低,同样其专业化程度也越低。因此,由于产业划分可粗可细,在产业间分工或产业内分工并不是绝对精准的衡量。当对产业的划分发生改变时,不仅是产业分工,甚至是其专业化程度都会随之而改变。由此可见,对这种分析模式下的产业与产业变化而言,这只不过是一个抽象的定义,并不能代表可以确定一个产业的具体范围,其只是一种一般性的分析而已。通常无论是对产业边界的变化也好,还是对产业分工水平的分析也罢,其并不是在特定产业的具体范围与变化中产生的,都必须建立在抽象产业定义的基础上才能将其实现。可以说对产业边界与产业分工的变化与分析,都与产业的定义与分类标准有着直接的联系,可以说是一种抽象分析法。当进行划分之前必须首先确定一个分类标准,然后在一定时期之内保持不变,并实时对产业边界的变化进行相应的考察,继而通过实际经济生活确定边界模糊或融合现象的发生。如此一来,不仅要建立新的分离体系,还必须在原有的产业分类标准之下进行修订,并通过这种方式直观地观察到产业融合的发生过程。

二、产业融合的实质就是产业间分工内部化

所谓融合最早源于科学领域,对应的英文单词即 convergence。在早期,美国传统词典中,甚至是现代英汉综合词典中都有对 convergence 的解释,主要是指会聚或汇合点。但在数学中,就 convergence 一词的解释则是接近某一极限的性质或方式。在中国内地,甚至是 CNKI 科研诚信管理系统研究中心中,convergence 一词就有 4 种翻译,而其动词形式又代表从不同方向汇聚到一起。convergence 不管是在中文中,还是在英文中,都有多个义项。

尽管如此,融合一词在特定意义上其含义都会相对一致,主要指的是将不同的两个或多个事物汇合为一体,如技术融合或产业融合。倘若以分工的角度去分析融合一词,其指的是原本有两个或多个人,或者是两个或多个组织,其共同完成的事情,但现在却需要一个人或一个组织去完成。因此,所谓的产业融合,通常是指产业内分工的一个过程或结果,是产业间分工内部化的转换,换句话讲即对产业间分工的转变。

究其理论而言,产业融合就是产业间分工实现内部化。

首先,将产业间原本不同的产业对应不同的资产体系,在这些体系之间不仅能实现兼容,同样可以通用。

其次,是将原本单一的经营逐渐转变为融合意义上的多元经营,或者说是不同产业之间的分工发生模糊。但往往原有的产业是产业中的大多数企业,也可能会是具有较大产业影响力的代表性企业,当将原本不同产业之间进行分工时,这些企业就会逐渐趋于融合,继而不断拓展自己另一方产业的经营范围,此时这些产业的专业化程度也会随之降低,逐渐转化为同一产业中企业之间的分工,或者是企业内的分工。

再次,事实上,融合本身标志着竞争,其结果不仅仅局限于竞争,即便是原本不同产业的企业在进行融合时,或多或少都会发生一定程度的业务交叉,或是市场竞争现象,但竞争仍旧不断促进融合。

最后,尽管很多产业已经实现融合,但依然会有分工的存在。就此,传统产业组织在一定程度上,只要修改相应的产业或市场范围界定,就可以分析它们之间的

竞争与垄断态势。此外，当原有业务与融合创新业务之间进行分工时，可以将其视为一种特殊类型的融合，是融合企业内部出现的新内部分工，也就是说不管是社会内分工，还是市场内分工，实质都是为了转化成企业内的分工。

所谓横向兼并，通常是为了获得规模经济并占有更大的市场份额，但值得一提的是，产业融合并不等于横向兼并，横向兼并通常会发生在同一个产业内部，但融合却必须发生在产业之间。也就是说，在统一市场区域内，或者是同一生产经营阶段，横向兼并从事着同样经济活动的企业间兼并。由此可见，尽管产业融合并不代表横向兼并，但也有少数会发生在市场重叠中的不同产业之间，有时候也可能是发生在同一个大产业内部客户对象紧密相关的子产业之间。通常情况下，在现实生活中的某些融合有可能会直接采用横向兼并的方式来加以实现。

所谓纵向一体化，其主要目的在于控制该行业中原料供应，或者是生产与产品销售的全过程。对于产业融合而言，从事同一产品或者不同生产阶段生产经营活动企业间的兼并，也就是说纵向一体化并不代表产业融合。有时候，尤其是前后关联产业的融合，即便是可以视为纵向一体化，但由于在产业之间并没有发生前后生产步骤的衔接，且其关联性相对较弱，因而其只不过是混合型融合，并不能算是真正的纵向一体化。由此可见，在同一产业内，可能发生在不同工序与生产阶段之间的即为纵向一体化，其同样也可能会发生在前后关联的产业之间。

在产业融合当中，倘若从企业角度去审视，通常将发生在高新技术产业与传统产业之间的称为混合融合，其一般还会发生于制造业与服务业之间，主要表现在某种多元化经营当中。通常多元化经营的主要目的在于怎样寻找新的利润来源，或者是怎样分散风险，再或者是怎样合理避税等诸多问题，而绝非为了怎样与其他产业进行融合，继而从中获取相应的融合利益。在现实经济生活中，多元化经营并不是产业融合的一种表现，尽管有很多企业正进行多元化经营，但通常这些企业的业务范围与多个产业的企业之间存在一定程度的竞争，横跨数个产业之间。例如，当一个相对较大的房地产公司要收购一家同样大的食品企业的时候，并不代表这两大产业就此融合。

由上述可以看出，在产业融合的范畴之内，并不是说所有的横向兼并或纵向一体化，甚至是混合兼并都可以被容纳在内，即便是在产业融合当中存在某些这样的情形，但关键在于，不管是对于横向兼并而言，还是对于纵向一体化而言，甚至是对混合兼并而言，产业融合只不过是一种表现形式。

换句话讲，融合开始于不同产业的企业之间，存在于业务交叉或竞争的直接发生；而在微观角度上，融合完成的重要依据在于企业之间的兼并或收购，是融合至关重要的表现形态。在融合开始到融合完成之间，存在许多过渡形态，例如，企业之间的合作、战略联盟、垂直约束、合资等，都是融合的表现。此外，正如上文指出的那样，个别企业不能代表整个产业，即使个别企业的跨业经营和竞争行为属于有意识的融合行为，但是少数的企业之间出现融合形态，并不必然表明它们所从属的产业之间发生融合。只有大多数企业之间，或者是数量虽少但却具有强大的产业影响力和代表性的企业之间发生了各种融合行为，出现了各种融合形态，才能据此认为产业融合的发生。

三、产业融合不等于产融结合

我们前面讨论了产业融合的定义，下面我们区分另一个定义，即产融结合，产业融合和产融结合是完全不同的两个定义，产融结合在我们的生活中比较常见，也大量存在于人们的生活之中。产融结合主要是指金融机构与工商企业之间通过一定的方式进行的协作与融合的现象，在产融结合中，第一，是二者之间资本的结合，第二，在资本结合的基础上，进行业务及人员等方面的结合。

对于产融结合的定义，我们讨论的是金融机构的金融资本与工商企业的产业资本经过一定的方式进行融合，是一种融合的现象。众所周知，产业与金融资本这二者之间通过一定的方式进行融合的现象很常见，在日常生活及工作中并不是什么新的经济现象，主要体现在非常经典的金融资本理论之中。最先对这种现象进行分析和论述的是马克思和恩格斯，在他们的理论中，他们认为，在资本主义社会中进行自由竞争最后导致的后果就是垄断现象的产生和发展，之后，拉法格不仅对马克思、恩格斯的理论进行了继承和发扬，在他们理论的基础之上，他通过分析一定典型的例子来进一步分析和讨论了银行资本与金融资本融合之后形成的垄断组织形式，并深刻分析了不同的资本在垄断组织中承担的角色及发挥的重要作用，其中，拉法格分析的典型例子则是美国托拉斯这种垄断经济组织形式。

其后，希法亭进一步论述了银行信用推动工业垄断资本形成，工业垄断组织又反过来推动银行垄断资本壮大的过程，他指出，特殊的利益关联最终使银行资本与工业资本紧密结合为一体，"我们把银行资本，即通过这种途径实际上转化为产业资本的货币形式的资本称为金融资本……用于产业的资本越来越大的部分是金融资本，即归银行支配的和由产业资本家使用的资本。"① 作为金融资本理论的"集大成者"，列宁在扬弃前人研究成果的基础上，进一步将金融资本理论系统化。他指出，构成金融资本的3个主要因素是"大资本的发展和增长达到一定程度；银行的作用（集中和社会化）；垄断资本（控制某工业部门相当大的一部分，以致竞争被垄断所代替）"②。随着银行业的发展及集中于少数几个机构，银行由普遍的中介人变成万能的垄断者。银行资本通过购买工商企业股票和开办新企业的办法，向产业资本渗透，大企业尤其是大银行，不仅直接吞并小企业，而且通过参与小企业资本、购买或交换股票，通过债务关系等来联合小企业，征服它们，吸收它们加入自己的集团。而大工业资本家为了获得稳定资金来源并保持与银行的稳固交易，也为了不让自己丢失独立性，被银行控制，它们也通过购买银行股票和投资创办新金融机构等办法向银行渗透。银企交易关系的长期化、固定化发展最终导致银行和企业从外在信贷联系走向内在产权融合。于是，生产的集中；由集中生长起来的垄断；银行和工业日益融合或者说结合在一起——这就是金融资本产生的历史和这一概念的内容。

在金融资本的理论基础之上，不同的学者根据自己的研究提出了一些理论，如金融资本消失论、金融机构霸权论等。

前面介绍了金融资本的产生和发展过程及金融资本这个概念所包含的重要内容，可以看到，产融结合这种现象出现得比较早，而且在当时针对产融结合这种现象，也存在大量的研究，研究的历史已经比较久了，长达100多年。而这里我们讨论的产业融合，研究的历史还比较短，这种现象出现的领域和范围都比较有限，产业融合受到人们的关注并大量开展研究的时间也比较短，只有30年左右，特别是最近10年才发展较快速，因此，通过分析二者的源头，可以看到，产融结合和产业融合是完全不同的概念，不能混淆谈论。

下面我们从本质上分析产融结合与产业融合二者的差别。产融结合的重点是产业资本与金融资本之间的融合，具有很强的逐利性；而产业融合的实质是产业间分工内部化，产业融合最重要的特征是两个或者多个产业通过一定的方式融合为一个产业。

通过上面的分析，可知产业融合和产融结合是有本质区别的，同时，也了解了产业融合发生的特点及本质，因此，判断不同产业之间发生融合的标准是多元化的，不是单一的、固定不变的。一方面，不能仅从不同产业中不同的企业之间有一

---

① 鲁道夫·希法亭. 金融资本：资本主义最新发展的研究[M]. 福民，译. 北京：商务印书馆，1994.
② 列宁. 列宁全集（第54卷）[M]. 2版. 北京：人民出版社，1990.

定的投资关系来进行判断，这样是不准确和不科学的，因为产业融合不仅需要不同企业间有一定的资本融合，同时需要技术、业务等多个方面的联系；另一方面，需要弄清楚，并不是所有的企业之间发生的投资、并购等行为都属于产业融合。

在我国经济快速发展的时期，我国的很多企业都在不断发展壮大，因此，在我国，有很多企业展开的经营活动都是多元化的，这样更有利于企业的壮大。在这种情况下，就会存在一些企业，他们不仅开展金融业务，同时在实际经营活动中，也开展一定的实业经营活动。在实际的产业发展中，关于产业融合的发生，有一点我们必须要强调，那就是在产业融合中，仅仅有个别的少数的企业发生融合并不意味着整个产业就发生了融合，这些个别的企业不仅不一定有代表性和典型性，而且数量十分有限，因此，不能根据这种现象来判定整个企业间发生了产业融合。判定产业融合时，第一个要素是发生融合的企业必须是金融和工商产业中具有影响力的企业或者大多数的企业中间发生了融合，而不是个别，个别不具有代表性；第二个要素是这些企业基本都在同一个市场上竞争。

下面我们从不同产业的实质角度展开分析，来进一步讨论产业融合。首先我们来分析不同产业的核心资产，通常情况下，金融产业的核心资产包括金融资产和知识资产，这二者中，金融资产是比较基础的部分；而工商产业中的核心资产主要包括实物资产和知识资产，在这二者中实物资产是比较基础的。通过对金融产业及工商产业的核心资产进行分析，可以看到，金融产业和工商产业二者无论是在资产的内容方面还是在资产的结构比例等方面都存在较大的差异，二者核心资产的基础都不同，因此，可以说，把他们二者进行融合是很艰难的，但是，针对这个问题和矛盾，我们必须要用发展的眼光和视角来看待问题，相信随着社会和技术的发展，二者能够进行更好的融合。同时，我们可以看到，金融产业及工商产业中知识资产的比例都在不断提高，这种趋势为产业融合提供了很好的契机。

事实上，在一些金融体系比较发达、产融结合历史比较悠久、经济的货币化和金融化程度较高、政府管制环境比较宽松的发达国家，已经出现了金融产业与某些工商实业的初步融合现象。世界500强企业中，80%以上都有自己的财务公司或资本投资公司，不但为自身提供金融服务，而且也对外销售金融服务，有的工业企业的金融产品和服务在其总营业收入中还占据不小的比例。例如，通用电气资本服务公司（GE Capital），其收益总额占到了通用电气公司（GE）总收益的40%以上，为GE的规模扩张和利润率的提升立下了汗马功劳，自1985年到21世纪初，该资本公司的规模扩大了7倍，其经营范围从信用卡服务、计算机程序设计到卫星发射、房地产融资、铁路和飞机的租赁、保险和再保险，样样俱全。特别是为通用电气旗下其他子公司的客户（如电力公司、航空公司和自动化设备公司）提供大量贷款，以帮助这些子公司，为其与客户签订大宗合同铺平道路。GE资本公司的模式体现了产融结合的高度深化，也体现了金融产业与工商实业逐步发生产业融合的某些迹象。

第二节　产业融合的动因分析

众所周知，产业不断发展，直至出现产业融合的现象，都是遵循一定的客观规律，同时，产业融合的重要作用体现在它是产业的结构等不断优化的一个重要途径。

产业融合的动因主要体现在以下5个方面：技术的创新、企业内部因素、市场需求的扩大、跨国公司的发展及政府管制的放松。其中，有一点我们必须要清楚，那就是产业融合这种现象出现的内在原因是由产业发展的内在规律决定的。

一、技术的创新

在当今社会，无论是什么行业，都非常重视创新的作用和价值，任何行业的健康和快速发展都离不开创新，只有不断创新，才能不断进取、不断进步与发展。因此，可以看到技术的创新是产业融合现象发生的源泉。著名的学者熊彼特曾经对创新进行了非常详细的研究，他首先在1928年时第一次提出关于创新的概念，然后在1939时，他又在他的著作中，提出了创新理论，并总结了创新的5种不同的形式：①开发新产品，或者改良原有产品；②使用新的生产方法，如改手工生产方式为机械生产方式；③发现新的市场，如从国内市场走向国际市场；④发现新的原料或半成品，如使用钛金属作眼镜的镜框；⑤创建新的产业组织，如新兴的培训公司。

1951年，索罗在《在资本化过程中的创新：对熊彼特理论的评论》一文中对技术创新理论进行了较全面的研究，并首次提出了技术创新成立的两个条件——新思想来源和以后阶段发展的实现。弗里曼（C. Freeman）则认为技术创新在经济学上的意义只是包括新产品、新过程、新系统和新装备等形式在内的技术向商业化实现的首次转化，包括第一次引进新产品或新工艺中所包含的技术、设计、生产、财政、管理及市场等诸多步骤。①

根据技术创新的效应不同,又可以把创新分为革命性的技术创新和扩散性的技术创新,不同的创新形式又会产生不同的影响。

(一)技术创新的溢出效应加快了不同产业之间的技术融合

在 20 世纪 90 年代,全球都掀起了一股产业融合的趋势,在那个时期之所以会出现这种现象主要是因为,随着信息技术的快速发展,信息技术等先进的技术不断被应用于很多领域之中,这种广泛的技术融合就给产业的融合提供了条件。不同的学者对技术创新有不同的定义。

我国的于刃刚等人认为技术创新扩散是指已经实现商业化应用的新技术的传播应用过程,即一项技术从首次商业化应用,经过大力推广、普遍采用,直至最后因落后而被淘汰的过程。②

技术创新进而通过一定的方式推动技术的融合,这种现象的主要过程:某一个产业中发生的技术创新带来的一些新的技术或者新的产品等通过一定的方式,被不断扩散应用到其他的相关或者不相关的产业之中,这种应用产生的影响就使很多不同的产业,即使相差甚远,也拥有比较相似的技术基础和平台,这就为技术的融合奠定了基础。同时,技术扩散及技术应用有利于推动技术融合。

技术创新通过技术扩散及技术溢出这两种形式不断地推动和加速不同产业之间的技术融合现象发生。先来看看技术扩散和技术溢出两者之间的异同。技术扩散是技术转移的一种方式。技术扩散是一种技术在空间传播或转移的过程,包括自发的和有组织的过程。技术溢出是指跨国公司在东道国投资中,引起技术和生产力在当地溢出的情况。通常,技术溢出是技术领先者带来的,是外部性的一种表现。

技术创新促进产业融合的过程主要体现在以下 3 个方面:第一,某个产业中出现的技术创新被应用到了相关的产业,相关产业原本生产中使用的生产技术对这种创新的技术进行批判吸收,不断改造融合,成为一种新的有利于相关产业发展的新技术;第二,某个产业研究得到的新技术被相关的产业运用之后,相关的产业对技术进行了改造、运用、升级之后,又对新技术进行进一步的创新和发展,使得升级后的技术不仅为相关产业服务,也能够为原有产业服务;第三,在产业技术创新过程中,随之而来的一些有利的先进的信息也会被相应的产业接收和利用,通过这种方

---

① 于刃刚,李玉红. 论技术创新与产业融合 [J]. 生产力研究,2003(6):175–177.
② 同上。

式来促进技术的融合。

（二）技术融合推进产业融合

前面我们分析了技术创新通过一定的形式促进了技术的融合，而不同产业之间技术的融合又能进一步带动不同产业之间形成最终的产业融合，为产业融合的产生奠定了技术方面的基础。最近几年，互联网信息技术发展非常迅速，因此，基于信息技术的革命已经广泛存在于我们生活的各个环节及各个产业之中，这种趋势有利于形成不同产业之间的产业大融合现象。

技术创新在不同产业之间的扩散导致了技术融合，而技术融合使不同产业之间的成本结构、生产技术和工艺程序等变得十分类似，从而形成不同产业间通用的技术平台，技术的通用性消除了不同产业之间的技术进入壁垒，最后，导致产业间生产方式和技术边界趋同。不同产业根据技术融合的导向，调整原有业务，整合物质、技术、人力和管理资源，在技术创新的基础上，积极发展与技术融合相适应的新业务，提供新的产品或服务，这些具有相似功能的产品或服务可以满足多种消费者的需要，从而使得不同产业在技术融合的基础上产生业务融合。技术的创新、技术的扩散和溢出效应及在此基础上产生的技术融合和业务融合给原有产业的产品或服务带来新的市场需求，便产生市场融合。

下面我们来分析技术融合、业务融合及市场融合与产业融合的关系。技术融合是产业融合发生的一个必要的前提条件，但是，需要强调的是，技术融合只是一个前提，产业发生技术融合并不一定就会发生产业融合，技术融合只是发挥一个催化剂的作用；而业务融合对产业融合很重要，是产业融合发生的必要准备；市场融合则是产业融合的最终表现形式。也就是说，产业之间只有存在技术融合的基础，同时，也产生了一定的业务融合和市场融合，才会产生产业融合，这几个条件缺一不可。总之，产业融合是现代产业发展的新的动力，是一种新的促进经济增长的方式。

二、企业内部因素

每个企业内部的因素也是产业融合发生的另一个重要的因素，企业内部的因素主要体现在两个方面，一个是企业之间格外突出的竞争合作关系，另一个是企业对效益及效率的追求。

(一)竞合关系

竞合关系是一种特殊的关系形式,和我们所熟悉的单独的竞争及合作是有差别的,合作竞争的定义主要是指协同竞争关系,这主要指不同的企业之间建立这样一种关系,他们是在追求双赢的局面,追求合作的双方都能够受益、获得最大化的利益,同时他们之间还存在着竞争的关系,也就是企业之间是在竞争的过程中不断加强合作,同时,在互动合作的过程中又存在竞争。这种竞合关系能够取得原来企业单独难以取得的经营效果。竞合关系带来的优势主要体现在:第一,在不同产业之间出现了很多的交叉产品、平台及部门等;第二,为产业融合提供一定的组织基础。因为,通过竞合关系,能够更加高效地优化各项资源的配置,最终达到提升竞争力的目的。

因此,可以说,在企业的内部因素中,竞合关系是产业间出现产业融合的重要因素,通过企业间的竞合关系,有利于企业的快速发展和壮大,同时,产业融合的这种发展趋势,在企业的发展过程中还有很多的优势体现,例如,可以打破不同产业之间的条块分割情况,可以减少进入的壁垒等。

(二)追求效益

我们都知道,企业经营的重要目标就是追求企业生产经济效益,追求利润最大化。也就是说,对于一个企业而言,我们往往通过这个企业的经济效益来判断其价值,因为企业只有能够不断地营利,才能有继续发展的空间和能力,企业营利之后,就会用营利取得的资金进行下一步的投资和扩大。但有的时候,由于受到一定因素的限制,他们就会采取更多的方式来获得可能的经济效益,具体的行动上,企业就会采取跨产业多元化经营。

而不同的产业,由于其本身有质的差别,因此,企业为了追求一定的范围经济,实施跨产业经营和发展的时候,就会采取一定的方式和手段,不能盲目地开展经营活动,最重要的就是要不断地进行技术创新,实现技术融合,从而通过技术创新和融合来不断降低该企业跨产业多元化发展的成本。当实现了技术融合之后,就要在产品及服务的层面去实现业务的融合,最后当产品或者服务到达市场之后,再通过一定的方式去实现市场融合,通过这些举措,最终实现产业融合。

产业融合的发生是有条件的,并不是单独个别的现象。也就是说产业内大部分的企业都有内容趋同的跨产业多元化经营时,产业融合才能完成。

(三) 追求效率

不同的企业主体之间存在着竞争与合作的关系，但是，在企业的发展过程中，我们的追求是多方面的，不仅要求企业发展经济效益，只有良好的效益才能使企业进一步发展和改进，更要求企业在生产过程中的效率，通常情况下，效率低下的生产方式很难使企业快速发展，反而会在一定的层面限制企业的发展。在追求产业融合的过程中，对于企业追求效率而言，有一种方式应用得比较多，那就是企业可以充分利用和借鉴其他企业的先进技术、工艺、手段等为自己企业的发展服务。

在实际的企业经营中，即使有了先进的生产技术及方法等，也并不意味着一切就一帆风顺，因为这些新的技术、方法等在实施的过程中，会受到很多不确定因素的影响，因此，企业为了不断追求效率，就会不断改进自己的技术和方法，从而产生新的产业融合。

总而言之，企业在实际的经营过程之中，不仅要不断提高产品和服务的质量，同时，要不断追求企业发展的效率，最终通过一定的努力来实现对外界不确定风险和挑战的抵抗。

三、市场需求的扩大

下面我们分析实现产业融合另一个重要的因素——市场需求的扩大。随着人们生活水平不断得到提高，人们对生活及工作的各个环节的要求都越来越高，人们希望他们的生活能够更加便利、更加舒适，同时，还希望他们的生活消费成本越来越低，人们的种种无节制的需求使得企业要不断创新自己的技术及理念，不断寻求新的突破口来发展企业。因此，在很多不同的产业之间出现了多种形式的产业融合，如信息通信产业与金融业、旅游产业与别的产业融合等。

当今社会，互联网技术发展迅速，从而不断改变人们在日常生活中的生活方式，通过信息技术与别的产业的融合，使得很多的实物产品都能实现智能化等。这些改变体现在我们生活的各个方面，如共享单车的使用等。通常情况下，产业的融合是以市场需求的扩大为推动力的，而且产业的融合往往发生在一些比较先进的高新技术产业与大多的传统产业之间，通过一定形式的产业融合，提升原有产业的发展动力及核心竞争力。

技术创新改变了市场的需求特征，给原有产业的产品或服务带来了新的市场需求，反过来，市场需求的扩大又会进一步促进产品的创新，为产业融合提供了市场空间，使产业融合在更大范围内出现。另外，物质财富的极大丰富和生活水平的不断提高，使人类的消费方式和消费观念发生了巨大变化，消费者已经从工业经济时代注重物质财富的占有性消费，转变为知识经济时代注重解决问题的服务性消费。换句话说，现代社会的消费正朝着享受性消费发展。产品只是一个待发生的服务，而服务则是实际上的产品。在这种情况下，只有同时既是产品又是服务的供应才能满足消费需求，正是市场需求的变化推动了产业融合的发展。

四、跨国公司的发展

下面我们分析跨国公司的发展对于产业融合的影响，众所周知，很多大型的跨国公司都发展很迅速，这种形式为产业融合提供了很重要的载体。在现代信息化的社会，人们的生活节奏很快，同时，各个企业间的技术、方略等都更新很快，因此，跨国公司的快速发展能够为产业融合提供一定的便利。

在全球一体化的发展背景下，不同国家的跨国公司都在不断扩大自己的规模及范围，同时，他们的发展模式是注重综合发展，形成一体化的发展模式，而先进的信息技术的融合为跨国企业发展提供了技术帮助，目前，很多的大型跨国公司开始重视和采用产业融合战略。

五、政府管制的放松

对于产业融合的发展，既需要一定的内部条件和推动力，也需要一定的外部条件和推动力，其中，政府管制的放松主要表现为推动产业融合的外部条件。政府管制的放松作用于产业融合的表现：技术创新和扩散改变了自然垄断的性质，使自然垄断逐渐经过过渡达到竞合关系的出现。由于政府管制的放松，有利于不同产业间业务的融合，从而产生产业融合。

20世纪90年代，正是美国政府放松了对电信业的经济性管制（即1996年《电信法》），使得电信业、有线电视业之间的产业边界模糊，并提供了一个开放竞争的市场，从而导致了产业融合现象的出现。但是，技术进步加上放松管制并不一定就导致真正的产业融合，这只是一个辅助条件。如果某一产业的技术进步仅仅发生在本产业内部，而不是发生在产业边界，则可能产生被学术界称为"死尸融合"的现象。我国广播电视网、电信网和互联网的"三网融合"则在 2010 年 1 月国务院常务会议上正式通过了方案,并首次明确了时间表。

总之,现代社会中,信息化的技术发展和更新很快,同时,由于全球及产业的整体环境都在不断变化之中,因此,这些变化的环境都有利于不断加强不同产业间的产业融合,从而引发新形势下的产业革命。

第三节 产业融合对产业组织的影响

产业组织通常指同一产业内企业间的组织或者市场关系,而产业融合的出现使得不同产业间的企业竞争关系发生了改变,因此,本节重点探讨产业融合对产业组织的影响,这里讨论产业组织的范围比较宽泛,不再是讨论同一个产业的内部关系,而是讨论产业间的产业组织关系。在进行分析讨论时,我们从以下 3 个方面展开介绍和讨论,分别为产业融合对市场结构(structure)的影响、产业融合对企业行为(conduct)的影响、产业融合对市场绩效(performance)的影响。

一、产业融合对市场结构的影响

在分析产业融合对市场结构的影响时,我们先来分析一个重要的概念,那就是产业边界,产业边界在产业融合中非常重要,在发生产业融合时,它出现的一个很明显的特点就是产业边界发生变化。产业边界的变化主要体现在以下两个方面:第一,是产业边界的收缩或者消失;第二,是产业边界的模糊,和第一种情况是有差别的,体现的领域也不同。由于产业融合引起产业边界的变化,而随着产业边界发生了一定的变化,就会在一定程度上引起市场结构的变化,下面,我们讨论产业融合对市场结构的影响。

通常情况下,决定市场结构的主要因素有 3 个方面,分别为市场集中程度、产品差别化程度和市场进入壁垒的高低。下面我们分别从以上 3 个方面着手分析产业融合对市场结构的影响。

首先,我们来分析对市场集中程度的影响。不同产业间的产业融合有很多的优势,可以充分结合和吸收不同产业间的优势及特点,通过一定的融合产生协同效应。例如,在我们实际工作生活中接触比较广泛的信息产业,其发展迅速,作用广泛，因此，就出现了一种新的趋势，那就是促进信息产业与很多不同的传统行业进行产业融合，这种融合不仅可以创新传统产业的生产经营方式，提高传统产业的经济效益，同时，可以不断拓宽传统企业的市场。因此，出现了很多企业愿意进行企业合并及并购。当有很多的企业出现合并及并购之后，就会使得产业边界发生相应的变化，最终导致市场集中度不断提高，也就意味着出现只有很少数的个别企业在控制着市场的行为。

其次，我们来分析讨论对产品的差别化程度的影响。产品的差别化，顾名思义，就是指产品之间的趋同性及差异性的程度。不同产业之间的产业融合的一个重要特点就是产品的趋同，这个相同的趋势就是产品融合之后，产品在很多情况下是以数字的形式展现的。在现代信息化的时代，我们生活中的很多情况都可以看到数字形式的产品，例如，很多畅销的电影、电视等都可以在网络上找到数字化的文件格式。

最后，我们来分析讨论对市场进入壁垒方面的影响。通常情况下，产业融合现象对市场进入壁垒的影响是成双向的，即既有积极方面的影响，又有消极方面的影响，不同情况要区别分析。

二、产业融合对企业行为的影响

从哈佛学派的角度出发进行分析，他们认为，前面讨论的市场结构会对一个企业的企业行为产生重要的作用，同时通过影响市场行为进而进一步影响一个企业的市场绩效。因此，前面已经详细分析了产业融合对市场结构的影响，由此可知，产业融合也会对企业的行为产生一定的影响。在分析中，我们强调产业融合对企业营销、价格策略等方面的影响。

在当今社会中，随着信息技术的不断更新、换代与发展，越来越多的产业间出现了产业融合的现象。而在不同产业间出现的产业融合中，出现最多的形式就是把信息技术产业与我们熟悉的传统产业进行融合发展，如现在广泛提倡的"互联网+"的创新形式。而实现信息技术产业与传统产业的产业融合时，其最显著的一个特点就是开展融合的平台是在互联网平台之上，这和以前所建立的平台是不一样的。产业融合发生之后，其对企业行为产生的影响主要体现在：第一，融合之后的大型公司或者集团需要重新制定他们的定价，而这时他们定价采取的依据就不再是以往的标准，即生成的成本，他们重新定价采取的标准是根据顾客的需求来进行的。第二，融合之后的大型公司或者集团也要改变他们之前的营销策略，众所周知，在传统的产业中，有一套专门针对传统产业开展的营销策略，而产业融合之后，通常是信息技术产业与传统产业的融合，因此，融合后很多的业务就是建立在网络这个平台之上了，这种形式是新颖的，同时，也会面临很多问题，例如，企业和顾客之间的接触和距离变远了，这时候，现代企业营销的一个重要目标就是想尽各种方法和手段去锁定和吸引顾客。

产业融合通过降低企业的交易成本，从而带来产业组织规模的不断扩大。

管理学家哈拉尔认为，企业共同体的组织管理形式经历了工业时代、新工业时代和信息时代的3种转变（图7-1）。① 在现代的组织比较庞大的公司，公司内部的组织是很灵活的，并不是呈现一种庞大僵化的模式。

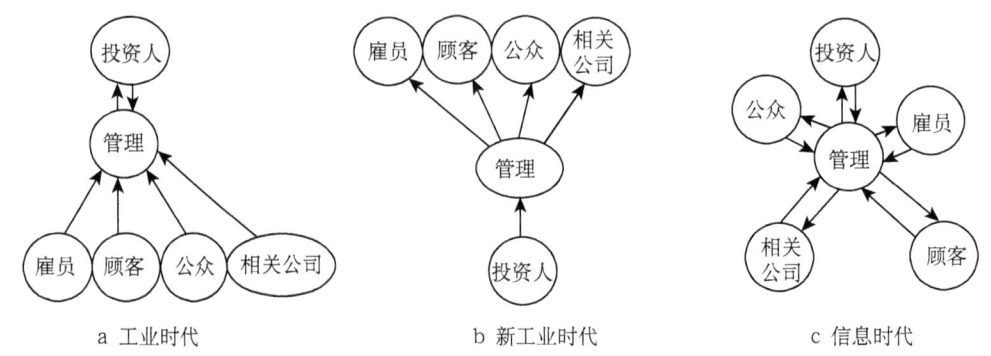

图7-1 不同时代的公司管理体制

三、产业融合对市场绩效产生的影响

产业的融合对市场绩效影响的主要表现形式是作用于供给和需求，对于企业的成本进行一定的调整，并不断降低，最终提高整体的经济效益。这里所说的产业融合产生的需求上的变化主要指的是供给和需求是不是相匹配，并获得一定的增加，还有销售方面是不是有稳定性增长；企业成本上的变化主要指的是，研发的成本、生产的成本还有交易的成本不断降低。

产业融合使得市场对于新产品的需求量得到了增加。因为产业融合，使得新的产品不断出现，这些新出现的产品和以前的产品都不一样，其功能更加健全，产品的形式更加多样化，新产品的经济效益也更高。产品融合使得产品的生产更具有规

---

① 刘吉，金吾伦. 千年警醒：信息化与知识经济[M]. 北京：社会科学文献出版社，1998.

模化，新产品的服务化水平也得到了提高，市场绩效得到了有效提高。

因为企业融合，使得企业的组织出现了网络化发展，既使得企业内部部门的联系更加密切、效率提高，也使得企业外部的联系不断加强。在现在的组织架构之下，这一架构组织具有一定的网络化，企业和客户之间的关系进一步加强，不得不指出的一点是，消费者也成为网络框架中的一部分，其既需要对产品的创新提出积极有效的建议，也更加需要这一产品。从整体上看来，产业融合使得企业呈现出网络化发展的态势，这种网络化使得供给和需求之间的联系得到了强化，也使得产品的供给和需求得到了稳定扩大，也稳定和扩大了企业的销售。

产业融合可以降低企业研发的成本和进行交易的费用，可以提高市场的绩效。产业融合对于不同企业之间的优势互补和资源共享具有积极作用，可以使产品的研发成本不断降低。企业融合使企业内部和外部的组织优化，使企业能够快速地调整应对市场的变化，使企业的生产成本降低了。产业融合使企业的交易成本降低了，企业能够根据自身的需要和市场的变化及时进行生产和销售。美国的信息经济在这方面有突出的表现。所以，产业融合能够使企业创出更高的更多的经济效益，使经济的绩效不断提升。

第四节 产业融合的效应分析

一、产业创新能力不断提高，产业竞争力不断提升

传统的产业经济理论和产业结构演进理论是这样的，产业升级的主要顺序：先是劳动密集型产业，然后是资本密集型产业，再就是技术密集型产业。产业结构的优化是怎样实现的呢？主要就是一些竞争力逐渐退化的产业部门被一些具有优势的产业部门所代替。产业融合和传统范式的产业是不一样的，是一种创新的形式，这一新的产业结构是对传统的产业结构的突破。因为新的技术不断应用，也出现了新的产品和新的服务，这样的形势使得旧有的技术和产品被新的技术和产品所代替了，加速了产业的创新发展，也实现了产业结构的优化升级。

产业融合使得产业之间的界限不再那么清楚了，不同的产业之间也可能具有相同的技术，这样就会使得不同的产业之间形成一定的过渡，使得产业不断发展。产业融合主要是以产业信息化为基础的，在这个基本条件下，会形成竞争激励效应、

技术创新效应、组织创新效应、管理创新效应等，正如图7-2所示，这些效应综合起来，构成产业的创新效应，最终推动产业的创新发展。

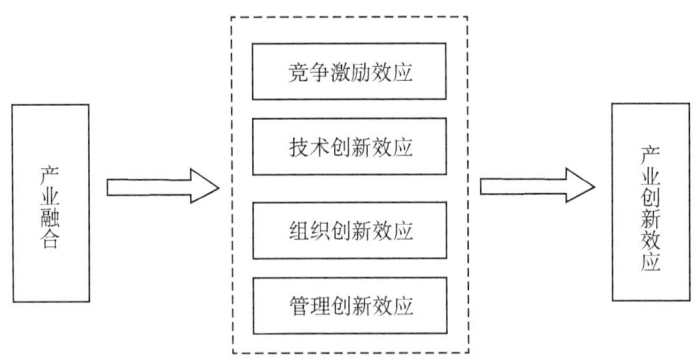

图7-2 产业融合导致的产业创新效应

产业竞争力是国家竞争力的核心内容，产业竞争力最重要的就是能否形成有效的竞争性环境并使得创新不断发展。那么，怎样提高产业竞争力呢？使得产业结构不断得到转型，实现合理化和高度化。

在内在的发展过程中，产业融合和产业竞争力的发展是一样的。各个不同的产业内的企业之间所形成的横向上的一体化发展过程，使得产业的融合发展过程不断加快，企业的创新发展能力不断提高，也使得产业扩展市场的能力、占领市场的能力和获得一定经济效益的能力都得到了提高，也就是说提升了产业的竞争能力。例如，因为生物工程、电子信息技术等新科技产业和其他产业之间具有非常密切的关系，产业融合使得不同产业之间的界限不再那么清晰了，这就会使得其他的产业转移到新科技产业之中，最终使得产业结构不断升级，竞争力也得到提升。

二、加剧市场竞争

亚当·斯密认为："劳动生产力上的最大改进，以及在劳动生产力指向或应用的任何地方所体现的技能、熟练性和判断力的大部分，似乎都是分工的结果。"产业融合其实是产业分工的内部化过程，在产业融合过程中，原先有固定化业务边界与市场边界的产业部门间相互交叉与渗透，使产业之间由原先的非竞争关系转变为竞争关系。①

在进行产业融合的时候，不只是产品的替代性和融合程度增强了，受消费者不同喜好的影响，产品的差异性也加大了。我们认为，产品融合和产品的差异性是一起出现的，这会使得市场的竞争力不断加大，也使得市场的结构逐渐变得合理化，故而，使得产业的竞争效应得到增强。在进行产业融合的过程中，创新的东西能够使技术和服务能力不断提高，使原来的价格体系被打破，使消费者接触到更好的产品和服务。要想提高产业的竞争力，就必须对产业的结构进行一定的创新，要想促进产业结构的创新就必须对产业结构进行一定的调整和升级。

因为产业创新不断向前发展，所以人们对于产品的需要也是不断向更高的层次发展的。一方面，技术的创新和扩散，使新技术的应用越来越广泛，也使很多新的产品和服务出现在产业的融合过程中，人们在自己的收入和生活水平都得到了提高以后，对于更高档次的消费用品的需要逐步得到了满足；另一方面，产业融合使更多的人进入到市场之中，使市场的竞争力不断增强，也使新的市场结构更加完善。

三、产业链得到拓展，实现价值的增值

我们所说的产业的竞争实际上就是产业价值链的每个环节的竞争。因为产业的融合，原来那些相对独立的产业链中的一部分或者是一整个产业链都实现了融合，这些产业融合以后，和以前的产业相比较，其附加值变得更高了，其获得的理论也比以前多了很多。

例如，三网实现了融合以后，本来所具有的产业价值链在横向和纵向上都实现了延伸，在环节和规模上也得到了扩展，也就是说，这一信息产业链的上游或者是下游都会获得很大的发展机会。产业价值链具有一定的链接功能，三网融合形成新的产业价值链，使其具有一定的链接吸纳效应。

新的产业链条因为三网资源得到了整合和优化，因此相对独立的业务得到了充实和扩展，使交易的成本降低了，服务的效率提高了，最终展现出"1+1+1>3"的价值增值的效果。

除此之外，我们要想进行产业融合，还需要对具有多种技能的高级人才进行一定的培养。对于人力资本的投入实质上就是培养高级的复合型人才，这样可以增加

---

① 马健. 产业融合理论研究评述[J]. 经济学动态，2002（5）：78-81.

就业量，提高劳动效率，还能不断提高居民的收入和消费水平。对于人力资本的消费实际上是一种新型的消费，其能够推动经济的整体运行。

四、催生了新的合作形态

产业融合是一种新的产业模式，这种产业模式的影响还表现在对原来产品的服务进行一定的改善和不同企业之间的合作形态上。也就是说，产业融合使原来的业务有了更新的发展，使企业之间的合作形态发生了变化，最终使产品和服务得到发展。

在这里，我们不得不提的一种新型的企业合作形态就是虚拟企业，可以说，企业融合不断得到扩展的一个很重要的组织基础就是虚拟企业。所谓的虚拟企业指的是，使用互联网技术，把不同企业的知识和能力整合起来，动态整合各种资源，一起生产某一个产品或者创造某一项服务的过程，也就是一种利用网络进行价值创造的共同体。

虚拟企业有什么作用呢？传统的企业主要实行的是金字塔式的纵向的管理模式，虚拟企业使得传统的纵向管理模式被打破了，而实行扁平化的横向管理。另外，虚拟企业使得对资源进行整合的速度不断加快，还使得企业积极响应市场的号召，不断提供更多更好的产品和服务给消费者。

五、推动经济一体化发展

产业融合发展也在一定程度上推动了区域经济一体化发展。所谓的区域经济一体化指的是，各个不一样的空间经济主体为了能够获得生产或者消费等利益，其生产市场不断得到一体化发展的过程。这一过程也就是其状态和过程、手段和目的不断得到统一的过程。

产业融合具有什么作用呢？产业融合能够使企业的网络不断得到发展，区域之间的关系更加密切。主要有4个方面的表现：一是产业融合可以打破区域之间的界限，彼此之间的联系更加密切；二是产业融合能够重新组合区域之间的资源，使得区域经济效率得到提高；三是产业融合可以令区域中心不断扩散，使得区域的空间二元结构更加完善；四是产业融合推动了区域经济的一体化和经济全球化。

第八章　体育与养老产业融合的基础及条件

体育产业与养老产业融合发展是一种源于人类"融合智慧"的产业创新行为，通过将体育服务与养老服务的特色进行有机协调，创造出内容丰富的适老体育服务产品，而伴随"体育+养老"这种新经济现象在体育产业部门与养老产业部门之间不断涌现，必然会带来一些新的经济增长点，当这些新的经济增长点累积到一定程度就会导致相应市场发生创造性破坏，并且最终有可能促成一个新业态出现，或称老年运动健康服务业。不过，这种新的业态不会孤立存在，由于产业融合能够进一步深化大健康产业的产业链分工，老年运动健康服务业势必将会与其他康养业态逐渐聚拢形成大健康产业生态链，直至融合成为大健康产业生态圈。本章就对体育产业与养老产业融合发展的内涵、基础及条件进行了阐述。

第一节　体育与养老产业融合发展的内涵

本节从我国体育产业与养老产业融合发展的主体与客体、本质与价值、效应与机制等方面准确辨认两大产业融合发展的科学内涵。

一、体育与养老产业融合的主体和客体

（一）体育与养老产业融合的主体

企业作为产业系统中的生产经营部门，其行为直接决定着产业发展的走势，所以，体育产业与养老产业融合的主体就是指直接促动或推进体育产业与养老产业融合发生的企业主体。但是，并非所有的体育企业或养老企业都是推动两大产业融合发展的主体，因为，只有那些有意愿和有能力专门从事适老体育服务产品加工生产和多元经营业务的体育企业或养老企业才是真正意义上的产业融合的主体。

(二) 体育与养老产业融合的客体

体育产业与养老产业融合的客体是指体育产业与养老产业融合的主体所直接作用的具体对象或标的物，包括融合型知识、融合型技术与融合型产品。

第一，融合型知识是指跨越体育科学与老龄科学形成的适合老年人生理和心理特点的老龄体育学科知识。

第二，融合型技术是指以满足老龄群体健康养老需求为价值诉求、以利用适老化资源为目标而进行的体育资源开发。

第三，融合型产品是指建立在知识模块化和技术模块化分工基础之上的梯度式创新（ladder-type innovation）所形成的新产品，它主要包括通过对体育服务与养老服务的模块功能或产品属性的整合重组而提供分众式、多样化的适老体育服务产品，且根据产品的主题内容、经营场所与载体特征，可将其划分为核心产品与外围产品，前者涉及由老年健身养生服务、老年复健训练服务等要素构成的老年运动健康管理服务，后者包括由涉老体育鞋服器材、养老住宅维护管理等要素构成的老年康体用品经销服务。

二、体育与养老产业融合的本质和价值

（一）体育与养老产业融合的本质

体育产业与养老产业融合的本质是基于两大产业链解构与重构形成的老年用户服务导向式创新，其通过重组融合的方式形成新的价值创造空间，从而构筑出新型的康养服务业态。

1. 产业链的分解

在体育产业与养老产业的融合过程中，体育产业的传统产业链由体育用品制销、运动技能培训、赛事活动组织等主要价值活动构成，而养老产业则由日常照护、机体康复、精神慰藉、休闲娱乐等基础环节构成，当两大产业发生融合时，会引起那些在技术上和经济效果上具有竞争优势和内在逻辑关系的价值活动及价值链环节的逐一断裂、解散，形成一个混沌状态的产业链价值单元网络。

2. 产业链的重整

由未来康养市场的潜在消费规模决定，通过市场选择，截取和摘录被分解出来的最优环节的价值活动单位，并以老年用户需求为导向，构建一条新的融合型产业

链，其包含了体育产业与养老产业的核心价值创造活动，从而使重组融合后的新业态兼具体育产业与养老产业的特征，并与原有产业形成互补关系。

例如，原有体育产业链中的"体育用品制销"价值创造环节和养老产业中的"机体康复"价值创造环节被摘取出来整合为新业态中的"适老康体辅具制销服务"环节和"半/全失能老人运动康复服务"环节，而养老产业中的"日常照护"和体育产业中的"运动技能培训"环节则在新的产业链中重组为"老年养生健身照料服务"环节，体育产业中的"赛事活动组织"与养老产业中的其他价值环节被改组为"活力长者主题赛事娱乐服务"环节，同时，这些由价值活动单元构成的价值创造环节的链接次序和关联关系在重整布局中也将根据市场供需要求进行相应的自我调节。

（二）体育与养老产业融合的价值

体育产业与养老产业融合的核心价值在于通过对两大产业链价值单元的重新组合，完成"价值增值环节的一体化"[①]，使原来各自分散提供给老年用户的康体服务得以融合成高效的有机服务系统，以此为老年用户提供更加全面、更为周到、更有新意、更具个性的适老服务产品，在创造健康养老服务一体化解决方案的基础上实现老年生活性服务消费市场的增量性创新（incremental innovation）。

与此同时，体育产业与养老产业融合发展不仅将增强参与融合企业在既有体育市场和养老市场的地位，而且还会使其在新的融合型康养市场竞争中形成战略优势，具体方法通常是通过接管和持股的方式得以实现。

三、体育与养老产业融合发展的效应和机制

（一）体育与养老产业融合发展的效应

体育产业与养老产业融合发展的效应包括微观层次的企业合作竞争效应、中观层次的产业结构优化效应、宏观层次的区域消费升级效应。

1. 企业合作竞争效应

合作竞争是一种可以实现双赢的非零和博弈。体育产业与养老产业融合创造了康养业态新的发展空间，使体育企业与养老企业的既有业务可能获得新生，就此引

---

① WIRTZ B. Reconfiguration of value chains in converging media and communications markets[J]. Long Range Planning, 2001 (34)：491.

发企业组织内部结构的创新和组织之间产权结构的调整，进而催生更为高效的企业合作竞争关系，形成市场机遇与挑战并存的局面。

首先，体育企业与养老企业都可以运用信息技术实现虚拟企业的服务流程，这就能够加快企业对康养资源的动态整合速度及市场响应能力，形成网络式的价值创造共同体，在实行扁平化横向管理的平台基础上减少因"单打独斗"而消耗不必要的交易成本。

其次，由于原本分属于不同竞争领域的市场融为了一体，体育企业与养老企业就可以较为容易地进入全新的康养市场领地，并将自身的核心服务产品沿着融合业态的价值链等诸多环节进行延伸，借由新市场领域的价值增值将来自各个方位的利润全部"吸进、吃光"，实现企业总体收益的最大化。

再次，体育企业与养老企业既可以采用战略联盟和深度合作的方式来制定标准化的价格捆绑方案，以此打包销售或提供一体化"服务产品包"来获取潜在利润，又能够通过企业兼并、收购或重组的方式来建立基于重构价值链的多重用户群及多元化的用户关系，以此利用"锁定"效应来提高用户的退出壁垒、稳定企业的收入来源、分散投资经验风险。

最后，在体育产业与养老产业融合的过程中，双边企业不仅因为市场边界的变化而可能成为直接的竞争对手，而且还将面对来自其他产业的"新鲜血液"，使得更大范围的竞争程度进一步加剧及企业间的合作竞争关系发生根本性变革，其结果往往是在一定市场区域内"赢者通吃"，因此创新能力弱、灵活性差的企业或将以更快的速度被淘汰出局。

2. 产业结构优化效应

在起决定性作用的市场环境机制中，体育产业与养老产业融合作为一种突破传统范式的产业创新形式，使得原本独立发展的产业形成交叉的集合，促进新的知识技术、新的服务流程、新的组织模式、新的市场领域在交叉集合溢出作用产生的正外部效应影响下，通过资源重新配置，不断替代旧的产业要素，从而为两大产业提供了更多的创新机会和更大的发展空间，在提升产业竞争力的基础上加速实现产业结构的高度化与合理化。

产业结构优化效应的传导机制可以分为3个阶段：第一阶段，体育产业与养老产业融合源于企业创新活动，而体育企业与养老企业之间的横向一体化又将加快两大产业融合进程，进一步引领和带动相关企业在技术、服务等方面的创新，提高双边产业具有的开拓新市场、占据新市场并寻求获得潜在利润的竞争实力，加强体育服务与养老服务作为主体产业元素的地位；第二阶段，随着越来越多的适老体育服务产品在市场中出现，由于体育产业与养老产业融合度的提高，产品差异化程度也将随着老年用户的认定及偏好的不同而增大，从而加剧市场竞争，促使新兴的老年运动健康服务市场的轮廓结构逐渐成形，并在企业合作竞争关系的变动中不断趋于合理化，并由此突破既有的价格体系限定，推动整个体育产业与养老产业的竞争结构升级，为老年消费者提供更好的服务产品；第三阶段，由于体育产业与养老产业融合所产生的市场效应，还会影响和促动相关的其他康养业态的发展，使得生产要素可以在整个市场中自由流动和高效运转，而更富有生产效率和更具有创新能力的产业部门就更容易集聚优质的人才、技术、资金等资源，并通过取得市场优势地位来代替竞争力衰退的产业部门，最终实现整个产业结构优化。

3. 区域消费升级效应

区域消费升级效应主要体现在：第一，体育产业与养老产业融合将催生新的适老体育服务和新的康养产品，满足城乡区域的不同老年用户在养老保障收入和生活水平提高后对层次化和精准化的健康养老消费需求；第二，两大产业融合将吸引更多参与者进入和开辟康养服务市场，进一步降低因产业链价值单元重新整合所导致的规模化生产成本、企业组织治理成本和交易成本，最终通过服务效率的提升和产品价格的下降来促进消费；第三，体育产业与养老产业融合需要大量的基础型服务人员和复合型高级人才作为人力资本支撑，而人力资本的积淀和人才的培养本身就是促进区域经济良性循环的助推器，并且人力资本"消费"作为一种新兴消费形式，不仅可以带动康养服务部门就业增加和劳动生产效率提高，而且还能在区域经济一体化的条件下有力推动生活性服务业的消费结构升级。

（二）体育与养老产业融合发展的机制

1. 运行机制——产业链协同管理

两大产业融合的运行机制核心乃是对其自身的产业链协同管理。一方面，从管理学对协同的理解和应用来看，协同就是多个单元为达成同一目标所进行的努力并共享现有资源的过程，而体育产业与养老产业融合的过程起始于两大产业链分解成一个个价值活动单位，其既有的产业链条和价值活动单元在老年运动健康服务需求等因素的作用下，进行重新组合即发生协同运作效应，最终形成一个更能满足市场需求、质量更高的新型老年运动健康服务产业链；另一方面，与传统的产业链管理相比，产业链协同管理具有的显著特点决定了体育产业与养老产业融合发展需要依靠这种运行方式维系产业部门之间的良性互动。

产业链协同管理就是从全局观点出发，奉行互利原则，在双边市场资源共享基础上，以协同技术为支撑，使整个新型老年运动健康服务产业链中的各类价值单元或企业元素更加信任、一致和团结，以提高整个体育产业与养老产业的产业链价值单元的柔性和实现整个新型产业链价值的最大化作为运行管理目标。

2. 传导机制——创新持续性跟进

两大产业融合的传导机制核心就是维系创新持续性跟进。

第一，创新持续性跟进可以使参与产业融合的体育企业或养老企业增加对持续创新的模式或规律及经济价值的认识，培养市场主体的持续创新能力进而消除制度障碍并获取竞争优势。

第二，创新持续性跟进通常具有人本特性、目的特性和系统特性，前者是指持续创新必须以老年的人文关怀为主旨、以老年的健康消费内需为核心；中者是指持续创新的直接目的在于获取持续的竞争优势或营利能力，最终目的在于促进老年运动健康服务供需结构实现帕累托改进；后者是指持续创新要求适老体育服务产品的相关知识技艺、原料供应、市场组织、政策组合等方面的各种生产要素相互联系、相互耦合以共同形成一个综合性的、具有强大功能的创新系统工程。

第三，创新持续性跟进的主要内容涵盖以有效整合企业内外部资源来实现全程管理预定目标或细节管理预定目标的持续管理创新、以不断探索满足老年康养价值诉求来进入适老化体育资源开发技术轨道的持续技术创新、以全面引入新型老年运动健康服务市场要素或改变既有经营要素来开拓和占领新市场的持续市场创新、以积极落实完善产业融合相关政策来保证各类产业创新行为得以顺利进行的持续制度创新。

3. 保障机制——福利民营化供给

福利多元主义理论被引入并广泛应用于社会养老服务领域，政府通过发挥市场机制价格调节和激励相容的功能，把养老服务供给的部分领域交予民营部门运行，形成创新型的养老服务供给主体模式，促进社会福利资源配置更加合理及养老服务供给更具效率，而体育产业与养老产业融合发展其实既要兼顾市场又需包容民生，两大产业融合的保障机制核心自然也是实现福利民营化供给。

一方面，从政府的角度来看，作为回应风险社会及输出康养服务的新生事物，越来越多的社会企业将参与体育产业与养老产业融合发展的进程，而社会企业因其超强的使命感、显著的商业性、非凡的专业性无疑具备了适度有效介入老年运动健康服务的价值优势、组织优势和技术优势，进而确保政府有信心通过逐步加强福利民营化的政策引导和服务监管，最终形成更加有利于两大产业融合发展的社会环境。

另一方面，从市场的角度来讲，基于我国计划经济福利体系下体育事业和老龄事业发展的经济与思想基础均发生巨变，国家近年来连续释放全面放开体育与养老服务市场准入的积极信号，降低了行业进入门槛，尤其是在相关利好政策的支持下，越来越多的民营机构均能获得平等参与各类康养服务供给的市场机会，如许多企业或社会组织既可以通过承接政府合同外包、补贴凭单及自愿服务等形式主动介入公共服务供给，也可以充分引进资本力量布局老年运动健康服务市场的跨界经营，日益获得更加有利于两大产业融合发展的资源空间。

第二节　体育与养老产业融合发展的基础

我国体育与养老产业融合发展的基础其实就是人们在服务经济时代下培养形成的健康养老消费意识，其来源于体育服务与养老服务的产品特性、康养市场的利益联结机制及健康养老的创新理念，这些因素共同形成了体育产业与养老产业融合的理论依据。

一、体育与养老产业融合的前提

在我国，体育与养老均属于生活性服务业的范畴，而生活性服务业的产品特性决定了体育服务产品与养老服务产品具有相似的生产特征和消费特征，为体育产业与养老产业的融合奠定了前提条件。

（一）基于生产特征分析

第一，由于体育与养老服务产品生产活动的非独立性，使得其不能"脱离"用户进行，而必须以用户在场作为前提，当用户亲临现场消费某类康养服务时，往往希望一次性体验获得较多的服务享受或更多的服务利益，这就为两大产业融合提供了市场机会。

第二，由于体育与养老服务产品生产过程的非标准化（在生活性服务业的劳动过程中，由于服务人员与用户的互动性强，难以严格地控制好服务的输出质量），使得许多服务运营商很难既保持服务个性化又通过服务标准化来提升服务质量，而产业融合下的模块化经营方式不仅能够将体育服务与养老服务中各种可标准化的产品要素进行模块重组，而且还可以根据用户的不同需求对模块内容进行灵活的调节和定制，这实质上就成为解决康养服务经营过程中两难困境的较好选择。

第三，由于体育与养老服务产品生产过程的"门槛限制"，使得企业在提供某类单一的康养服务产品时，必须拥有一定的用户基数才能降低服务传递平台的建设成本，而采用共享服务传递平台的方式提供多元化服务产品，就能有效扩展用户基数，促进两大产业实现相融互补。

（二）基于消费特征分析

第一，由于体育与养老服务产品兼具无形性，使得其可以在同一空间内进行康养服务流程和内容的叠加与组合，从而提供产品融合的基础性条件。

第二，由于体育与养老服务产品具有生产、交换与消费的同步性，使得一些康养服务产品在无法达到供需结构均衡的时候（通常来说，服务产品供需状态并非是理想化的，因为相较于相对稳定的即时供给能力，即时消费量却是随机变动的，所以，在现实生活中总会出现服务产品供求的暂时不平衡），即供需错配状态下就容易造成服务资源闲置或服务品质欠佳的不利局面，而通过业务融合的方式则可以有效缓解这种负面影响，这也成为许多服务运营商的战略选择。

第三，由于体育与养老服务产品具有非转移性，使得其消费行为需要用户的全程参与。

因此，服务规模容易受到市场所在的地理区域限制，而通过产品叠加为用户提供"一站式服务"的一整套解决方案来实现市场融合，就可以克服有限市场的限制获取范围经济。

二、体育与养老产业融合的纽带

从我国居民消费市场前景广阔的立场来解读，相关企业如何在先把蛋糕做大、再把蛋糕分好的过程中深度实现"体育+养老"的有机结合，康养市场的利益联结机制显然就成为体育产业与养老产业融合的关键纽带。

一方面，满足康养细分领域中的老年用户需求是联结体育产业与养老产业的利益聚点。"发现用户、解决痛点、赢得商机"是任何一个产业经营主体有望进入某个市场新领域并获取盈利的基本经营战略要领。实际上，多年以来，我国体育产业是以中青年为主的劳动年龄人口作为核心目标用户，绝大多数的产品和市场几乎都是围绕这个主要消费群体而设计和布局的。然而，我国现在已处于老龄化社会初期，以居家为基础、社区为依托、机构为补充的社会养老服务体系已具有雏形，在伴随国人生活消费结构升级转型及老年群体发生结构性改变的同时，人口老龄化进程正在加快释放养老产业的发展空间，老年用户细分进而成为康养服务的发展趋势，并开始吸引地产商、专业养老服务机构、金融机构等各路资本驻足关注康养服务市场的细分领域。其中，由于老年运动健康服务管理方面的需求具有一定程度的刚性，且专业性较强，但实际缺口却很大，因而，无论是从体育用户的垂直领域细分还是从养老服务的水平领域细分，体育产业与养老产业融合发展的关键就在于聚焦老年用户的多层次体育健身需求，从而形成老年运动健康服务市场投资的利益共识。

另一方面，增进通用性资产在康养市场中的流动是联结体育产业与养老产业的利益通道。通用性资产是资产专用性程度动态变化的一种表现形式，它是指可以在不发生明显贬值情况下实现与其他资产替换使用或结合使用的资产。资产通用性的高低决定着产业融合内生的发展进程[1]。在康养服务领域，随着资产的柔性化和模块化发展，资产专用性就会弱化，而资产通用性则会提高，这样就能够让资产在不同行业和业务之间的转换成本降低，从而促使生产要素资源能在更广阔的经营领域进行高效流通和转移，有利于催生新的经济运行模式和产业组织形式，并对产业融合的发生提供重要的知识技术基础。由于我国体育产业与养老产业成长都需要经历较长时间的市场培育期，且在此过程中，体育企业或养老企业并不能仅仅依靠单线营利，而是必须利用产业关联优势，充分发挥通用性资产在产业之间的转换能力，开拓行业内及行业间的跨界经营布局，进而在产业营利模式多样化的基础上实现互利共赢。尤其是面对共同的老龄消费群体，体育企业将有许多机会把自身的产业链向养老产业的不同价值创造环节进行延伸，反之亦然。这就会进一步地推动体育资源和适老化资源的生产要素实现功能与价值的深层次交叉、渗透与重组，提高通用性资产在两大产业间的流动和转移效率，从而在双边企业合作竞争的过程中建立体育与养老产业融合的利益联结通道。

---

[1] 郑明高. 产业融合发展研究[D]. 北京：北京交通大学，2010.

三、体育与养老产业融合的关键

体育产业与养老产业融合发展只有通过预先的、有准备的、有步骤的、成体系的"融"的动作，才能最终达到"合"的结果，而在整个过程中，健康养老的创新理念就成为支配体育产业与养老产业融合的关键因素。

一方面，健康养老的创新理念来源于人们对于新时期体育产业的重新诠释和定位。目前，虽然我国体育产业正在步入快车道，产业总产出及增加值的未来增长潜力强劲。但是国民在体育运动参与总量不足和质量不高的问题长期存在，体育产业内容建设与产业人才支撑的短板明显，因此，为了摆脱举国体制下形成和延续的传统体育事业发展模式，必须把体育产业真正放在提升消费者生命质量和生活指数的幸福产业高度来做全新审视，特别是在将加快体育产业发展与积极应对人口老龄化进行有机结合的时候，就应该让"运动促进健康、体育带来欢乐"的科学观念全面渗透和贯穿于社会养老服务体系建设之中。因为，实际上，随着人民生活水平的日益提高，人们意识到长寿的意义不仅在于单纯地延伸寿命的长度，更在于如何有效地拓展寿命的宽度，即通过提升寿命的质量来达到生活能自理、精神有慰藉、生命有价值的健康寿命的生存状态。而体育正是从身心灵3个维度来增进健康寿命的最佳手段之一，并且国内外的众多体育事实和运动科学业已证实，通过体育的途径有利于增添老人的满足感、获得感和幸福感。所以，展望未来，面对新时期广大老龄群体追求健康寿命所形成的市场机遇，我国体育产业部门有必要适时主动切入康养服务领域，通过积极培育和打造多元化、专业化、创新化的细分老年体育市场，从而有效吸引和带动更多的老年人口参与体育运动并逐步培养老年用户的健康养老消费理念和消费习惯，方可实现社会福利效益和部门经济利益的双赢。

另一方面，健康养老的创新理念还源自人们对于养老的认知观念转变。自古以来，老有所养始终都是大同社会的一个共同理想。随着社会发展，传统的家庭养老格局也相应地正在被逐渐解体，"独生子女"一代已经开始独自承担赡养父母的义务，形成了我国特有的"421"赡养抚育压力，产生了"独子养老"的现实困境，康养问题由此备受整个社会的关注[①]。实际上，新时期也赋予了养老新的内涵，重新认识养老的内容及边际、风险控制及实现方法，把"养老"做成"不老"、把"为老服务"做成"生命服务"，将是今后一段时期内诸多康养服务企业和各路资本关注的焦点与

---

① 胡建民. 白银时代：中国康养特色小镇全景企划运营解构[M]. 北京：团结出版社，2017.

产业风口。应该明白，每一个人都是老龄化社会的主体，都应当以积极的生活态度面对老龄化事实，既要有"老吾老以及人之老"的宽广博爱，也要有"未雨绸缪"的预先准备，为自己的老年生活做好物质与精神的双向储备。

随着时代的进步及社会养老保障水平的不断提高，我国大部分中低龄长者群体真正的实际需求并不是"养老"，而是对"退休后的精彩生活和健康管理"的追求，这就是要求把对"养老"的认知转变为"享老"，因为后者才是在全面建成小康社会背景下我国老年人应有的生活状态和生活目标，其无关乎经济基础，而关乎老年人对于生活的态度，即有能力、有意愿自由自在地享受晚年生活。虽然，养老和享老只有一字之差，但这种观念的改变则是尊重和释放老年人内心更多健康养老需求的有效途径，其不仅是一种能够改进提升康养服务水平和服务质量的根本方法，而且对行业从业者也提出了更高更专业的要求，还能体现出整个社会对老龄群体更为亲切的人文关怀、对中华孝道文化更为全面的传承和发扬，以及对幸福产业更为精准的认识和定位。概言之，从体育产业与养老产业融合发展的角度来看，对养老认知观念的转变，有助于两大幸福产业从顶层设计的核心战略点出发，找准融合目标、辨明融合空间、更新融合理念、确立融合进路，最终开拓互利共赢的产业发展格局。

第三节 体育与养老产业融合发展的条件

进入 21 世纪以来，随着我国经济的快速发展和社会的不断进步，人们对于健康幸福与美好生活的向往变得日益强烈。由于国家人口结构老化程度的持续加重，受到人口老龄化促进服务业发展的正向效应影响，我国生活性服务业将因为老年人的刚性服务需求拓展而迎来新一轮的增长空间，那么，适应老龄化社会的多元康养服务需求也势必与日俱增，并由此进一步带动以养老产业、体育产业为代表的大健康产业和幸福产业蓬勃发展。基于前瞻视角分析，我国经济社会环境的变化实际上赋予了体育产业与养老产业融合发展的客观条件，在一定程度上使两大产业融合发展具有可能性、可行性和可调性。

一、我国体育与养老产业融合的先决条件

（一）体育与养老产业融合紧扣改革创新的时代主题

改革创新是我国社会主义核心价值体系的基本内容之一，以改革为核心的时代精神和以创新为核心的时代旋律是我国经济社会不断向前发展的主旨。当前，我国正处于全面建成小康社会的决胜期与全面深化改革的攻坚期，进一步扩大内需刺激消费以应对经济下行，着力推进供给侧结构性改革，落实创新驱动发展战略，是"十三五"期间我国经济社会发展速度和质量的重要保证。在这样的新时代形势下，我国产业体系成长的空间将得到拓展，特别是国家进一步地放宽现代服务业的市场准入，推动生活性服务业向精细化和高品质转变，鼓励跨领域跨行业协同创新，促进新技术、新产业、新业态的快速发展。

（二）体育与养老产业融合响应健康中国的时代号召

健康是人全面发展的基础和必要条件，推进健康中国建设，是全面提升中华民族健康素质、实现人民健康与经济社会协调发展的国家战略。在我国积极应对人口老龄化的诸多问题上，健康更是无论如何都绕不开的内核。随着时代的发展，由于康养问题终将演化成为人类社会前所未有且必须共同面临的巨大挑战之一，因而我国政府适时提出要务必推动健康服务供给侧结构性改革，补齐发展短板，推进大健康产业转型升级，那么，体育产业与养老产业融合发展或将积极催生健康服务的新模式和新业态，这既贴切全民健身作为实现全民健康的重要途径和手段的社会共识，又能较好地兼顾和满足不同老龄群体对于健康养老服务的多元需求，有效契合《"健康中国2030"规划纲要》的战略要求。

（三）体育与养老产业融合符合品质养老的时代趋势

伴随生产力发展和科技进步，我国经济已由高速增长阶段转向高质量发展阶段，因而我国持续推进的经济转型和消费升级正在开启品质经济的时代大幕，品质消费意愿和消费水平将成为产业发展的风向标。就国人的养老诉求而言，由于社会养老的经济基础和技术手段的不断改善，每一代老年人的养老需求都会随着时间和社会环境的变化而发生改变，而在品质经济时代来临之际，我国老年人也将由过去单纯追求的"生命养老"（寿命的延长）向"品质养老"（生活质量的提高）转变，即

在确保"衣食住行"等基本物质生活无忧的基础上，对"养（享受快乐）、医（健康护理）、家（温馨舒适）"等方面的高层次养老目标提出更多的要求。在此背景下，体育产业与养老产业融合就能够十分恰当地顺应品质养老的时代潮流，因为开发多样化的适老体育服务产品不仅可以应用于非医疗健康干预的保健康复，从而在物质层面满足老年人对"外安其身"的康养追求，而且还能够在精神层面迎合老年人对于娱乐休闲、圈层交往、社会参与及自我实现等"内安其心"的乐活向往，进一步助力提升晚年生活的满足感、获得感和幸福感。

二、我国体育与养老产业融合的支撑条件

（一）体育与养老产业融合受益于西方体育产业经验的启示

全球金融危机爆发以来，受到全球增长动能不足的消极影响，世界经济将在较长时期内处于低位运行，各国为了努力寻求新的经济增长点，在人均财富水平不断提高、健康生活行为广受热捧及参与全民健身运动意识日渐增强的消费动机驱使下，引发体育产业对国民经济的拉动效应成倍放大。一个浅显易懂的既定事实表明，西方发达国家的体育产业发展是与国民积极健康的休闲生活方式密切相连的，其以显著的关联效应与辐射作用，与旅游、传媒、会展、建筑、医疗等相关产业深度交流与合作，甚至在产品服务、组织业务、市场管理等层面实现融合，从而培养形成更多新的需求市场，以此为国民经济发展持续创造足量的社会财富。同时，由于激烈的市场竞争格局，西方发达国家体育产业的资本要素必须不断地通过重组与聚合来保持产业自身的竞争优势，因而产业融合实质上隐含了体育产业壮大成熟的内在规律。另外，由于大多数发达国家和部分发展中国家的快速老龄化现象已经导致体育活动和体育产品消费的减少，然而这些人口统计学的变化也会导致体育市场实践的变化，从而展现出体育产业的新市场需求的潜能[1]，开拓层次化的老年运动健康服务市场、提供专业化的适老体育服务正是近年来西方体育产业与养老产业融合发展的具体表现。

（二）体育与养老产业融合得益于我国老年消费结构的改善

伴随我国经济增长动力的换挡升级，在依靠内需、依赖国内消费的经济新形势

---

[1] 张建辉，黄海燕，约翰·诺瑞德. 国际体育产业发展报告[M]. 北京：社会科学文献出版社，2017.

影响下，老年人口消费成为不可忽视的问题。相关研究表明，随着我国养老医疗保险制度、退休金制度、老年消费补贴制度及全民教育体制的逐步完善，我国老年消费市场应有的货币支付能力有望进一步提高，从而引起老年人口消费的数量和结构特征发生显著变化。

一方面，根据2015年《中国养老问题调查报告》数据显示，现阶段我国老年在衣食住行医娱休旅等生活服务方面的消费水平大致在500～2000元／月，月支出为1000元以上者占比近半数，而且老年消费需求日趋多样化，越来越多的老年用户倾向于改善生活品质的消费支出，例如，对旅游服务和兴趣爱好培训服务的消费需求分别达到28.8%和25%，对文体活动服务消费需求也达到18%[①]，这就使得未来我国老年人口消费需求将会变得愈加旺盛，预计我国老年消费占总消费比重将由2010年的11.39%增至2020年的15.43%，在2035年之前老年消费总需求将超过2011年时我国居民消费总量，而到2050年将会达到28.29%[②]。

另一方面，由于部分老年人的消费观念已经逐渐变为主动消费，我国老年用户对于长期照护、保健养生、文娱旅游等基础型、改善型及享受型服务的购买力将会因人均收入水平、受教育程度的提高而呈现上升趋势，所以老年人口的体育消费也将成为未来我国体育消费领域的热点[③]。此外，据世界银行测算，我国老年人口消费规模将在2030年极有可能达到13万亿元。

可见，由于人口老龄化产生的市场需求变动，我国老龄消费模式和消费体量的逐渐转变必将对现有产业结构的调整及体育产业与养老产业融合发展创造空间。

（三）体育与养老产业融合获益于市场投融资环境的优化

资本要素是实现产业生产要素有效流通和重组的必备资源，优良的市场投融资环境是促进产业融合创新的重要保障。近年来，为了适应经济转型升级的新形势、满足社会民生建设的新要求，国家和政府专门针对加快发展体育、养老等生活性服务，激发社会领域投资活力、促进消费结构升级等改革发展中出现的新问题陆续出台了多部文件，顶层设计要求通过简化行政审批手续、放宽市场准入门槛、形成多方参与机制，鼓励和创造有利条件吸引社会资本进入体育、养老等市场领域，这无疑也将推动相关产业的市场投融资体制机制改革，从而进一步地有效扩展相关产业

---

① 李宝元，于然，仇勇，等.2015/16中国人本发展报告：何以养老[M].北京：经济科学出版社，2016.
② 乐昕.人口老龄化背景下的我国老年人口消费研究[D].上海：复旦大学，2014.
③ 刘国永.人口老龄化对体育消费影响的研究进展[J].上海体育学院学报，2012，36（6）：18.

融合发展的市场资源。

同时,为了缓解养老保障财政补贴造成的巨大压力,我国政府已经明确表示要通过运用市场机制来提高整个养老资金的运行效率,适时建立完善的市场化的养老金融体系。这一体系由有关金融监管机构统一管理,以社会基本养老保险、企/职业年金和商业养老保险的三大支柱为主体,覆盖养老储蓄、养老住房方向抵押贷款、养老信托、养老基金等金融服务方式。这一系列举措不仅将有力引导养老产业的健康发展,而且也会使体育产业与养老产业融合的市场投融资环境获得更好的改善。

三、我国体育与养老产业融合的约束条件

(一)体育与养老产业融合缺乏健全的制度保障

作为新的概念及新生现象,我国体育产业与养老产业融合发展虽然尚处于探索期,但是相应的管理体制机制建设明显滞后于市场资本的迭代更替,这正是制约两大产业融合的根本因素。一方面,由于体育产业与养老产业的发展日新月异,而有关法律法规的建设实际上并没有跟上康养需求的演变和行业成长的步伐,导致很多适老体育服务的技术标准因为缺乏有效实施途径与监管手段,应用落地成为难题,不仅不能更好地为老龄群体的健康谋福,还容易引发一系列社会问题;另一方面,受政府机构改革长尾效应的影响,由于体育、民政部门等产业政策制定主体之间的工作协同机制尚未健全,不仅造成政策执行困难、盲目过度投资及支撑新兴产业发展的公共服务能力缺失等问题长期存在,而且还导致许多企业对老年运动健康服务市场仍持观望态度,同时也会使广大老年消费者对康养新业态的信心不足。

(二)体育与养老产业融合缺乏稳定的人才梯队

专业化的康养服务人才培养关系到我国体育产业与养老产业融合发展的前景,而目前我国康养服务人力资源结构不合理与人员流动性大的人才短板弊端尤为突出,其已成为制约两大产业融合的重要因素。一方面,两大行业从业队伍整体素质不高,表现为基层从业人员学历层次普遍较低,经营管理人才、专业康护人才与培训人才缺口大;另一方面,由于康养服务从业者的社会认可度低、上升空间小、劳动强度大、工资待遇差及人才培养体系失衡等,进一步导致愿意主动从事康养服务

的人才稀缺。

（三）体育与养老产业融合缺乏成熟的商业模式

目前，全国各地区的康养服务正处于起步阶段，多采用企业运营、政府买单的运营模式，传统社会养老服务的营利性与公益性之间不平衡的问题依然存在，信息技术的优势尚未得到充分发挥，可持续发展的新型康养服务商业模式和良性循环的服务生态系统还没有形成，老年运动健康服务市场的创新能力薄弱乃是制约我国体育产业与养老产业融合的关键因素。一方面，提供适老体育服务产品解决方案和平台运营服务的企业多是中小型创新创业企业，其难以在复杂的主体多元化、目标差异化、产品多样化的康养服务生态系统中形成有效的价值共创共享共用机制，导致企业自身的造血能力不足；另一方面，由于国内鲜有具有国际竞争力的康养服务运营商，加之多数厂商规模较小且缺乏高端产业孵化和服务平台，造成整个行业暂时很难通过提供领先的老年运动健康服务解决方案和成功的商业模式来全方位满足老年消费市场的细分需要。

第九章　体育与养老产业融合发展前景

体育产业与养老产业在国内的提法虽然已有时日，但是两大产业发展真正获得方兴未艾之势，则应当从党的十八大以后国家逐步开始着手全面放开体育和养老服务市场算起。所以，目前我国体育产业与养老产业实际上均处于成长转化的关键时期，而两大产业融合发展的现状其实就能反映出当前面临的实际问题。本章将对现阶段体育产业与养老产业融合发展的态势进行分析，以为实现更好的融合提供一定的指导。

第一节　体育与养老产业融合发展的基本状况

一、当前我国体育产业格局评述

我国体育产业发轫于20世纪70年代末国家经济体制的改革。学术界普遍认为，我国体育产业历经萌芽期（1979—1984年）、初步形成期（1985—1991年）、逐步发展期（1992—2001年）、加速推进期（2002—2009年）和全面发展期（2010年至今）的演进[①]，在由体育事业向体育产业过渡和转变的40年时间里，经过不断努力，产业框架已经初步成型、产业体量已具一定规模，作为国民经济新的增长点的地位获得政府和社会的一致认可。如今我国进入全面建成小康社会的决胜阶段，大力发展体育产业是满足人们体育运动多元需求的必然选择，是建设"健康中国"的基本内容，对挖掘和释放消费潜力、促进消费结构升级、增强经济增长新动能具有特别意义。

（一）政策红利相继释放，产值贡献不断提升

随着我国社会经济改革的不断深入，2014年10月国务院办公厅发布的《国务院关于加快发展体育产业促进体育消费的若干意见》（国发〔2014〕46号）真正全面开

---

① 杨铁黎，王子朴，林显鹏，等．体育产业概论[M]．北京：高等教育出版社，2010．

启了我国体育领域"放管服"改革的序幕，引领体育日渐成为国内消费和投资热点，尤其是与体育产业发展休戚相关的各类体育资本存量结构正在加速实施市场化改造和社会化转变，而体育资本增量也将在更加灵活具体、更有可操作性的产业政策支持下实现增长方式的创新与升级。实际上，在产业发展环境明显优化、体育市场活力日益激活的大背景下，近年来我国体育产业在财政、税收、土地、就业、信息化和标准化建设等方面不断收获政策红利，使体育及相关产业领域产值规模对GDP的贡献率稳步提升，体育产业增加值增加迅速，其良好的发展势头有目共睹。然而，相比于西方体育强国，我国体育产业仍有巨大的进步空间，因为西方体育产业为我国提供了很好的示范。我们应该充分认清我国体育产业作为近期才快速发展的朝阳产业、绿色产业、幸福产业所具备的后发优势，在有力促进产业国际化、全球化的同时，需要不断学习西方体育产业的先进经验并立足国情，借助现如今全民健身的热潮，因势利导，积极推动体育产业的健康发展。

（二）发展逻辑渐次清晰，产业结构不断优化

自2014年国务院46号文件正式出台以后，各方力量投资体育产业的热情空前高涨，支撑体育产业发展的内在逻辑正在逐步厘清：一是建构优良的体育文化环境是为体育产业长远持续发展强基固本的重要之举，因为只有当体育文化完全融入个体的生活方式，以及政府和社会能够充分保证和尊重人们可以通过体育运动来实现自己的人生价值，这样方可造就越来越多的体育爱好者和参与者，进而使其转变成为稳定的体育消费者群体；二是体育资本和人才的强势进入为产业生态的变革提供动力引擎，使市场经济主体投资体育的阻力大大减小，有效促进体育产业在公平、透明、善治、制衡等维度的市场竞争机制得以健全完善；三是随着我国单项体育协会改革日益推进，围绕特色运动项目所形成的产业链为体育产业发展注入新的生机与活力；四是以体育赛事为核心的竞赛表演业将全面引领和带动各类业态的协同发展。同时，近年来我国体育服务业在整个体育产业中的比重显著上升，在体育产业发展逻辑愈加明朗的方向指引下，我国体育产业的组织形态和集聚模式将更加丰富，体育产品和服务层次将更加多样，体育产业结构也将更加合理且不断优化。但是，理应清楚的一个事实是，当前我国体育及相关产业在第三产业中所占比重仍然太小，不同地区的体育产业发展状况也不够均衡，而且众多投入体育市场的社会资本基本上都还没有收获投资回报，真正能够实现明显收支平衡的企业更是不在多数，这都表明我国体育产业在发展过程中依然存在市场环节的缺失和生产要素的缺

陷，因而，产业基础亟待完善、产业短板有待补齐、产业质量尚待提高。

（三）跨界融合持续推进，新兴模式不断涌现

着力发展体育产业是当前我国促进经济转型和消费升级的一项国策。受到以用户市场为导向、以信息科技为支撑、以资本金融为内核的全球新一轮产业革命的深刻影响，体育作为我国"大健康"、"大休闲"及人民幸福生活不可或缺的组织元素，由于自身具有产业发展潜力大、辐射区域广、关联程度高、带动作用强所形成的"体育+"或"+体育"的内在属性，持续推进体育与健康、养老、文化、旅游、教育、住宅、农林、通航等经济社会各领域中多个行业实现相融互通与跨界整合，不仅获得了顶层设计的肯定和支持，而且也已成为市场创新的重点和热点，因为体育产业通过跨界融合赢得新的生机，既能产生更加强大的乘数效应，又将进一步助推我国经济发展方式的转变和产业能级的提升，所以体育产业与相关产业融合发展是大势所趋。毕竟，随着我国全民健身与全民健康的融合程度不断增强及体育领域创新创投项目的持续升温，人民群众多元化和多样性的体育消费热情将被彻底激发，从而全面发现和创造新的体育需求，并以此为"体育+"的新模式谋求新的经济增长空间。不过，在现阶段我国经济社会转型发展的关键节点，要真正实现"体育+"新兴模式向成熟业态的转变，政府仍需加大力度深化体育体制改革，有效借鉴国际体育善治和产融经验，破除制约我国体育产业融合发展的思想障碍和制度藩篱，激励体育及相关企业积极参与新业态拓展，全面促进体育产业与其他产业之间及体育产业内部的相互融通。

二、当前我国养老产业境遇评议

我国养老产业的创生、萌芽和演化是我国经济社会发展迎合20世纪80年代以来全球社会福利社会化改革治理趋势的顺时施宜，其存在的突出意义和根本作用在于缓解因人口老龄化加剧造成政府纯福利供给模式下容易产生的供需结构失衡的矛盾，从而借助多元福利治理的比较优势，实现社会养老服务资源利用效率的帕累托最优。帕累托最优（Pareto optimality），也称为帕累托效率（Pareto efficiency），是指资源分配的一种理想状态，假定固有的一群人和可分配的资源，从一种分配状态到另一种状态的变化中，在没有使任何人境况变坏的前提下，使得至少一个人变得更好。帕累托最优状态就是不可能再有更多的帕累托改进的余地。换句话说，帕累托

改进是达到帕累托最优的路径和方法。帕累托最优是公平与效率的"理想王国"。

1984年民政部首度正式发表"社会福利社会办"的指导性意见,意味着我国养老事业开始从全面管控向逐步放开的社会化、民营化方向转变,2000年国务院办公厅转发的《关于加快实现社会福利社会化的意见》则标志着我国养老事业开始由制度规范向标准建设的市场化、产业化方向转型。事实上,伴随既有公立主办养老机构加速转型及民间投资和社会力量从不同方向切入银发市场,在我国社会养老服务供给主体近70年的发展演变过程中,养老产业自20世纪80年代中后期起步至今,虽然经历"试水—观望—探路"三大发展阶段的多年实践[1],但是老龄群体多元化、多层次、精准化、集约化的健康养老需求还没有真正得到充分满足,养老服务的若干细分领域仍存在相当大的市场空白,而养老服务市场供需结构性失衡的问题依然严重,康养消费也还尚未形成气候,因而,我国养老产业的整体发展水平低于西方经济发达国家,打造具有中国特色的养老产业任重而道远。尽管如此,我国庞大的老龄人群始终潜伏着巨大的商机,面对扑面而至的银发浪潮,我国养老产业的蓝海或将很快到来,亟待国家政策支持,经营主体参与,社会资本推动。

(一)产业政策利好空前,发展前景日趋明朗

需求缺口与政府财政的双重压力,倒逼我国养老事业进行市场化改革,而这场改革离不开产业政策的指引。众所皆知,自2013年9月国务院办公厅先后发布《国务院关于加快发展养老服务业的若干意见》(国发〔2013〕35号)与《国务院关于促进健康服务业发展的若干意见》(国发〔2013〕40号)以来,央地层面的各类养老利好政策呈现井喷式、密集性出台局面,其中,养老服务市场准入政策和优惠政策、养老产业扶持政策及规范性政策占据绝对主导地位。种种迹象表明,国家和政府对养老服务行业的高度重视和鼎力支持,不仅引起国内股市的快速反应,而且还引发相关产业的极大关注,许多企业纷纷着手调整战略布局,民间力量大举进军养老服务领域,多样化的养老模式受到热捧,一片欣欣向荣的产业盛宴就此展开。

(二)产业定位清晰明确,特征属性日渐凸显

在成熟的福利国家养老体系中,养老事业和养老产业是两个界限分明的概念,前者属于政府提供公共服务的基本职责范畴,其主旨在于满足家庭贫困、无经济收

---

[1] 魏华林,金坚强. 养老大趋势:中国养老产业发展的未来[M]. 北京:中信出版社,2014.

入来源及各类特殊老年群体对于基本生存能力和最低生活保障的需求，后者是满足老年人追求物质多样化及多层次精神需求的生活改善性质的民间营利性事业。毋庸赘述，虽然我国养老服务必须坚持产业化发展方向，但是这并不意味着养老服务就将被完完全全地交由市场自由操作，养老产业绝对不是"泛市场化"或"纯私人化"的市场行为，而是福利性、公益性和营利性的有机结合，因为如果按照理性经济人的所有行为决策建立在效用最大化的假设前提基础上的逻辑，把养老产业列入资本逐利型的纯粹化"经济性"行为，那么，我国仅仅有5%的高净值老人市场才有机会纳入其中，而剩下绝大多数称不上富裕但又有一定消费能力的老年人则被排除在市场之外，这实际上就会与广大老龄群体的期望，以及与政府在养老领域"公退民进"从而鼓励发展养老产业的初衷相背离。换言之，老年社会福利不仅仅是政府一刀切单方面要做的特惠性事业，也是养老服务市场和养老服务企业不可推卸的社会责任，毕竟公益是现代企业的竞争力之一。北京大学国家发展研究院院长姚洋教授在2017中国公益年会上提出"公益是企业的一种竞争力"，抛开公共福利而谈的"泛市场化"是对养老产业市场化定位的一种片面理解。

此外，由于养老产业的涉及面广，项目培育成熟时间长，要以老年需求为导向、以效益追求为目标，通过专业周到的服务输出和标准严格的质量管理，建立实现系列化、规模化和品牌化的组织经营体系，不仅需要可靠的长线投资力度，而且在政策层面上还需要保持实时跟进以确保产业政策的连续性。所以，我国在进入老龄化社会后，养老产业的社会属性、服务属性与金融属性与日彰显：第一，养老问题正在成为整个社会关注的焦点，其势必也将成为各级政府政绩考核的一项重要指标，因而养老产业的社会属性主要体现在政府主动投入养老产业建设，不仅从顶层设计层面给予养老产业发展的方向性指导和支撑性支持，同时也积极参与产业运营，在各地打造一系列公建民营、公办民营、民办公助等形式的养老项目；第二，服务不仅是人与人相互温暖的过程，而且也是养老产业的特别标签，养老服务由于其受众群体的特殊性，在服务场所、服务内容、专业需求、功能状态、周期长短、资源配置、收费模式、服务档次、资源渠道和区域划分等方面都与普通服务有着较大区别，甚至比一般群体服务要求更高，这使得构建一个扎实且完整的涵盖福利性养老服务和市场化养老服务的混合型社会化养老服务体系及围绕该体系搭建的养老运营系统已经成为各方共识；第三，老龄群体的消费特征决定了养老产业本身的营利空间是有限的，而投资养老服务获取好的收益难度不小，因此微利行业的长久发展自然离不开金融资本的支撑，这正是西方经济发达国家养老市场的中流砥柱多以金融机构为主，也是近年来我国保险、银行、地产等秉持金融特质的企业集团纷纷进驻养老产业的原因之一。所以，参照国际经验，我国养老产业的金融属性也将会随着产业自身的愈加成熟而显现得更为重要。

（三）产业格局初具雏形，服务模式日益创新

随着经济社会的深刻转型，自 2000 年我国进入老龄化社会之后，由于老龄人口的迅速增长、居民收入水平逐年提升、老年消费需求的渐次扩大及养老传统观念的不断更新，社会养老服务在政府部门支持和市场力量参与之下日益活跃起来。目前，我国养老产业发展的总体格局已经呈现出 3 个基本点：一是传统转型基点，即以机构养老为核心的传统行政主导老年福利事业向基于社区居家养老服务市场化发展转型，从大型豪华的养老院转向回归社区居家养老，包括公立养老机构改制、爱晚工程建设、社区居家养老服务驿站推广等举措；二是主流增长基点，即以地产、医疗、保险、旅游、文教等行业资源优势为切入点的基于老年用户多元需求导向的养老服务市场格局，如以万科、保利为龙头的房企深耕国内养老住宅地产市场，其依托社区基本建设布局及老年用户居住情况，有针对性地选择开发适宜的养老地产项目，并整合养老物业、家政、餐饮、酒店及旅游等相关商业服务，积极打造既能回归服务本质又能融合增益的养老综合体项目；三是前沿引领基点，即通过借鉴导入国际领先的养老理念及成功经验来助推我国养老产业发展，例如，国内一些上市集团已经引进了国际知名的 CCRC（持续照护养老社区）、SUNCITY（美国太阳城老年社区）等西方国家的主流养老服务运作模式，并且正在开发和不断升级适合我国国情且可供移植复制的全龄化复合型养老社区、国际老年公寓等养老项目运营模式。

在我国养老产业发展格局演变成型的同时，伴随家庭结构变化，我国传统的四世同堂式的供养负担变得日趋加重，家庭养老功能的逐渐弱化显然已经无法适应现代老年人对养老服务的真切需求，因此，我国特有的"9073"或"9064"型传统主流养老模式（"9073"或"9064"是指我国 90% 的老年人依靠家庭资源而选择居家养老的生活方式，7% 或 6% 的老年人利用社区资源、依靠社区服务而选择社区养老的生活方式，而选择入住养老机构的老年人仅占 3% 或 4%）正在不断融合相关行业的服务元素，实现养老资源的广泛集成，并将朝着多层次、多维度和多样化的方向发展和演化，促使医养结合、互助养老、以房养老、异地养老、旅居养老、数字化养老、全程生态养老、消费养老、时间银行等新型养老服务模式日渐兴起，有力推动养老服务新业态的变革和发展。

第二节　体育与养老产业的融合态势测评

一、体育与养老产业的产业融合度测算定量分析

（一）测算定量方法选择

从产业融合科学角度讲，产业融合度量的测算定量分析是存在一定困难的，目前在学术界未能形成一套相对统一的产业融合度测算指标体系。目前，在国外像产业专利系数测量法、赫芬达尔指数测算法、AHP-模糊综合评价法、灰色关联分析法能够基于一定深度对二者的产业融合度量进行测算，最终给出定量分析。这里所采用的是灰色关联分析法，选择该方法的原因包括两点：第一，灰色关联分析法可基于灰色系统理论内容对已知信息条件下所描述的事件内容进行分析，将其所存在的所有变量一一找出，然后进行动态分析，这种做法就是对变量条件的无量纲化处理过程。我国在产业融合过程中难以获得完整的、实时的体育产业及养老产业产值详细数据，所以要采用灰色关联分析法进行模糊处理，结果也能起到一定的测算定量分析效果；第二，利用灰色关联分析法可直接对产业指标接近度进行分析，从分析中客观了解产业间所存在的特殊影响关系，最终也可反映出一定的产业融合度。当灰色关联度越大时，就说明产业的融合度越高。因此，选择灰色关联分析法来分析处理我国体育产业与养老产业的产业融合度测算问题，为后期的定量分析打下基础。

（二）测算定量指标选择

在灰色关联分析法中所涉及的原始数据越多越好，数据越多其计算结果也就越稳定。这里给出了我国老龄群体的老年人口规模，即人口数量 x 作为原始数据，而体育产业增加值设置为 y，结合国家体育总局 2014—2017 年的体育产业与养老产业融合数据给出表 9-1。

表 9-1　2014—2017 年我国体育产业与养老产业融合后的行业原始数据

原始数据	2014 年	2015 年	2016 年	2017 年
y/亿元	3240	3636	4063	4541
x/亿人	2.349	2.439	2.424	2.524

(三)灰色关联分析测度分析

要利用灰色关联分析法对表 9-1 中原始数据进行测度分析,首先要建立灰色关联度数据模型,其模型计算步骤分为以下两步。

第一步,要确定能够真实反映灰色关联分析测度系统特征的具体数据,并参考序列,分析系统影响组成一套比较序列。这里,体育产业增加值作为参考序列为 $y(t)$,而养老产业中所统计的老龄群体人口数量为 $x(t)$。

第二步,进一步深入进行灰色关联分析,配合初值法对各个序列数据实施无量纲化处理,目的在于增强 x 和 y 之间的可比性,也就是体育产业与养老产业之间相互融合的可比性,如表 9-2 所示。

表 9-2 基于灰色关联分析的产业融合无量纲化处理数据

无量纲化处理数据	2014 年	2015 年	2016 年	2017 年
$y(t)$ / 亿元	1	1.2445	1.4004	2.555
$x(t)$ / 亿人	1	1.1482	1.1934	1.3091

基于表 9-2 对序列 $y(t)$ 与 $x(t)$ 进行极差绝对值求值,即

$$\Delta i(t) = |y(t) - x(t)|。$$

基于上述算式找出最大值与最小值。然后再结合比较序列的极差结果选取最大值与最小值,得出 2014—2017 年的极差绝对值分别为 0.0964、0.3061、0.4388、0.9050。

基于灰色关联度计算公式,选取分辨系数为 0.5,得出灰色关联系数应该为:

$$\frac{\min|y(t) - x(t)| + \beta \max|y(t) - x(t)|}{|y(t) - x(t)| + \beta \max|y(t) - x(t)|}。$$

最后得出我国目前体育产业与养老产业在产业融合后的行业灰色关联系数 2014—2017 年应该为 0.9068、0.7614、0.6521、0.4333。

基于上述结果可以看到,我国体育产业与养老产业的行业灰色关联度非常微妙,二者之间在相互联系平均值方面相对较低,这说明我国的体育产业及养老产业在产业融合度方面表现不佳。

二、体育与养老产业融合市场发育程度定量分析

目前,我国养老产业在老年文化娱乐消费水平方面逐年提高,成为直观体现老年体育消费支出的核心指标。在体育产业与养老产业融合发展的道路上,市场发育程度也成为二者融合程度优劣的重要风向标。下面对我国 2008—2017 年的老龄群体文娱消费支出数据进行分析,制作规模数据样本,搭建 VAR 分析模型,详细阐述体育产业与养老产业两大产业之间的市场发育程度定量分析过程(表 9-3)。

表 9-3　2008—2017 年我国老龄群体文娱消费支出与体育产业发展规模数据

单位:亿元

年份	老龄群体文娱消费支出 x	体育产业发展规模 y
2008	1802.29	1401.36
2009	2138.99	1779.68
2010	2272.79	2094.95
2011	2462.64	2851.44
2012	3425.46	3306.47
2013	3538.22	3893.99
2014	3942.44	9600.08
2015	4743.28	12 000.93
2016	5350.39	13 574.72
2017	6104.56	17 000.20

建立 VAR 分析模型,最大限度减少序列波动,同时消除异方差影响,做好数据处理。首先要对表 9-3 中的所有原始数据进行自然对数变换,再利用 EView 软件对其中的时间序列数据进行 ADF 检验分析。整体来讲,就是要保证在临界水平 10% 的状态下满足 VAR 分析模型平稳条件,同时进行单整序列分析,最后实施格兰杰因果检验方法。

假设我国老龄群体文娱消费支出为 $\ln x$,体育产业发展规模为 $\ln y$,通过格兰杰因果检验得出一阶差分结果,然后实施 ADF 单位根检验,得出以下结果,如表 9-4 所示。

表 9-4 我国老龄群体文娱消费与体育产业发展规模 ADF 单位根检验结果

实验参数	ADF 检验值	临界值	平稳性
$\ln x$	−3.211 557	−2.901 388	平稳
$\ln y$	−3.244 607	−2.901 388	平稳

结合上述分析可以计算得出 $\ln x$ 的相应路径在一阶差分的脉冲值近似于 0，这说明体育产业规模虽然在不断发展扩大，正在引导老龄群体文娱消费支出的持续增加，但整体增速非常缓慢，表现出我国体育产业面向老龄群体的专业化市场建设还尚未成形，对老年体育产业消费增长刺激程度还远远不够，还未能满足我国政府所倡导的健康养老要求。而对 $\ln y$ 自身响应函数的时间路径分析则看出其响应路径发展相对平稳，这说明我国在老龄群体文娱消费支出方面发展尚且平稳，其消费支出的增长弹性变化相对稳定，整体上体育养老服务在我国养老产业领域的有效供给水平还有待提高。

第三节 体育与养老产业融合发展的契机

一、全民健身常态化

自党的十八大以来，在迈向体育强国和共筑健康中国的宏伟目标指引下，全民健身国家战略成为当今我国最火的体育关键词，其一头连接民生健康福祉、一头连接体育市场发展，是传扬全民健康理念、培养终身体育意识的最佳途径。实际上，在改革开放近 40 年的时间中，由于经济社会的深刻转型，受到国力提升、环境优化、政策利好、国民自我意识觉醒的影响，我国体育赖以存在和发展的条件发生了根本性变化，人们对于体育的认识理解和价值判断较过去有了很大的转变，体育在国家层面、社会层面及个体层面都被赋予新的意义，回归"发展体育运动，增强人民体质"的本源，加快推动体育体制改革、转变体育发展方式以实现公共体育服务普惠均等，使人们在参与体育运动的过程中真实地收获健康快乐和享受美好生活，进而促进人的自由全面发展，乃是新时期我国体育发展的大势所趋、民心所向。基于这样的时代要求，在政府引领、市场运作、社会参与的多方共同努力下，近年来全民健身在全国范围内以燎原之势取得了累累硕果，尤其是伴随健康中国战略向纵深的不断推进，"全民健身"这 4 个字也真正首度从"高大上"的政策文本里一步一步地"走"到了平常百姓的心中，潜移默化般融入进了各年龄阶层人民的生活。正所谓，全民健身方兴未艾、终身体育养成意识渐熟，这即是现阶段我国体育产业与养老产业融合发展迎来的新契机之一。

（一）越来越多的国人开始喜爱体育运动，并主动参与其中

近年来，由于"全民健身日"的持续聚力，随着以城市马拉松为代表的全民健身赛事活动在全国各地的风起云涌，加之 2022 年北京冬奥会"3 亿人上冰雪"的号召鼓舞，以及全运会正式新增群众比赛项目，种种丰富多彩的全民健身活动就此点燃并唤醒了人们过去可能"奢求渴望"却碍于各种因素"很难实现"的参与体育运动的激情。早期通过全民健身吃到"甜头"的群众，更是以自身行动作为表率向社会释放健康活力的正能量，从而不断影响和带动包括亲属、朋友、同事及同学在内的更多身边人，吸引和鼓励大家参加运动、参与健身，并广泛传播全民健身知识、传扬健康生活理念。此外，全民健身早已超越了简单的强身健体，而是伴随体育消费人数的增长产生更大的社会经济效应，尤其是与养老、教育、文化、旅游等服务相融合，更易形成互促共进的体育市场发展新局面。

（二）"运动是良医"渐入人心

国际经验表明，随着绝大多数发达国家和部分发展中国家医疗卫生保障水平的提高及饮食营养条件的改善，由于国民疾病谱的变化，"体力活动不足"已经构成影响人体健康的一个重大因素，以往少见但现在高发的多数慢性非传染疾病均与"缺乏体育运动"有关。最新研究发现，目前人类约 70% 的慢性病都可以通过有效的体育运动手段加以防治，所以，国际医学界亦把体育运动称为"人类的终生良药"。当前，推动我国全民健身与全民健康深度融合是建设健康中国的一项重大决策部署，人们不仅对"运动处方"有了更加理性和深刻的认知，使体育作为多功能的全方位、全周期、全人群"体力活动补充剂"和"健康效益收获器"的效用不断放大，而且养成科学、规律、自觉、持久的终身体育锻炼习惯正在逐渐成为更多国人（尤其是中老年群体）进行自我保健、自我预防、自我治疗、自我康复的首选。更为重要的是，"运动处方"在助力解决老年心理慰藉和精神需求等问题方面也具有独到疗效：那些把积极参与有组织的健身锻炼或赛事娱乐活动视作认真休闲手段的老年人，他们通常

都培养了自身努力付出、坚持不懈与永不放弃的精神，而且还有效增进了代际间的和谐互动关系，这使他们也获得了体能、社交及心理认同等多方面的回报，为自己带来成就感与存在感、个体发展与社会互动的有益影响。经常参加体育锻炼的老年人既能够比同辈人拥抱更加快乐美满的晚年生活，又可以在整体层面促进健康老龄化。因而，"运动是良医"的观念日益深得人心，只有提供优质化、分众化的体育运动健康服务产品，才能进一步地有效激活老年用户的潜在需求、有力补齐康养市场的各项短板，最终达成并契合健康中国战略所提出的"把以治病为中心转变为以人民健康为中心"的新时期主旨目标。

（三）未来更多的老年人或将成为既有兴趣又有技能的体育实践者

在每一个人的成长过程中，校园始终是我们全面接触体育运动、习得项目技能、培养兴趣爱好的主阵地。伴随全民健身国家战略的深入推进，从学校体育端口发力，在青少年时期就着手引导人们养成以终身体育为载体的健康生活方式，已经在全社会取得广泛共识。2016年4月，国务院办公厅发布了《关于强化学校体育促进学生身心健康全面发展的意见》，该文件特别强调学校体育要坚持面向全体、人人参与，并要求体育教学必须加强健康知识教育、注重体育兴趣培养，积极引导学生至少掌握一到两项终身受益的运动技能。可以预见，在全民健身理念深深植根国民心中的同时，今后每一代老龄群体中的绝大多数人都有望成为普遍拥有一定运动技能的体育爱好者或支持者，那么，从体育消费的角度考虑，越来越多的新生代老人应值得引起体育市场的高度关注。毕竟，体育在全社会健康养老服务中作为"运动处方"的综合价值将备受国人的重视和认可，此其一。其二，体育参与的持续化和规模化势必催生多样化的老年体育健身需求，仅以2017年北京市中高收入老年群体对养老服务需求为例，在60家研究院对其调研中发现，体育健身需求以52.15%的占比排在所有16项服务需求的首位[①]。此外，近年来广场舞风靡大江南北，也反映出大部分中低龄的活力长者对晚年幸福生活的一种追求与态度。

二、养老服务市场化

我国人口老龄化的成因和特点决定了社会养老将成必然趋势，虽然养老服务供

---

① 李斌，等. 北京"金领"老年人调查报告：有钱、有闲、爱旅游、懂网购[R]. 北京：60家研究院，2017.

给增速未能跟上老龄化的节奏，使得我国养老市场潜力目前尚未完全释放，但由于老龄人口急剧增加带来增长新引擎，加之近年来国家利好政策扶持力度加大及大批上市企业纷纷涉足养老服务行业，我国将成为全球老龄产业发展潜力最大的国家，养老服务的巨大市场亟待开发。首批中产退休在即、养老细分市场虚位以待，这即是现阶段我国体育产业与养老产业融合发展迎来的新契机之二。

（一）银发市场前景看好

我国改革开放后的第一代中产阶级退休在即，养老服务需求将在未来5～10年内集中爆发，养老行业的黄金时期已经不远。由于我国老龄人口的增速已经明显超过总人口增速且在未来30年内将有较快增长，随着我国首个生育高峰群体即将退休迎来乐龄生涯，而他们其中的很大一部分人其实又是我国的第一代中产阶级，即改革开放后通过自身努力、留有一定生活积蓄、年龄主要集中在50～65岁的群体，作为社会财富的主要持有者，他们也将成为近10年内养老服务消费的主力。实际上，受益于中国城市发展最快速的时期，新中国成立后诞生的首批以50后和60后为主构成的中产阶级群体，他们不仅在资产价格尚未上涨时就已经基本解决相关刚需，而且部分人已经分享改革开放红利率先觅得商机从而发家致富，同时不少人还接受了1976年后的第一轮高等教育，并运用自身的知识技术优势逐渐步入了各行各业的中高层管理岗位，所以，在现阶段我国社会保障体系尚未完全建立的情况下，首批中产将为养老服务行业带来新一轮变革。据相关部门统计，这些第一代具有较强支付实力而且即将步入60～70岁的低龄老年群体占全国老年人口总量近60%，他们实质上为我国养老市场的成长注入了强劲动力。可以说，富人的变老正是今后我国养老产业发展面临的新机遇，养老服务的市场潜力欲兑现。

（二）市场细分将成为养老服务的重点发展方向

由于首批中产阶级属于新中国第一代和第二代婴儿潮叠加人群，而且又是第一批独生子女的父母，他们在退休之际面对的是更为严峻的包括有关空巢老人、子女赡养、保健养生等在内的一系列问题，因而，如何为其量身定制和提供有效的解决方案应值得市场关注，毕竟他们有能够负担得起改善晚年生活状况的经济能力。所以，需要有差异化的养老服务运营商为不同收入水平和消费层次的老年用户提供多样化、品质化的养老服务产品，满足他们在高、中、低端的各方面需求，这样才能使企业有机会进一步得到消费者青睐，进而通过品牌效应助力养老市场的营收增长。其实，2017年12月18日召开的中央经济工作会议就明确提出要在进一步加强我国经济社会发展协调性与普惠性的同时，更好地兼顾有更高需求且有相应负担能力的地区或个人能够在市场中享受更多元、更优质、更个性化的养老服务。这实际上也是在号召各路资本和企业积极渗透进入，并打造培育养老服务的细分市场。另外，根据《21世纪经济报道》公布的大数据显示，在当前国内老龄人口中，真正高龄、失智失能、需要快速进入养老机构护理的人口仅占20%，其余80%老年人口依然处于"健康、睿智、充满活力"的阶段，而在这类人群的推动下，越来越多的新兴养老模式将被催生出来。

三、老年消费品质化

今天，作为消费活动主体的每一个人都身处资讯爆炸、科技飞跃的网络全球化时代，知识的便捷化、服务的个性化及产品的智能化在默默改变国人日常生活轨迹的同时，也悄然地影响着人们的消费偏好和期望，老年消费概不例外。正所谓，信息科技日新月异、老年消费思维与时俱进，这即是现阶段我国体育产业与养老产业融合发展迎来的新契机之三。

（一）老年用户将乐意为自己的兴趣埋单

伴随老年人接收信息渠道日趋多样、信息内容日益多元，老年兴趣消费因而日渐兴起。自古以来，兴趣爱好始终是丰富老年精神世界不可或缺的基本元素，基于当前我国社会主要矛盾已经发生转化，激发老年用户在兴趣环节的消费活力，满足老人对于美好晚年生活的需要，将使养老服务市场迎来新的增长点。实际上，相较于过去信息获取能力十分闭塞的老年人，随着我国世界领先的移动互联网技术的高速发展及网络信号全人群、全地域的广泛覆盖，如今我国老年人的信息获取与年轻人相差无几，并且他们能够接受新鲜事物、热衷学习，许多老年人已经可以熟练运用终端设备来接收线上资讯，社交媒体也成为他们休闲生活的一部分，所以，越来越多的新生代老人或将抱以更为开放的姿态，乐于尝试体验他们信任的休闲娱乐和消费项目，其消费特征也更加趋于年轻化和时尚化，并且社交性消费需求愈发强烈。例如，在同程旅游于2016年创立的老年旅游品牌项目"百旅会"中，51～60岁的用户占62%，61～70岁的用户占33%，70岁以上的用户占5%，其中大部分用户对于邮轮旅游、极地旅游、养生旅游等细分市场表现活跃，特别是在线用户，他们对于非标住宿等新鲜事物的接受度甚至高于年轻群体，而"较年轻"的老人很有可能仍然是未来老年旅游市场的主力。此外，从近年来出国旅游的老年人在免税店大规模购物的诸多场景也可以看出，拥有一定购买力的国内老年用户不在少数。可以预见，新生代老人在休闲娱乐方面的兴趣消费潜力不容小觑。

（二）老年用户的消费观正在演变

基于生理和心理特征，长期以来，我国老年消费大多具有自主性强、习惯稳定、行为理智及追求实用便利等特点。虽然老年人的消费需求和消费方式在一定程度上有别于其他年龄段的群体，并且由于老年人自身阅历积淀的各不相同，他们的消费观念也是各式各样的。但是在信息社会"熏染"中，随着老年人口比重的明显增大、城乡区域均衡发展进程的加快、养老保障体系的持续完善及生活方式的不断更新，新生代老人的整体消费思维将日益跟上快速变化的时代节奏。老年人未来消费理念的转变主要体现在以下几个方面：一是消费理念将渐次由省吃俭用向花钱买快乐买健康转变；二是消费需求将逐步由满足基本生活需要向提高生活品质转变；三是消费方式正在由传统线下渠道的目的型消费向线上线下有机结合的体验型消费转变。同时，随着首批中产退休步入晚年生活，他们将构成一支既具有足够消费能力又拥有较强享受型消费意愿的队伍，推动当前我国老年健康消费观念弱的欠发达地区迅速向发达地区收敛，使其可能在数年内就拥有发达地区几十年来才形成的健康消费偏好（我国地区经济差异或文化差异导致当代老年人的健康消费观念仍存在较大的地区差异），从而在全国范围内创造颇具潜力的老年健康消费市场。

四、乐龄生活丰富化

古往今来，在以孝道为尊与经验传承的社会文化氛围中，我国老年人的生活始终是与后代子孙联系在一起的。自中华人民共和国成立以来，人们通常都会在60岁迎来"退休、子女成家立业、孙辈诞生、身体机能衰退、优享敬老待遇"等一系列事件因素构成的人生的又一个转折点。尽人皆知，如今我国刚刚及行将步入花甲之年的老年人，他们在成长时期饱尝艰辛与磨难，参加工作之时恰逢改革开放的新风正起，出于对穷苦的不安和担忧，他们中的很多人都通过努力的工作学习来确保自己跟上时代发展的脚步，并且秉持省吃俭用的生活习惯，几乎把所有精力和收入都倾注于养儿育女，希望下一代能过上幸福美好的生活，以免重复自己的不幸，而在这个漫长的过程中,他们甚少考虑过自己。

然而,在近 40 年我国经济社会的高速发展中,国家发生了翻天覆地的巨变,人们的思维模式也因此受到影响。伴随物质生活条件的全面改善及人均寿命的稳步提高,新生代老人的生活也悄然发生着变化。告别跌宕起伏的过去,作为我国第一代独生子女父母的他们已不再需要为穷苦而担心,他们的孩子大多也结婚生子开启新的家庭生活,日益健全的养老保险制度则为他们提供了充足的可支配收入。因此,新生代老人在踏入耳顺之际,即将迎来安稳平和的退休生活。他们可以借助相对健康的体魄、较为稳定的收入和大量空闲时间,为老年生活注入更多的更可期待的内容,尤其是有机会开始真正关注自己,重过年轻时未能体验过的生活,从而展现出一种新的精神风貌,度过一个充实愉快且极富意义的晚年。正所谓,经济社会繁荣发展、老年生活面貌焕然一新,这即是现阶段我国体育产业与养老产业融合发展迎来的新契机之四。

有调查发现,新一代的老龄群体愿意将更多的消费用于膳食营养、旅游社交、文化教育、休闲娱乐等能够提高自身生活质量的产品和服务,他们正在积极地重拾昔日未能顾及的自我,变得更加开放、安享、热情和积极,因而我们对身边越来越多的老年人应该有全新的认识,不能总是停留在"老人忙于照顾孙儿、生活单调乏味、体弱多病、勤俭朴素"的陈旧印象中。简而言之,随着时代的进步,今后我国老年人不会再如过往那般保守,他们将乐于利用手中的积蓄尝试新鲜事物,通过健康消费引领美好生活。所以,需要有更多品牌重视这个不容忽视的银发经济消费群体,向更多新生代的老年用户提供更全面的高质量产品和服务。

第四节　体育与养老产业融合发展的内外因分析

一、国家政策导向:体育与养老产业融合的外生性动力

由于经济社会转型,在政府主导型的市场模式体系下,我国生活性服务业长期蓄势发展,居住、医疗、教育、文娱和通信占居民消费比重均经历了先升后降的过程。如今,随着国民收入超越中等收入国家水平,国家经济总量跃居世界第二位,新型城镇化建设高速推进及社会主要矛盾出现变化,我国正在由经济赶超型发展向

高质量发展过渡,因而生活性服务即将迎来增长爆发期。环视当前全球产业经济现状,以制造服务化、服务网络化为主要特征的产业融合趋势在新经济发展中的地位越来越突出。为了加快推动我国生活性服务业实现跨越式发展,国家政策导向鼓励特别是放松管制将成为驱动生活性服务业内部发生产业融合现象的决定性因素。那么,就我国体育产业与养老产业融合而言,除了市场主体在体育或养老消费端口的利益使然,现阶段两大产业融合发展的主要动力仍将源自产业政策的引导和规制。实际上,目前国家对服务消费领域的深化改革予以高度重视,不仅通过政府自身的改革来降低服务型企业运行的制度性交易成本,而且大力实施各项产业政策来激励和保障第一、第二、第三产业融合发展。尤其是近年来国家以顶层设计之力,相继发布了鼓励和支持体育与养老及相关产业融合发展的各项政策,在一定程度上为体育产业与相关产业的融合发展创造了利好的制度环境和自由的市场空间,进而能够降低或消除产业间的进入壁垒,为体育产业与养老产业融合提供了比较充分的政策保障。简言之,国家政策导向在体育产业与养老产业融合发展过程中将始终发挥至关重要的基础性作用。

二、范围经济扩张:体育与养老产业融合的内生性动力

范围经济是实现社会资源的有效使用、提高生产效率的重要手段与途径,它通常是以一个企业生产多类产品和多个企业分别生产一类或少数几类产品的相对总成本来定义的[①]。存在范围经济的条件,可用函数"$TC(Q_a, Q_b) < TC(Q_a, 0) + TC(0, Q_b)$"表示,其意味着一个企业同时生产产品a和产品b所花费的成本小于两个企业分别生产产品a和产品b所花费的成本之和。依据产业融合理论,并且通过对农业种植、制造物流、生物医药、信息传媒、金融地产、文化旅游等第一、第二、第三产业经济现象的考察不难发现,产业融合发生的内在条件其实是互相融合的不同产业或相同产业内部各行业之间,都具有范围经济的特征,即联合生产或经销经济——企业增加产品种类能节约成本。在市场经济中,企业的趋利性是企业发展的根本动因。一方面,从体育产业的发展趋势来判断,按照国家确立的2020年体育产业总规模超过3万亿元的目标指引,伴随我国体育产业质量和体育消费服务购买力水平的逐步提升,体育产业部门与相关产业部门之间的生产要素流通和渗透必将加

---

① 王俊豪.产业经济学[M].3版.北京:高等教育出版社,2016.

强,这就很可能进一步增强和扩大各类体育企业在相关领域的经营布局,从而全面提升体育产业的整体规格,实现体育企业的范围经济;另一方面,从养老产业的发展前景来推测,由于人口老龄化加剧促使多元福利经济形态不断成熟,未来养老资源主要依靠市场配置的观点如今已成为业界共识,然而老年人口和市场需求、营利机会和市场规模之间并不能简单画等号,尤其是当前适合老年人消费的服务产品供给与其有效需求仍然处于结构性失衡的状态,因而,许多专家学者也都大多赞成养老产业发展必须立足中长线投资定位,通过跨界融合的方式来增加适老服务产品的多层次供给,进而提高养老产业发展的核心竞争力,使得养老企业能够享用范围经济。由此可知,体育产业与养老产业融合发展的经济特征的实质就是范围经济性,因为体育或养老企业若采用混业经营战略,通过创新优化差异化产品的供应链使单位生产或销售的成本降低,就容易引发范围经济扩张,进而可能直接驱动两大产业融合的发生。也就是说,作为体育产业与养老产业融合发展的引擎,企业将在追求范围经济的过程中持续输出融合动力。

第五节　体育与养老产业融合发展的趋向

一、体育与养老产业融合的目标

体育产业与养老产业融合的目标是基于引领老年人在新时期建立形成科学、文明、健康的新生活方式,通过实现双边产业资源在应用层面的全面深入衔接、渗透与重组,形成以体育独有的非医疗健康干预功能为支撑,寓健身、竞赛、康复、照护、疗养等多种服务元素于一体的,你中有我、我中有你的老年运动健康服务市场新格局。众所皆知,体育企业提供的服务主要包括健身指导服务、运动康复服务、赛事组织服务、场馆租赁服务、体育资讯服务等内容,养老企业提供的服务主要涵盖居家照料服务、社区关怀服务、机构护理服务、保健养生服务、老年精神服务、老龄用品服务等领域,而这些服务元素在许多环节是相互叠加在一起的,因为服务对象在一定时空范围内都是老年群体。例如,健身锻炼是老年人保健养生的重要途径,运动康复是辅助老年人改善机体功能的医疗手段,观赛参赛是丰富老年精神生活的休闲娱乐方式,适老化体育场馆设施改造和器材定制可以满足老年人的特殊使用要求。不过,由于老年消费市场并非单一的同质市场,而是一个分众式、多元化的市场[①],并且任何形式的涉老服务都具有一定的准公益性,所以老年用户是否需要向相关企业购买体育服务或养老服务,以及他们到底需要什么类型的服务、什么款式的产品,每位老人的回答各不相同。因此,明确体育产业与养老产业融合的目标,找准企业用力方向,加强服务创新能力,使体育服务与养老服务能够有机融入彼此的产业价值创造环节,才能更好适应老年用户需求导向下健康养老服务模式精准化、集约化和科学化的新局面。

二、体育与养老产业融合的类型

我国老年运动健康服务市场培育的长期性和艰巨性决定了体育产业与养老产业融合将是久久为功的渐进过程。在以创新为首的五大发展理念引领下,随着我国康养服务市场开放程度不断提升、产业资源共享平台不断升级及企业创新驱动步伐不断加快,体育产业与养老产业融合的类型也将跟随产业融合度的变化而发生相应改变。

国外最新研究表明,产业互动通常发生在3个区间:自然区间(natural area)、融合区间(convergence area)和离散区间(divergence area)。当产业互动发生在自然区间,产业融合出现的概率是随机的;当产业互动发生在融合区间,产业融合出现的概率远大于产业互动发生在自然区间的情况,并且极易引发两个及两个以上的更多产业之间发生融合;当产业互动发生在离散区间,产业融合出现的概率远小于产业互动发生在自然区间的情况,并且两个产业之间很少进行资源的有效共享。同时,受外部环境实时变化的影响,产业互动在一定时期内往往又会呈现出3种不同的融合动态:动态稳定(stationary dynamics)、动态递增(increasing dynamics)和动态衰减(decreasing dynamics),后面两种动态也被统称为动态演进(evolutionary dynamics),并且它们一直处于非线性乃至混沌关系。换言之,在产业互动的过程中,融合动态是不断转换的,即产业融合度是持续变化的。通过把产业互动所在区间及形成融合动态的内涵相结合,体育产业与养老产业融合的类型将划分为5种范式:演进式融合(evolutionary convergence)、演进式离散(evolutionary divergence)、稳态式融合(stationary convergence)、稳态式离散(stationary divergence)和稳态式独立(stationary independence)。演进式融合是指随着体育产业与养老产业融合度的

---

① 王菲. 我国城市老年人消费行为的实证研究[J]. 人口与发展, 2015 (3): 11.

提高,两大产业互动的频率就会增强,并开始进入和维持在融合区间,使既有的产业重叠部分日益扩大。演进式离散是指随着体育产业与养老产业融合度的降低,两大产业互动的频率就会减弱,并开始进入和维持在离散区间,使既有的产业重叠部分日渐缩小。稳态式融合是指由于体育产业与养老产业融合度的变化在融合区间中保持相对静止,两大产业互动的频率就会维持高位水平的现状,使已经新增的产业重叠部分不再扩大;相反,稳态式离散是指由于体育产业与养老产业融合度的变化在离散区间中保持相对静止,两大产业互动的频率就会维持低位水平的现状,使已经缩小的产业重叠部分不再缩小。稳态式独立是指由于体育产业与养老产业融合度的变化在自然区间中保持相对静止,两大产业互动的频率就会维持在中位水平的现状,使既有的产业重叠部分不增不减。

有鉴于此,根据前文分析,由于我国体育产业与养老产业融合度较低,且老年运动健康服务市场还未勃兴,面对当前两大产业互动不足的情况,两者融合的类型尚属于演进式离散。不过,近年来,一些行业先行者正在积极部署跨界经营,开发多元化的适老体育服务产品,如熠腾健康管理咨询(上海)有限公司以"望年悦动"为品牌专门针对中轻度失能老人提供运动康复治疗服务、广州至道投资管理咨询有限公司通过推广运营"长者地壶球联赛"的乐龄活动 IP 以切入老年赛事服务市场、北京尚体健康科技有限公司建立了全国首家以中老年人运动健康为主题的"康乐家园"、申体(上海)体育文化发展有限公司主打老年体育健身产品的创新研制和经销服务等市场佐证,不一而足。那么,今后随着更多企业及社会资本陆续介入老年运动健康服务市场,我国体育产业与养老产业融合的类型或将由演进式离散向稳态式融合逐级过渡,最终有望实现演进式融合的彻底转变,从而使"体育 + 养老"形成的新经济现象获得产生康养新业态的能力。

第十章 体育与养老产业融合模式

本章围绕着体育产业与养老产业融合的互动机制、融合模式和融合发展的关系等方面对体育产业与养老产业的互动融合进行了具体讲述。

第一节 体育与养老产业融合的互动机制

虽然我们都知道,体育产业与养老产业在技术、业务和运作等方面都有非常准确的界限,然而我们还是会认为,在养老产业之中,使用体育资源对养老服务行业进行开发的企业,其实质还是划归为体育产业的范畴的。和这种情况相反的是,在体育产业之中,我们认为,那些主要针对老年人客户群体进行养生和养老服务的企业也具有一定的养老的作用。因为对传统行业进行划分的不同,再加上历史上的一些问题,虽然体育产业与养老产业都是归属于服务行业的,但是它们真正所归属的体育部门或者民政等部门却不一样,我们可以这么说,这些不同主要就是这一类经济产业的属性不同,一个是体育属性,一个是养老属性。受到当今社会各个学科相互之间的影响和融合,体育产业与养老产业之间的联系更加密切了。所以,我们可以说,体育产业与养老产业有着密切的关系,两者之间相互影响、相互制约。如果一个体育产业和养老有关联的话,那么,养老产业能否真正发展起来,有赖于这个体育产业的发达;如果一个养老产品和体育有关联的话,这个养老产品的发展也会推动体育产业的进步。二者之间的关系如图10-1所示。

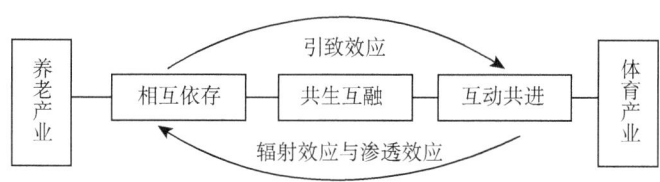

图 10-1 体育产业与养老产业的互动机制

一、体育与养老产业相互依存

我们对体育资源与养老资源之间的关系进行分析发现,体育产业能够为老年人的身体健康提供各种各样所需要的资源,这些资源中就涵盖了康体养老资源。我们要想真正理解康体养老资源,就需要首先了解其体育方面的含义。康体养老资源属于体育的范围,很多的体育资源我们只要根据其所具有的养老方面的资源进行一定的开发,就会受到广大老年群众的关注,我们可以说,这是康体养老产业能够发展起来的基本依托,是一种比较特别的资源。所以,我们认为,康体养老的实质就是体育,与此同时,康体养老也对体育的发展产生了一定的作用,是推动体育产业发展的强大力量。养老产业的发展推动了体育产业的活力,体育产业的影响使得养老产业更富有多样性。体育产业与养老产业之间关系非常密切,是相互促进的,二者既要求共同创造大的收益,也要求为了满足社会对健康的追求而提供优质的服务。

二、体育与养老产业共生互融

体育产业与养老产业都是属于中国服务行业的,二者之间关系非常密切。为了满足老年人对健康的一定需要,出现了很多的养老产业,如学习、旅游、保健等,这些养老产业中都蕴含着各种各样的体育方面的成分,也就是说,大部分和养老有关系的经济活动都是通过体育的方式进行的,特别是康体养老产品的生产和消费,和体育产业的关系尤为密切。进行一定的体育锻炼是老年人能够养老和健身的关键所在。我们认为,体育产业主要是通过养老产业进行一定的展现,如果养老健身失去了其中的体育元素,就会对老年人失去兴趣,如果体育产业中没有养老的因素在里边,体育也就没有了应有的活力。体育产业有其自身的优点,那就是体育健身的因素,养老产业也有其自身的优点,也就是市场。体育产业中体育健身的元素是养老产业的重心;养老的元素为体育产业的发展开辟出一条经济发展的命脉。所以,我们认为,体育产业与养老产业是相互促进、相互影响的,两者之间相互融合、一起发展。

三、体育与养老产业互动共进

体育产业与养老产业互动共进主要有两个方面的体现。

第十章 体育与养老产业融合模式

一方面，体育产业能够促进养老产业的发展。体育产业可以对养老产业进行辐射和渗透，使得养老企业的品质不断得到提升，养老产业能够进行持续性的发展。同时，使得体育产业得到充分有效的利用，这样可以使得养老产业的竞争力不断得到提升。

另一方面，养老产业也可以促进体育产业的发展。养老产业对体育产业进行引致，为体育产业的发展开辟了路径，使得体育产业的发展市场逐步形成一定的规模。

体育产业与养老产业是相互依存的，二者之间能够相互促进。我们要对体育产业与养老产业进行一定的整合，使得两大产业在互动共进中不断增加自身的附加值，促进经济的高效发展。

第二节 体育与养老产业的融合模式

因为老年人的人口数所占的比例不断升高，其经济收入也在不断增加，老年人越来越需要体育用品和康体等健康服务。基于这个原因，我们根据发展的理念、科技的支撑等方面，对体育产业与养老产业的融合模式进行了探究，提出了3种模式——渗透融合模式、重组融合模式和延伸融合模式，如图10-2所示。

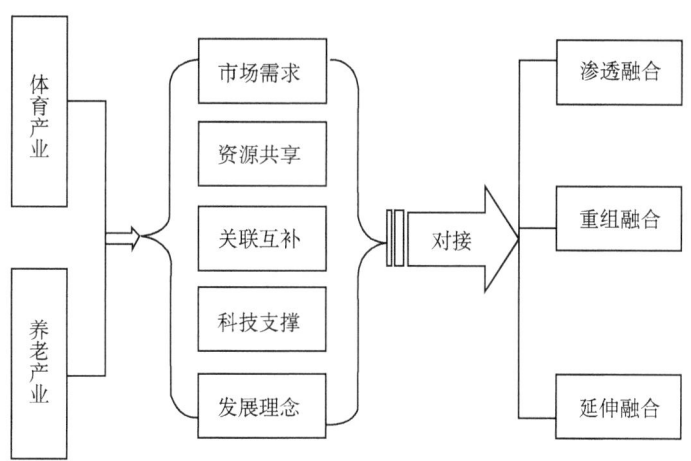

图10-2 体育产业与养老产业融合过程

一、渗透融合模式

所谓的渗透融合指的是，不同产业之间的资源能够共享，彼此之间能够进行一定的交叉和相互渗透。不同产业之间的融合过程是双向进行的，包括两个方面的内容，一个是甲的资源流向乙，一个是乙的资源流向甲。因为不同产业的渗透，不同产业之间能够相互联系，使得产业的含义不断得到丰富。通过体育产品的有关企业，体育产业渗透到了养老产业，通过健身运动使得体育产业与养老产业不断融合发展。就是因为这样的融合方式，使得原来的老年服务产业更加具有魅力，使得体育产业与养老产业都能获得一定的收益，实现二者的共赢，如图10-3所示。

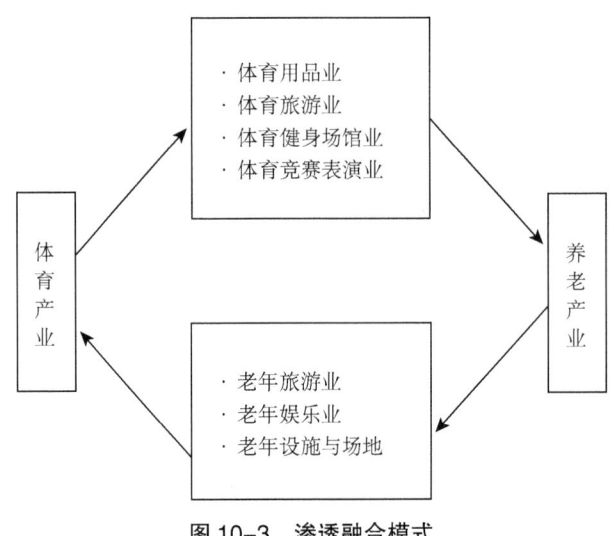

图10-3　渗透融合模式

（一）体育产业渗透到养老产业

1. 对老年体育用品进行开发

通过举办各种各样的老年人业余体育比赛等活动，对体育用品进行一定的推销和买卖，在这个基础上推动体育用品的发展转向老年市场。例如，中国老年体育协会经常举办一些太极拳、乒乓球等业余的体育比赛，在这个基础上，对体育用品进行一定的推销，进而推动整个体育用品市场中老年体育用品的发展。

2. 对老年体育旅游进行开发

因为社会是不断发展进步的，人们的生活质量也是不断提高的，老年人对健康的认识也提升到了一个新的高度，体育旅游业和养老产业结合起来，推动了老年人休闲旅游的多元化发展。例如，山东省新泰市主打健身旅游，依托当地的生态农业，不断开发养老和养生旅游产业，形成一套相对比较完整的生态休闲旅游体系。

3. 对老年体育场馆和设施进行开发

近几年,老年人跳广场舞对周边居民造成极大的影响,对出现这一现象的主要原因进行挖掘,我们发现,老年人运动场所不完善是主要原因。国家体育总局响应发展改革委要求,不断加强中国公共体育服务设施的建设,用以满足人民群众对体育健身的需要。鼓励社会进行全民健身中心等项目的建设,对老年人健身活动提供一定的指导,使得老年人不同层次的健身需求得到及时的满足。

4. 对老年体育竞赛表演进行开发

广场舞逐渐成为全运会的比赛项目。因为广场舞由来已久,主要在老年人群体中流行,而中国的老龄化问题不断加快,需要老年人不断加强自身体质锻炼。中国的体育竞赛表演事业需要不断进行开发。

(二)养老产业渗透到体育产业

1. 依托老年旅游业资源开展老年休闲健身旅游活动

养老产业渗透到体育产业中,主要是针对老年产业中比较具有有利地位的资源进行一定的设计、开发,并进行一定的销售,在其中加入体育的成分。例如,根据老年人旅游业中的海滩、山水风光等资源,进行钓鱼、爬山等健身活动。

2. 依托老年文化娱乐资源开展老年体育娱乐活动

老年人进行文化娱乐活动中也具有体育的成分,例如,在观看各种体育比赛的时候不自觉的呐喊和助威;观看广场舞、秧歌舞时候对文化的品位等,这些都能在一定程度上使得老年人体育文化娱乐的需求得到一定程度的满足。

3. 依托老年设施和场地开展老年体育健身活动

中国现在就有的养老模式主要有3类——在家的养老、在社区的养老和在养老机构的养老。在机构养老中,老年人健身的设施设备的建设资金比较短缺,在社区养老中,要想获得一定的养老资金,其途径也是非常狭窄的,受这一条件的限制,老年人进行活动的设施设备都是比较少的,项目也很简单,没有专人的指导。因为国家越来越重视健康和养生问题,政府部门不断增加老年人的体育方面的经费,社会上的企业也意识到老年人健康的市场前景,不断加强相关方面的研究和发展,使得老年人的体育健康产业不断得到发展。

因为产业之间的渗透是相互的,具有双向性,不同产业之间进行融合以后,甲中包含着乙,乙中包含着甲,当不同产业融合之后,我们站在不同的角度观察产品和服务,不难发现,这样的产品和服务既可以说是甲的,也可以说是乙的。即便是体育产业与养老产业融合以后,新生成的产品和服务既具有体育的特征,也具有养老的特征,但这种特征与体育和养老的属性又是不一样的,渗透融合模式具有一定的缺点,因为其融合的程度并不是很深,我们根据产业的业态来判断,融合后的产业既不能说是甲,也不能说是乙。

二、重组融合模式

所谓的重组融合模式指的是,本来是相对独立的产品或者服务,因为使用同一标准元件,或者是因为管理费用结合在一起,这一整合的过程就是重组融合。重组融合具有自身的一些优点,那就是,把本互不相关的具有各自独立性的产品和服务根据自身的特点与产业链的上游或者下游的产业进行重组融合,在这个基础上产生了和本来的产品或者是服务不一样的新的产品或者服务。体育产业与养老产业各自所具有的产业技术、产品等的界限逐渐变小或者是界限消失,然后进行重组融合,使得与体育和养老的产品或者服务不一样的业务,能够在相同的运作平台进行融合发展,最后形成新的业态,如老年健身服务产品等康体养老产品或者服务,如图10-4所示。

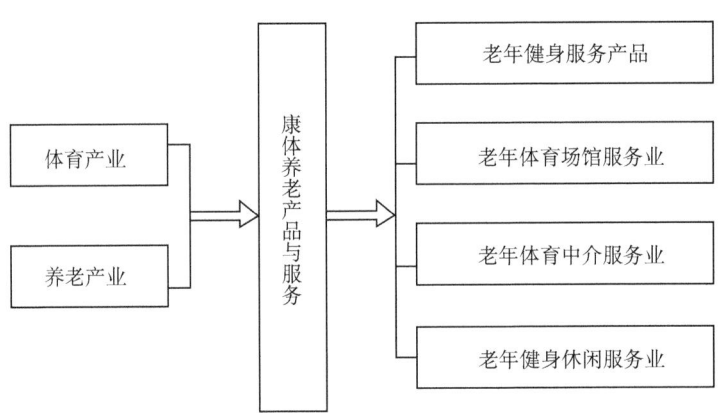

图 10-4 重组融合模式

(一)老年健身服务产品

因为出现了新的技术和新的材料,使得体育产业与养老产业原本就有的产品或者服务的界限逐渐消失,因此这两个产业的企业在寻求产品和服务跨越不同行业的同时,两大产业的产品功能被整合起来,最终研制出具有体育功能和养老功能两个属性的新的特色产品,满足老年人不断增长的、多样化的、多层次的体育健身需要,使得体育的养老服务不断得到提升。例如,老年人运动使用的软件、老年人运动使用的手表、老年人运动使用的鞋子等智能的健身服务产品,这些产品不只是能对老年人的健康进行数据分析和整合,还具有呼救、定位等功能,使得老年人的身体出现不好的状况时,能够帮助老年人进行自动报警,对老年人所在的位置进行定位,及时地帮助老年人摆脱自己所处的困境,深刻体会到高科技给他们带来的方便。

(二)老年体育场馆服务业

社会上的养老服务和社区里的养老服务有一个共同点,都是对体育场馆的设施设备等进行一定的改造和建设,使得体育产业与养老产业二者有机地结合起来,令体育场馆的经济效益和各方面的效益都得到提高,真正落实到服务于老年人的健身活动。这样,其可以按照就近的原则、小型多样的原则、文化和体育结合的原则、进行科学健身的原则,从而尽最大的努力服务于老年人的体育健身活动。

(三)老年体育中介服务业

我们要把老年人的业余的体育赛事和体育健身场所的服务业作为重点内容,并把其和体育中介服务业结合起来,促进其融合性发展。例如,在全国的老年人体育健身比赛当中,陆续产生了一些体育中介服务新市场——体育教练员的健身指导、体育文化的传播和创造性设计、体育媒介方面的广告等。

(四)老年健身休闲服务业

我们对于体育旅游业和养老旅游业的重组融合有一个媒介,那就是休闲旅游。在体育旅游和养老旅游所在的产业链上下游的产品和服务中,把老年人的健身休闲功能放在重要位置,让休闲旅游凸显老年康养特色,最终使得老年人的身心都得到不断的发展。例如,河南原阳的"颐养乐福养生养老示范基地",就是把休闲、养生和体育结合起来,并和多家社区养老服务站点合作,服务于为老人提供养老养生的生活。

即便是体育产业与养老产业都有自身的技术、产品或者市场等,经过重组融合以后,会产生新的产品或者服务,而且这些产品或者服务和原来的不尽相同。然而,在重组融合的过程中,体育产业与养老产业原有企业的经营理念是很难改变的,它们不想被其他行业收购,最终不利于整体的重组融合战略的推进。

三、延伸融合模式

所谓的延伸融合指的是，不同产业之间相互补充和产业延伸，产业不断融合，使得本来的产业具有新的功能，其竞争力不断增强，最终产业之间融合为不分你我的新型产业系统。通过产业的延伸，使得体育产业与养老产业融合起来，在体育价值链中使用新技术开发新的体育养老产品和服务，实现产业的延伸融合发展，如图10-5所示。

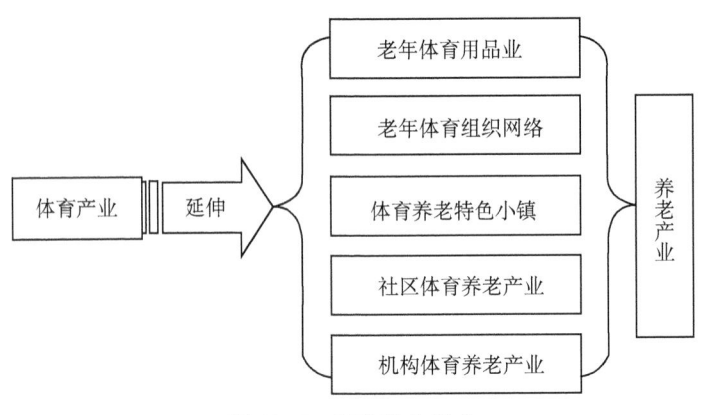

图 10-5　延伸融合模式

（一）老年体育用品业

如今的老年体育用品市场是非常广阔的，那么，体育用品的企业需要做些什么呢？首先，体育用品的企业要使得自身的市场经营理念不断更新，树立正确的企业营销策略，利用最新的技术和材料，生产出真正符合老年人要求的体育用品。其次，要采用薄利多销的销售手段，使得老年人体育用品市场不断得到更广阔的提升空间。例如，国内的一些知名体育品牌，应该加强老年人体育用品的市场占有率，不断推动老年人体育用品的发展。

（二）老年体育组织网络

老年体育组织网络是从上到下不断开展的，主要有中国老年人体育协会、县以上地区老年人体育协会、街道和乡镇老年人文化体育中心、城乡社区老年人健身活动站点和体育健身团队等，这些组织主要是通过对体育健身提供人力、物力、财力等方面的指导，不断推动老年体育健身活动的发展。

（三）体育养老特色小镇

依赖于特色小镇中的山水田园等自然资源、文化资源等，正确定位体育养老特色小镇建设的市场战略，对各种各样的体育设施设备进行投资和完善，使得体育产业的公司和养老旅游的企业联合起来，相互合作，使得老年人的健康需求不断得到满足。例如，浙江平湖九龙山航空运动小镇就实行了特色旅游度假模式，使得产业链的价值不断得到提升。

（四）社区体育养老产业

社区的养老主要是把体育健身设施作为基本条件，对于老年人的身心需要非常重视，对于现在存有的体育组织要进行充分的利用，还要请专门的体育人员对老年人的健身进行专业化指导，使得体育健身和养老产业得到延伸融合。

（五）机构体育养老产业

因为老年人越来越依赖社会和市场，因此，机构养老产业得以出现并不断获得发展。再加上老年人对于体育文化的需要越来越明显，从而使得体育产业与养老产业不断融合发展起来。受到社会化和产业化的影响，体育产业与养老产业之间的融合效率不断得到提高，使得双方有了更多的合作机会。

延伸融合模式也有自身的一些缺点，例如，体育产业与养老产业更看重的是短时间内获得的收益，从而使得它们忽视了新产品的设计，最终不利于体育养老产品和服务的整体发展。

第三节　体育与养老产业融合发展的关系分析

产业联动发展是指在不同产业内部各个细分行业，通过各方资源的汇聚与重整，不断寻求新的产业增长点，以此带动彼此发展。基于复合产业的特征共性，体育产业与养老产业都具有十分突出的关联性、多面性、混合性和包容性，彼此之间的资源是能够转移流通和共建共享的。近年来，随着中国体育市场和养老市场开放程度的不断加深，以及越来越多的社会资本正在大力进军大健康产业，无论是老龄社会福利供给保障增强，还是康养服务消费需求升级，都会引领并助力体育产业与养老产业的融合。两大产业在发展过程中势必相互吸引、相互依托、相互促进,共创有利于提升大健康产业发展能级的市场图景。因此,在产业融合的趋势下中国体育产业与养老产业之间形成了联动关系。主要表现为:体育产业对养老产业的发展具有渗透和提升作用,养老产业对体育产业的发展又具有引导和扩散作用。

一、体育产业对养老产业具有渗透和提升作用

首先,体育产业与养老产业融合发展有助于充实居家养老服务内容、增强社区养老服务活力、提高机构养老服务品质,发挥体育产业资源在推动社会养老服务体系建设中的特色优势。社会养老服务体系是以居家养老为基础、以社区养老为依托、以机构养老为补充而形成的一整套养老服务运营网络,加强社会养老服务体系建设是中国积极应对人口老龄化的一项长期战略任务。体育产业资源是体育产业组织拥有的不同形态资源存量和资源增量的禀赋总和,主要包括人力资源、场地资源和组织资源。当体育产业资源能够充分引入社会养老服务体系的要素配置环节,在创建体育技术人才、体育场馆设施和体育活动组织的共享平台基础上,对新整合形成的养老产业资源进行适当开发,就可以将其转化为种类更加丰富的养老服务产品。例如,体育服务企业或养老服务企业针对健康活力老人可以提供多样化的赛事健身服务、针对介助介护老年可以提供专业化的运动康复服务,而随着越来越多的老年用户对个性化和差异化的适老体育服务予以认可和信赖,养老服务运营网络也将随之更加完备和成熟。因此,体育产业发展带来的商机和社会关注度将为养老产业发展提供新的经营策略和营利模式。

其次,体育产业与养老产业融合发展可以扩充养老产业的市场空间。近年来,随着国家大力促进体育消费的利好政策相继释放,以及全民健身理念日渐深入人心,体育产业的发展规模和市场容量正在逐年递增,养老产业借助与体育产业的融合发展,使部分养老运营商的业务布局开始涉足体育产业的市场空间,从而在一定程度上提升了养老服务产品的整体经营水平,最终也使养老产业的市场空间得以不断扩展。例如,为了吸引关注、积累客源、增进用户黏度,基于大多数老人偏好"抱团"活动的精神需要,许多社区居家养老服务企业通常都会有目的性地设计和组织各类微利性或公益性的体育文化活动,而老年用户流量端口的放大就会倒逼养老运营商提高体育文化服务的专业层次,这样既能满足新老用户的参与和体验需求,同时也会相应地提高养老运营商的品牌知名度,进而扩大旗下产品的市场份额。

二、养老产业对体育产业具有引导和扩散作用

养老产业对体育产业的引导和扩散作用主要表现为两大产业融合发展有助于推进老年体育产品体系创新,扩大体育消费覆盖面,增强特色优势体育企业在养老市场中的竞争力。众所周知,由于社会人口年龄结构的急剧改变及居民储蓄存款余额的逐年攀升,中国经济发展即将告别依赖人口红利期而转向拥抱银发浪潮期,因此,中国养老市场也将很快进入蓬勃发展阶段,这就为众多的产业投资方、供应方及运营方提供了一个在养老服务垂直领域进行深度开发的思考方向和市场机遇。

然而,透过洞察中国体育产业的消费流量通道不难发现,一方面,目前专注于老年体育产品研发和生产的体育企业量少质差,并且为数不多的老年体育服务运营商提供养老配套服务的操作能力往往不足,难以建立形成多功能、规模化的老年体育产品体系,在某种意义上导致绝大部分老年人的体育消费倾向长期走弱,造成老年体育市场发展不平衡、不充分的问题突出;另一方面,目前中国养老企业主要看重老年人在医、食、住、行等方面的基本物质服务供给,而在老年社交、休闲、娱乐、康体等精神享受服务方面存在巨大的市场缺口,尤其是既有的养老运营商在提供老年体育服务的过程中相对较为欠缺专业化的产品增值意识,这就从整体层面拉低了养老服务产品的舒适感和新颖度,进而也会抑制老年用户的消费需求。

随着国民健康意识的不断增强及社会养老保障体制的日益完善,在国家大力推动社会养老服务体系建设的政策环境下,体育企业若能有效甄别老年人的体育消费偏好,并且积极主动开创具备品质化、科技化、多级化的专业老年体育服务市场,其必将很快成为养老消费领域的市场新宠乃至跨界经营的行业翘楚。

第十一章 贵州体育与养老产业融合发展方略

培育专业的老年运动健康服务市场、构建完备的多支柱养老保险体系与推进全面的人口老龄化国情教育，政府需营造利好的政策支持环境、创建开放的产业融合平台、引导行业规范有序发展；企业应加强行动理念、发展战略、经营管理的创新。本章主要讲述体育产业与养老产业融合发展的理论模型构建及路径、思路分析和策略等内容。

第一节 体育与养老产业融合发展的理论模型构建及路径

毋庸讳言，目前，中国体育产业与养老产业都处于发展起步期，由于产业根基薄弱、产业变现情况复杂及产业投资回报周期长的共性，有远见的行业先驱普遍认为两大产业均属于典型的"慢功"产业，因此产业发展必须遵循长跑思维，企业经营应该加强多边协作，尤其是在近些年中国向消费驱动型经济转型及国家产业政策导向利好的外部环境支持下，重点发展和扩大体育、养老等生活性服务消费，充分释放体育产业与养老产业对中国供给侧改革产生的全局性新型活力，实现体育产业与养老产业融合发展，是两大产业在社会经济和人口"新常态"形势下的共同需求，具有重要的经济意义和社会价值。

一、独立产业边界——体育与养老产业

根据体育产业与养老产业的概念界定，虽然两大产业都具有集合产业的结构特征，而且产业经营主体均有机会渗透进入对方的价值创造空间，然而按照产业经济学的基本理论，一般情况下，体育产业与养老产业的边界仍然是较为清晰的，两大

产业都各自具备自身的产业边界，其含纳了知识边界、技术边界、产品（服务）边界、业务（组织）边界和市场边界的不同界面。值得注意的是，技术在这里并不仅指具有电子机械（EM）或信息科技（IT）等物理特征的研发创新，而且还代表了任何新方法或者任何可以使事情更易完成的方法（本书认同这种基于产业创新视角解读技术或科技的观点，其源自硅谷创投教父、PayPal创始人彼得蒂尔）。

（一）体育产业边界

根据产业边界的划分方法，体育产业的边界为依托体育专业学科的智力支撑（知识边界），对体育资源进行开发（技术边界），形成多样化的体育服务和体育用品（产品边界），再对体育活动进行经营、对体育产品进行销售（业务边界），进而形成体育市场和体育消费群体（市场边界），所构成的完整产业活动过程和组织体系，如图11-1所示。

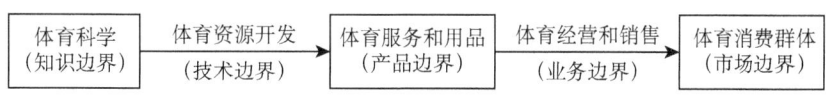

图11-1 体育产业边界示意

（二）养老产业边界

同理，养老产业的边界为依托老年经济学、老年社会学、老年医学、护理学等老龄科学知识的基础保障（知识边界），对适老化资源进行开发（技术边界），形成专业化和层次化的养老服务和老龄用品（产品边界），再对老龄文化进行传播、对养老产品进行销售（业务边界），从而形成"银色经济"和养老产品的消费者群体（市场边界），所构成的完整产业活动过程和组织体系，如图11-2所示。

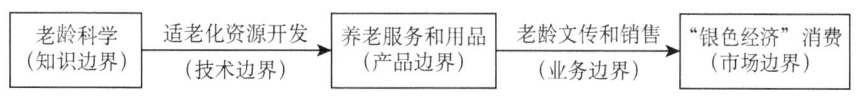

图11-2 养老产业边界示意

二、体育与养老产业融合发展的理论模型构建

产业融合是通过不同产业或产业内部在学科知识、技术工艺、产品服务、业务

组织与消费市场的各个界面的全部或部分要素系统之间的耦合作用,导致产业边界模糊化的动态过程,而原本不存在市场竞争关系的企业主体也将伴随产业边界的变化而逐渐成为潜在的竞争对手。体育产业与养老产业融合发展体现为对既有的泛老年体育服务的基因重组和流程再造,实现破界成新、涵养生态。在两大产业融合发展的过程中,原先由两者单独提供的服务产品将朝着集成化服务产品的方向演进[①],从而改变融合阶段各层面既有的产业边界,同时孕育形成新的产业边界,如图11-3所示。

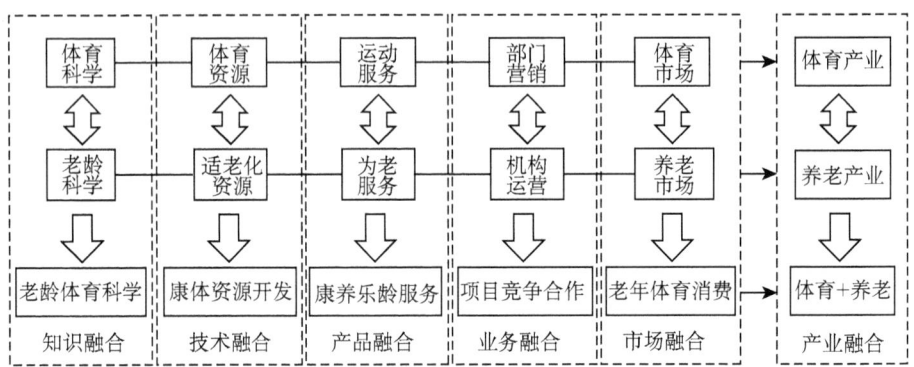

图 11-3 体育产业与养老产业融合的理论模型

体育产业与养老产业融合发展始于在人口老龄化形势日益严峻的大背景下,人们对体育产业经营与养老产业经营的认知观念创新,即先产生市场思维、商业思维的融合,再依次经过能力集成与应用集成的两个阶段,最终实现产业融合的全过程。

(一)能力集成

任何一项创新都不是凭空而来的,学习是创新与创造的基础,学习的过程也是自身知识与他人思想、自我实践与他人经验融合的过程。在这个日趋知识化的社会和专业化的市场环境中,学习能力已经成为产业组织成长的关键前提,它具体表现为对专业知识的吸收能力和对技术工艺的掌控能力。因此,在体育产业与养老产业融合发展的过程中,能力集成是指两大产业以学科之间的理论知识关联作为实践基础,全面发掘和整理潜在的老年体育市场资源,促使养老服务功能的效用最大化和

---

① CHRISTIAN WERNZ, POOJA THAKUR WERNZ, KONGKITI PHUSAVAT.Service convergence and service integration in medical tourism[J].Industrial management & data systems,2014(7):1096.

健康养老服务的精准化，从而形成商业模式的创新思维，如图11-4所示，该阶段涵盖了知识层面与技术层面的融合。

1. 知识融合

体育产业与养老产业利用跨学科的知识迁移和外溢效应，更新传统的经营理念，增加产业部门之间的对话与互动机会，因而产生第一层面的知识融合。

2. 技术融合

体育产业与养老产业共享对人群健康服务有形化、体验化和产品化的关键技术，因而在适老化体育资源开发的服务技术层面能够增进互补，实现第二层面的技术融合。

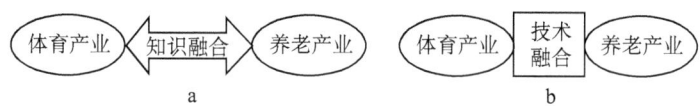

图 11-4 体育产业与养老产业融合的能力集成阶段

（二）应用集成

由于学习的成果需要在实践中发挥作用，才能体现出价值，所以，商业模式的创新思维只有在实际应用中得以落地，才有机会创造产业利润。那么，在体育产业与养老产业融合发展的过程中，应用集成就是指两大产业带来的价值创造机会，研制生产更加迎合老年用户消费偏好的产品，从而拓展既有的业务渠道和组织体系，最终在全新商业模式的平台基础上实现体育市场与养老市场的充分渗透。如图11-5所示，该阶段涵盖了产品层面、业务层面和市场层面的融合。

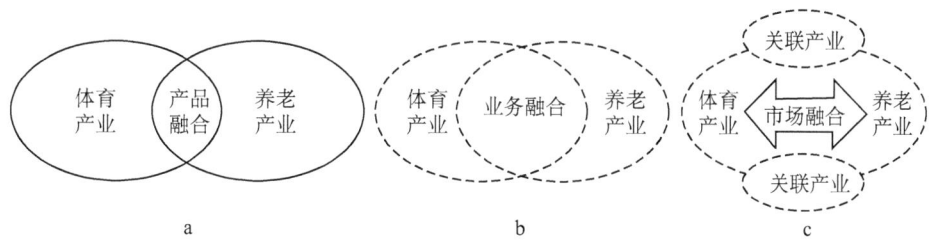

图 11-5 体育产业与养老产业融合的应用集成阶段

1. 产品融合

随着体育产业与养老产业之间资源共享程度的不断加深，不同企业在分别提供体育服务和养老服务的过程中采用同样的适老化资源的产品化技术，使得部分产品既属于体育产品，也属于养老产品，因而在两大产业边界依然清晰的基础上出现服务融合与产品交叉，产生了产品融合。

2. 业务融合

随着越来越多的产品和服务被体育企业和养老企业共享，体育产业与养老产业的边界不断模糊，本来分属两个产业的业务与组织不断交融①，以至于相关的养老企业或体育企业将属于适老体育服务产品的经营业务在组织层面进行整合，采用企业合作、兼并、重组等混合经营方式，实现了业务融合。

3. 市场融合

随着体育企业与养老企业在空间上进行集聚，共享同样的老年体育消费市场，两大产业之间的整合关系开始走进产业内部，同时由于体育产业链和养老产业链的价值创造环节不断延伸，吸引旅游、文化、地产、医疗、教育、信息传媒等其他相关产业不断聚集，最终重塑产业边界，实现了市场融合，并且有可能形成产业内部高度关联的大健康产业生态圈。

三、体育与养老产业融合发展的路径

基于体育产业与养老产业融合发展的理论模型，站在企业运营的角度分析，以老年用户消费体验为内核的市场思维、商业思维是形成两大产业融合发展的先导，因为当企业"知晓老年消费者在哪里、明白他们期望获得什么样的服务"后，所有的战略和战术实际上就都是围绕用户来布局和实施的。因此，体育产业与养老产业融合发展的实现路径遵循演化经济理论所强调的产业创新驱动"自内向外"和"自外向内"的生成逻辑②，这是产品供给和用户需求在市场博弈中逐步达到结构均衡的动态强化过程。也就是说，体育产业与养老产业融合的路径表现为相向融合，即以消费端来调整供给侧，同时又以供给侧来引导消费端。

---

① 钟晟.基于文化意向的旅游产业与文化产业融合发展研究：以武当山为例[D].武汉：武汉大学，2013.
② MICHEAL S，BROWN S W，GALLAN A S.Service-logic innnovations：how to innovate customers，not product[J].Carlifornia management review，2008（3）：49-65.

(一)"自内向外"的供给驱动型融合

"自内向外"的实现路径是通过产品供给驱动来引领体育产业与养老产业融合发展。具体而言，伴随体育商业体系的日趋完善及社会养老服务市场化进程的逐步提速，在国家出台的各项健康产业政策的利好支持下，越来越多的社会资本或将投入康养市场的细分领域，而当个别颇具创新意识及领袖精神的体育企业或养老企业，通过敏锐的洞察发现，突破传统的老年体育市场局限很有可能创造许多"新的商机"，那它们就会率先尝试通过发挥知识迁移、资源吸收和技术运用的能力，主动研发创新并向市场提供个性化、多样化和新型化的适老体育服务产品组合。随着这些新的产品供给悄然引起部分老年用户对于既有的普通体育产品或养老服务的兴趣及消费偏好发生变化，特别是当他们逐渐接纳和认可全新的适老体育服务产品的期间，同时这种口碑传递和信息扩散使得更多的老年人也期望获得新的产品体验之时，更多的企业自然也会登上这趟"分羹"的列车，促使新生的老年运动健康服务市场逐步成型。可见，这种源于适老体育服务产品供给而引发老年用户需求的改变，极有可能倒逼老年运动健康服务市场的整体创新能力提升，进而在形成和保持"体育+养老"新经济现象常态化的基础上拓展体育产业与养老产业融合发展的深度和广度。

(二)"自外向内"的需求驱动型融合

"自外向内"的实现路径是通过用户需求驱动来引领体育产业与养老产业融合发展。具体而言，随着国民人均收入水平的不断提高及社会养老保障制度体系的日益健全，在老龄群体的普遍消费实力整体升级的前提下，越来越多的老年人或将积极追寻和努力实现自身对美好晚年生活的向往，而当部分老年用户在满足其基本康养服务需求的基础上，寄希望于获得分众化、多元化和专业化的适老体育服务产品体验，他们就很有可能在消费过程中将各种不同的新的需求信号反馈至相关服务运营商。由于商业导流调适与用户端口扩大的交互叠加作用，既有的服务运营商就会率先部署实施以多级康养服务需求为导向的经营策略，通过创新适老体育服务产品来增加客源、刺激消费，同时更多的体育企业或养老企业或将受市场趋同性的影响而参与这场新型老年运动健康服务市场的合作竞争，从而进一步吸引和抓住更加庞大的潜在老年用户群体。可见，这种源于老年用户需求而引起适老体育服务产品供给的改变，极有可能更有效地带动和激活更多老年人的康养消费热情，使"体育+养老"新经济现象持续升温，从而加快体育产业与养老产业融合发展的速度和进度。

第二节　贵州体育与养老产业融合发展的思路分析

产业融合是今天经济新形势下的热词，在利益的驱使下，相关的行业必然做出最有效的改变以应对同行或跨行竞争。随着人口老龄化加重而引起产业经济结构的不断调整，目前中国体育产业与养老产业融合发展的近况已经初现端倪，并且未来的产业发展趋势愈加明朗，那么，为了顺利渡过现阶段市场初创期的供需困局，同时也着眼于全方位地丰富适老体育服务产品体系、扩大老年体育健身运动需求，我们就应该首先明确促进体育产业与养老产业融合发展的总体思路。

一、积极培育专业的老年运动健康服务市场

促进体育产业与养老产业融合发展，关键在于建立健全标准化、规模化、层次化的老年运动健康服务市场，从而增加适老体育服务产品的有效供给，满足老年群体日益增长的多元需求，实现健康养老消费供求的全面对接。老年运动健康服务市场的建设涉及政府、社会组织和企业的多方力量协同参与，是福利多元主义理论在中国积极应对人口老龄化的工作实践中的应用展现。

一是保基本、兜底线。要加快推动基本公共服务均等化水平稳步提升，扩大城乡社区居民老有所养、文体有获的覆盖面，健全有关老年体育、老年健康服务的相关政策体系，加强各级各地的老年体育协会建设，实现基本养老保障服务、老年健康管理公共服务与全民健身公共服务人人共享。到2016年，全省建立各类养老机构1260所，养老床位总数达16.4万张，平均每千名老年人拥有床位31张，超过全国平均水平。同时，还积极为养老机构配备适合老年人的健身设备，稳步打响贵州"养老基地"的品牌。

二是增总量、提品质。要弘扬尊老、助老、孝老的社会风尚，充分发挥市场机制作用，完善养老产业的金融支持体系与人才培养体系，激励包括社会组织、企业、个人在内的各类主体平等参与并积极提供多样化的老年运动健康服务。近年来，贵州省大力发展"五位一体"的养老模式，千方百计将医疗、气候、生态、康复、休闲等多种元素融入养老产业，积极开展适合老年人特点的体育健身、休闲旅游、健康养生、精神慰藉等服务。另外，发挥社区等机构举办老年健身辅导培训、老年赛事文化交流等活动的优势，为老年人举办丰富多彩的体育健身活动；鼓励企

业为老年运动提供康复支援等。这就在有序扩大养老市场准入的基础上推动适老体育服务产品供给方式多元化，挖掘市场的潜在需求。

三是调结构、促发展。要具备引导老年体育消费与植根养老产业发展的恒心，巩固家庭老年运动健康服务的基础地位，突出社区老年运动健康服务的便捷优势，强化机构老年运动健康服务的补充作用，通过科学的政策设计、制度建设及模式创新来推进老年运动健康服务市场的可持续发展。

二、加快构建完备的多支柱养老保险体系

促进体育产业与养老产业融合发展，根本在于建立健全可持续、全覆盖、公平化的多支柱养老保险体系，从而提高人们退休后的经济收入与生活水平，确保老年用户普遍享有消费适老体育服务产品的实际支付能力，实现健康养老消费供求的精准对接。多支柱养老保险体系的创建涉及基本养老保险、职业年金、商业寿险与自愿养老储蓄的多种养老金金融制度衔接整合[1]，是中国积极应对人口老龄化的长期战略选择。一是继续发挥第一支柱基本养老保险的基础作用。要在巩固基本养老保险作为养老金金融制度主体和标杆的同时，不断改革公共养老金计发办法，逐步下调基本养老保险费率，实现基本养老金全国统筹和个人账户做实，尽快建成高效可靠的社会资源代际转移机制，保障老年人的基本生活水平与国民养老安全。二是有效发挥第二支柱职业年金与第三支柱商业养老保险的补充作用。要持续完善养老金金融制度的顶层设计，尽快出台企业税收减免或个人税收延递等补充养老保险税收优惠政策，鼓励养老金融产品和服务创新，探索建立长期护理保险制度试点，着力提高养老基金市场化运作程度以形成保值增值机制，实现居民养老投资的自我激励、自我积累和自我壮大，使其在维持基本生活之外获得较好的收入改善。

三、扎实推进全面的人口老龄化国情教育

促进体育产业与养老产业融合发展，核心在于有效开展社会化、系统化、制度化的人口老龄化国情教育，从而增强全人群全周期的人口老龄化国情意识，深化认识老年健康和健康中国的重要性和战略性，在催生和创造利好的适老体育服务产品营商氛围与老年人友好的社会环境的基础之上，实现健康养老消费供求的尽快对

---

[1] 胡继晔.养老金融：促进社会保障可持续的重要战略[J].中国党政干部论坛，2016（1）：50.

接。人口老龄化国情教育的主要内容涉及人口老龄化形势教育、老龄政策法规教育、应对人口老龄化成就教育、孝亲敬老文化教育、积极老龄观教育等不同方面，这是在中国新时期主要矛盾已经发生转变的前提下形成及时、科学、综合应对人口老龄化的重要抓手。一是对政企领导干部开展人口老龄化国情教育。要正确引导和积极重塑有利于老龄化社会健康发展的政府行为和市场行动，构建共建共融共享的老年友好型社会。二是对青少年群体开展人口老龄化国情教育。要提高广大青少年学生群体对全龄健康素养的科学认知，不断加固实现健康老龄化和积极老龄化的支撑力量和后备力量。三是对老年人开展人口老龄化国情教育。要倡导全社会有意识地做好全生命周期养老准备，在舆论宣传中有针对性地强调和突出体育运动对于老年生命健康管理、老年社会活动参与及积极应对人口老龄化的显著功效，助力全体老年群体实现"幸福快乐、健康长寿"的老年梦。

第三节 贵州体育与养老产业融合发展的策略

作为体育产业与养老产业融合的重要推动者和现实参与者，虽然政府能够通过加大政策扶持和加强行业监管的手段来创造有利于两大产业融合的制度条件，但是企业在技术支持和资本加码的市场环境中仍将面对产业融合可能给其带来的竞争优势变化的影响。因此，政府和企业应该在体育产业与养老产业融合发展的过程中适时、适势、适度地调整定位和行动，为推进当前两大产业融合的健康发展服务。

一、政府促进体育与养老产业融合的策略

政府对体育产业与养老产业融合的影响主要体现为引导促进和规范限制。一方面，在起步阶段，体育产业与养老产业融合发展需要相应的配套政策支持；另一方面，政府还要规范体育与养老服务市场行为，营造平等参与的市场竞争环境，如果监管不当，则可能造成产业融合的制度障碍。同时，由于体育产业与养老产业的管理机构和监督机构还涉及体育、民政、医疗、卫计、人社、建委、财政、税收、保险、教育、老龄办等多个部门，促进两大产业的融合发展，也要考虑多部门之间的体制融合问题。

（一）营造利好的政策支持环境

体育产业与养老产业融合会引起康养服务领域多个产业链在不同价值创造环节发生重组整合，这一具体过程的产生需要一个良性的政策环境支撑，因为只有在有利的政策支持环境中，体育企业与养老企业才可能最大限度地降低交易费用、提升经营效率、激发创新活力，为两大产业融合发展形成体制机制保障。第一，要健全老年福利与老年体育的法律法规体系，加强对全民健身服务体系与社会养老服务体系建设的指导，研究制定有关老年运动健康服务发展的专项规划，加强大健康产业服务领域的税收、金融、土地、人才、就业等政策保障力度与执行精度，有效落实和打通政策红利的"最后一公里"，促进地区和城乡之间全面协调发展。第二，要坚持民生财政导向，继续扩大城乡居民基本养老保险的社会覆盖面，合理增加公共养老金的支出比例，建立健全适度普惠的老年福利补贴制度及异地医保报销制度，并尽快制定实施渐进式延迟退休改革政策并给予一定的政策缓冲期，从而不断完善多支柱养老保险体系，在整体层面提高国民的健康养老消费实力。第三，要发挥财政资金引导作用，适时建立老年运动健康服务市场的发展引导基金，明确并细化投资方向和具体办法：一是投向专门为介助介护老年群体提供的运动康复医疗服务；二是投向以PPP模式[PPP模式，是指政府与私人组织之间，为了提供某种公共物品和服务，以特许权协议为基础，彼此之间形成一种伙伴式的合作关系，并通过签署合同来明确双方的权利和义务，以确保合作的顺利完成，最终使合作各方达到比预期单独行动更为有利的结果。PPP模式将部分政府责任以特许经营权方式转移给社会主体（企业），政府与社会主体建立起"利益共享、风险共担、全程合作"的共同体关系，政府的财政负担减轻，社会主体的投资风险减小]开展的社区老年体育健身休闲及家庭运动健康服务管理；三是投向智慧康养服务。

（二）创建开放的产业融合平台

体育产业与养老产业作为中国生活性服务业体系中的朝阳业态，在其发展初期，需要国家和政府按照产业融合的要求完善产业规制政策、提高产业扶持力度，这样才能有助于打通市场壁垒，促进生产资源的自由流动和高效运转，从而拓展企业发展空间，形成开放的产业融合平台。

第一，应该改革传统服务行业的"竖井（silo）"管理体制，清理阻碍融合发生的产业管制条款，并按照产业融合的原则和目标重建管制，加快制定和完善适应现代服务业发展的运营标准,同时积极探索产业融合机制,建立包括组织协调机制、企业主体机制和服务中介机制在内的制度体系,并在实践运作中提供良好的制度保障。

第二,各级政府应深入贯彻落实国家关于全面放开体育服务市场与养老服务市场提升健康消费服务质量的政策意见;鼓励和支持社会资本投入体育产业与养老产业开发;正确引领大型体育与养老企业发挥龙头优势,并形成有影响力的市场品牌和行业标杆;大力扶持中小型企业做大做强并形成品类齐全的服务机构和供给主体;逐步建立健全企业创新的激励机制;制定政府购买老年运动健康服务的指导性目录;探索 PPP 模式的股权合作方式,增强市场主体的融合发展信心。

第三,各级政府应高度重视积极应对人口老龄化的全局性战略工作部署,全面推动各地的老年教育、文化、体育等老年事业与大健康产业协同发展,形成跨部门的工作常态,进一步打破中国长期形成的条块分割下的利益格局,进一步取缔不合理、不合规的行政性垄断措施,明晰部门职责、简化"办事"手续、提高服务效率,通过管理机构的融合来促进体育和养老资源的跨区域流通与跨行业重组,建立实施体育产业与养老产业融合发展的统筹协调机制。

贵州在政策引导和战略布局方面做得比较出色。面对巨大的市场需求和良好的发展基础,省委、省政府审时度势、积极作为,牢牢把握发展机遇,依托旅游、健康、生态、文化等资源,着力促进体育养生、休闲旅游和健康养老 3 个业态的融合发展,致力于把贵州打造成为领先全国、国际知名的宜居颐养胜地。

(三)引导行业的规范有序发展

面对体育产业与养老产业融合发展的趋势所向,政府除了要为其营造利好的政策支持环境与创建开放的产业融合平台之外,还应该注重加强市场监管、培养复合型人才及正确的舆论引导即健康养老理念宣传,从而引导和促进整个行业的规范有序发展。第一,政府应建立健全科学合理的老年运动健康服务定价、评估、准入与监督机制,制定和完善各类康养服务产品的相关标准并配备互相衔接、覆盖全面、重点突出的认证体系,大力推动老年运动健康服务标准化,强化养老服务市场的基础能力建设。第二,要创新人才培养观念、完善人才培育模式,加强人力资源的开发利用,保障体育产业与养老产业融合可以获得复合型人才体系的有力支撑。一方面要整合有限资源,加大对体育学科和老龄学科的基础研究及教育资源投入,在各级院校适时开设老年运动康复、老龄体育学等跨学科专业课程,逐步建立学历教育与职业教育并重的康养服务经营管理人才和服务队伍培养体系；另一方面可进一步探讨制定老年运动健康管理师执业资格、注册考核与职称评定政策的可行性，同时，不断健全继续教育培训体系，通过专业性的体育 MBA 项目或职业服务中介机构落实，鼓励体育企业或养老机构的高管和员工参与培训，掌握更多更新的复合性知识与技能。第三，要借助大力推进健康中国建设的时机，在社会中广泛宣传健康养老的正确观念，引导人们及早制定并实施积极的康养规划，培养成熟的健康消费意识。

二、企业促进体育与养老产业融合的策略

体育产业与养老产业融合对企业的影响主要体现为市场竞争形势的转变。一方面，由于混合并购是产业融合的直接表现形式之一，在产业融合发展的过程中，难免会使有的创投企业被吸收重组或破产倒闭退出市场；另一方面，原本不相关的体育企业或养老企业可能会在产业融合中处于相互竞争的状态，从而使市场竞争进一步激化。所以，在这个高度同质化的商业时代，企业只有不断地打破平衡稳定、实现创造革新，才有机会在这个新兴康养服务业中确立和保持竞争优势，同时也就能推动产业融合发展的不断深入。

（一）加强行动理念创新

第一，要树立融合意识。产业融合就是集成创新的过程，而创新的过程往往是艰辛和痛苦的，因为创新意味着打破常规与惯性、惰性与狭隘私念，并且所有创新都是有时效性的，这就需要创业者与企业家拥有前瞻的格局和开放的心态，以及颠覆、创造与再造市场的能力。正因如此，在体育服务与养老服务领域，创新其实只是凤毛麟角：别的企业做什么，我们就做什么；别的企业怎么做，我们就怎么做；跟在别人背后似乎不需要动那么多脑筋——这就导致中国近年来很多创投型体育企业或养老企业没有形成自己的竞争力，更难以主动开拓创建专业的老年运动健康服务市场。然而，辩证地看，一个好的康养创业项目，在其创意产生之初，实际上只有少数人能看懂，那些大多数人都想去做的项目，一定不算是什么好项目。所以，企业首先应该树立融合创新的思想意识，尝试着构思富有新意的老年康体项目方案、设计别具一格的适老体育服务产品，争做行业先驱与平台领袖。

第二，要探寻融合方法。树立融合意识之后便是贯通，需要企业对掌握的所有

要素资源进行跨界整合，使其发挥出最大的能量和价值，让好的创业项目赢得资本认可、政府支持与用户好评。由于产业融合既会为市场主体带来新的挑战，又能够为其创造全新的商业机会，因此，拟进入老年运动健康服务市场的企业还应该积极探寻融合创新的具体方法，通过进行多种适宜的融合实践，如目标融合（有效锁定社区居家养老用户还是机构养老用户）、资产融合（选择兼并、自建还是兼并＋自建的资产运营模式切入市场）、营销融合（灵活采用体验式营销、活动式营销、会员式营销、教育式营销、奖励式营销、新闻式营销的搭配组合）、机制融合（合理建立资源共享机制、利益共创机制、风险共担机制）、平台融合（逐步打造企业员工、管理智库、细分专家、商界人士、科研院所的智创平台）等，促使企业的融合创新思维落地。

（二）加强发展战略创新

第一，要构建形成基于融合机制下的企业战略创新体系。管理学家波特认为，企业战略是影响产业竞争力的关键因素之一。随着全球产业融合趋势的增强，企业不仅要加快形成融合创新的行动理念，而且还需要设计和实施适应产业融合的创新发展战略来向相关产业渗透，以此提高企业实现业务转型及从事跨界经营的竞争能力。就中国体育企业与养老企业而言，其应该充分认识人口老龄化背景下生活性服务业转型升级的必然性和紧迫性，借鉴国际同行经验、立足国内市场形势，确立"满足大健康产业发展需求"的创新战略基点、设定"实现用户价值最大化"的创新战略目标、打造"专注老年运动健康服务管理"的创新战略核心、培养"提供整体解决方案"的创新战略能力，从而构建形成基于融合机制下的企业战略创新体系（图11-6）：①可以通过构建康养新产业价值链为导向进行产业融合；②可以通过加快企业制度标准化建设来促进产业融合；③可以通过运用人才激励创新手段来促进产业融合；④可以通过采用渠道衔接融通方式来促进产业融合；⑤可以通过加强服务产品适老化设计来促进产业融合；⑥可以通过优化信息技术应用来促进产业融合。

第二，要选择找准基于融合机制下的企业战略实施路径。理念和模式都是外框，要想成功关键在于精细化执行。所以，在形成企业战略创新体系的基础之上，体育企业与养老企业还需要选择适应老年运动健康服务市场发展趋势的创新战略实施路径，这样才能使其在企业经营管理实践中得以有效落实。一是找准价值变现路径。由于康养产业是一个长线产业，准公益化与微利化发展乃是其主要特征，特别是在当前老年总体消费水平本就不高的情况下，企业从事老年运动健康服务的经

第十一章 贵州体育与养老产业融合发展方略

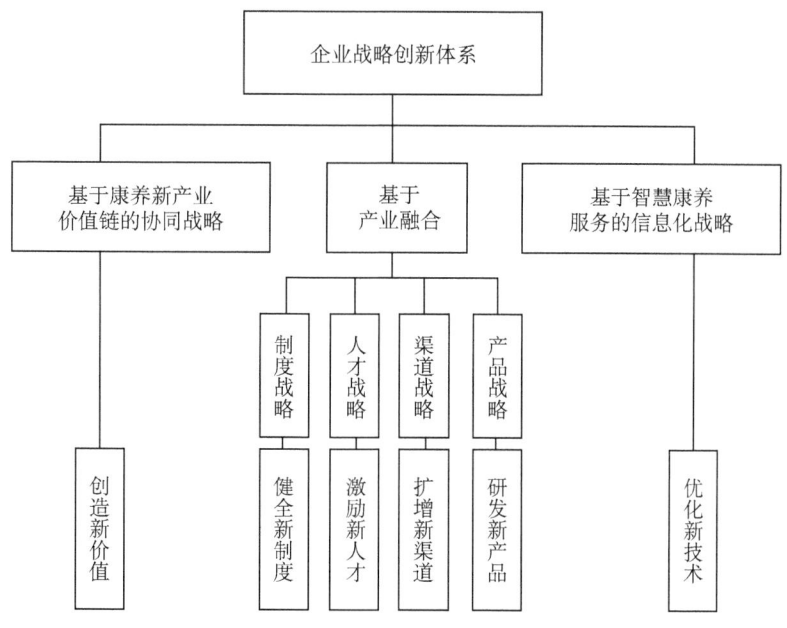

图 11-6 基于体育产业与养老产业融合的企业战略创新体系

营,必须具有爱心、诚心、细心和耐心;只有通过提供优良的服务和优质的产品来帮助老年用户解决生活烦恼,真正赢得他们的认可和信任,率先创造出更多的社会价值,才能在长期积累过程中获得最重要的"声望"资源,从而持续实现价值变现,令企业受益。二是找准制度建设路径。不论是中小型的创投企业还是大型企业集团,在涉足老年运动健康服务管理的时候,都应该在探索服务管理制度化、制度流程化、流程信息化、信息模块化经验的基础上,不断完善企业制度体系的标准化建设。三是找准人才储备路径。体育产业与养老产业融合使得企业市场扩大、业务增多,在带来更多康养服务就业岗位的同时,也对"跨专业、跨行业"的融合型人才和创造型人才产生强大的需求,因此,企业应通过"内培外引"的多种途径来吸引和储备更多高水平复合型人才。四是找准渠道行销路径。面对老年用户,企业需要构建"线上线下相结合且线下为主"的行销思路,主动拉近服务距离,积极开展互动交流,有效增强用户黏度。五是找准产品规划路径。考虑到老龄群体内部在年龄性别、生理机能、经济收入、生活阅历及行为动机等诸多因素上的差异,企业在设计规划适老体育服务产品的时候,应该秉持"包容性设计"和"通用设计"的基本理念,进行产品归纳、分层的人性化设计。六是找准技术实现路径。在互联互通的信息化社会中,为了提高适老体育服务产品的投放精度,企业还可以借助大数据、云平台等技术手段，适时研发和建立不同类型的智慧康养服务系统，逐步实现老年运动健康服务管理的精准化、智能化、远程化和高效化。

（三）加强经营管理创新

第一，要重视合作共赢与集成经营。从体育产业与养老产业的发展轨迹来看，虽然市场资本前期偏好重资产并购，但是随着好的标的逐渐消失，再加之经济下行，轻资产运营将成为主流，尤其是在现阶段老年运动健康服务市场的初创培育期，合作比竞争更为重要。一方面，由于观念改变、市场渐暖，企业可以通过结盟实现优势互补与资源共享及分散风险，从而在合作中进一步巩固发展战略，明确企业创新方向，实现市场多边共赢，促进产业融合发展。例如，康养服务企业可先从居家上门服务起步，结识战略资源伙伴，之后再通过租赁、共建等方式提供小规模、多功能的轻资产社区康养服务，快速抢占老年运动健康服务市场份额。另一方面，由于市场细分势在必行，企业可以在加强既有合作的基础上，同时采取集成经营策略，围绕"健—乐—养"的新产业价值链，全面推进市场扩张，使企业从老年运动健康服务市场经营的单兵突击和专业分工转向集成发展。例如，社区居家型康养服务企业可以通过与金融机构合作推出灵活的小型商业养老保险方案留住用户，并开展诸如康复医疗、乐龄项目等附加增值业务进入机构养老领域。另外，由于区域争夺日益增强，企业还可以联合构建老年运动健康服务管理的区域创新网络，逐步在全国形成连锁运营体系，让老年用户能够在这个平台分时分地享受服务。

第二，要注重服务能力的动态发展与品牌形象的建设管理。服务能力是现代服务型企业的核心竞争力，加强对服务能力的动态开发与维护，有利于企业在混业经营中获得竞争优势。在体育产业与养老产业融合过程中，企业需要保持服务能力具备一定的柔性，克服因传统运作惯性产生服务能力刚性化的弊端。同时，由于老年运动健康服务市场在短期内难以实现规模化及服务运营商在地理上的分散性，企业之间排挤竞争对手的行为目前尚不存在，市场竞争主要依靠产品质量与人情口碑，其奠定了企业品牌形象的基础。一方面，企业要不断促进服务能力的动态发展。企业不仅应认真调研和分析异质老龄群体的康养消费偏好，而且还要时刻关注老年用户需求的变化，尤其要注意业界同行的服务技术与产品创新可能给用户满足需求时带来的影响，进而对自身的服务技术及其产品组合进行调整，并吸收其他企业的创新成果，实现企业服务能力的有效嫁接与成功转移。另一方面，企业要精心做好品牌形象的建设管理。企业在为老年用户提供精致服务的同时，还应该积极拓展产品的外延,运用多种途径不断地向用户输出有爱、有温度的品宣理念,通过信息传递引发老人共鸣,从而塑造深入人心的企业品牌形象。毕竟品牌是品质、品德、品位的综合体,它是直接体现企业核心竞争力与社会责任心的表达载体——品质是真的、品德是善的、品位是美的,这是人类尊重生命和敬畏生命的表现。

参考文献

[1] 朱成全，等．经济新常态的哲学意蕴[M]．大连：东北财经大学出版社，2017．

[2] 国家行政学院经济学教研部．中国经济新常态[M]．北京：人民出版社，2015．

[3] 宋立，郭春丽，等．中国经济新常态[M]．北京：中国言实出版社，2015．

[4] 任仲文．大国经济新常态[M]．北京：人民日报出版社，2015．

[5] 徐以升．中国经济新常态　从涨潮到退潮[M]．北京：中国经济出版社，2013．

[6] 曹立．中国经济新常态[M]．北京：新华出版社，2014．

[7] 任保平．西大经济评论：经济新常态研究[M]．西安：西北大学出版社，2015．

[8] 曾宪奎．国家治理视角下的经济新常态[M]．杭州：浙江人民出版社，2015．

[9] 马健．产业融合论[M]．南京：南京大学出版社，2006．

[10] 单元媛．高技术产业融合研究[M]．北京：科学出版社，2012．

[11] 郭泽光．产业融合与结构优化[M]．北京：中国财政经济出版社，2017．

[12] 郑明高．产业融合[M]．北京：中国经济出版社，2011．

[13] 胡永佳．产业融合的经济学分析[M]．北京：中国经济出版社，2008．

[14] 许江萍，张东志．中国养老产业投资潜力与政策研究[M]．北京：经济日报出版社，2016．

[15] 邹继征．我国养老体系完善与养老产业发展研究[M]．北京：新星出版社，2015．

[16] 冯佺光．养老产业开发与运营管理[M]．北京：人民出版社，2013．

[17] 魏华林，金坚强．养老大趋势：中国养老产业发展的未来[M]．北京：中信出版社，2014．

[18] 80后养老事业联盟．80后的养老事业：养老产业商业模式与跨界创新[M]．北

京：中国经济出版社，2017．

[19] 陈叔红．养老服务与产业发展[M]．长沙：湖南人民出版社，2007．

[20] 张春志．我国体育产业发展的理论与实践研究[M]．北京：新华出版社，2015．

[21] 周学政．体育产业多元化发展战略[M]．天津：天津科学技术出版社，2014．

[22] 曹可强．体育产业概论[M]．上海：复旦大学出版社，2004．

[23] 丁建岚．体育产业概论[M]．长春：吉林文史出版社，2017．

[24] 杨铁黎．体育产业概论[M]．北京：高等教育出版社，2010．

[25] 杨铁黎，苏义民．休闲体育产业概论[M]．北京：高等教育出版社，2011．

[26] 陈爱如．当代中国养老服务体系的变迁与转型（1949—2016)[D]．合肥：安徽师范大学，2017．

[27] 林香莲．新型城镇化背景下养老模式政策引导研究：以琼海市为例[D]．海口：海南大学，2015．

[28] 王俊．基于国家层面的体育产业政策内容发展研究[D]．武汉：湖北大学，2016．

[29] 李登峰．新常态经济发展背景下上海市体育健身服务业发展研究[D]．上海：华东师范大学，2016．

[30] 戴秉怡．中国体育产业发展前景[J]．当代体育科技，2018（12）：175-176．

[31] 周长满，王立山，王健．体育产业投资发展与分析[J]．当代体育科技，2018（20）：174，176．

[32] 沈小东．我国体育产业发展研究[J]．合作经济与科技，2018（9）：46-47．

[33] 付鹏．体育消费与体育产业投入[J]．现代经济信息，2017（7）：341-342．

[34] 徐振．浅谈我国体育产业的发展[J]．现代经济信息，2017（1）：377．

[35] 尹颖．养老产业与金融支持[J]．统计与管理，2017（7）：134-135．

[36] 张清霞．养老产业发展的现实思考[J]．发展改革理论与实践，2018（8）：29-32．

[37] 朱静．养老产业求解[J]．新理财（政府理财），2016（12）：72-73．

[38] 赵娟．浅析我国养老产业发展及政策趋势[J]．环球市场，2018（21）：8，11．

[39] 庞俐俐．基于"持续照顾"理念背景下的养老模式和养老设施规划[J]．低碳世界，2017（28）：286-287．

[40] 胡燕虹．基于"持续照顾"理念背景下的养老模式和养老设施规划[J]．建材与装饰，2016（47）：106-107．

[41] 杨建军，汤婧婕，汤燕．基于"持续照顾"理念的养老模式和养老设施规划[J]．

城市规划, 2012 (5): 20-26, 65.

[42] 杨素霞. 新常态下体育产业的内涵[J]. 运动, 2016 (17): 2-3.

[43] 胡浩, 王惠敏. 新常态下中国体育产业政策调整研究[J]. 体育风尚, 2018 (6): 296.

[44] 王敏. 新常态下我国体育产业的发展路径探索[J]. 黑河学院学报, 2018 (1): 71-72.

[45] 秦丽芬. 新常态下中国休闲体育产业发展对策研究[J]. 体育风尚, 2018 (7): 219.

[46] 王爱春. 新常态下我国体育产业发展机遇与战略议[J]. 黑河学院学报, 2018 (2): 77-78.

[47] 徐智鹏. 新常态下中国体育产业政策调整论述[J]. 体育时空, 2018 (22): 204.

[48] 陈补林. 新常态下中国体育产业的改革发展[J]. 运动, 2017 (5): 5-6.

[49] 高岩, 衣文涛. 新常态下我国体育产业发展现状及对策研究[J]. 现代商贸工业, 2017 (35): 10-12.

[50] 薛晓娟. 经济新常态下养老服务产业的困境与出路[J]. 河南教育, 2018 (2): 73-75.

[51] 张郧. 新常态下的养老产业发展路径[J]. 江汉论坛, 2015 (6): 25-27.

[52] 张清霞. 经济发展新常态下健康养老产业的新机遇探讨[J]. 知识经济, 2018 (24): 56, 58.

[53] 彭馨馨. 新常态下金融支持养老产业运行机制创新研究[J]. 会计之友, 2018 (7): 14-18.

[54] 姜伟. 经济发展新常态下健康养老产业的新机遇研究[J]. 企业改革与管理, 2017 (7): 212, 214.

[55] 鄢圣文. 新常态下的养老服务产业发展对策[J]. 经济研究参考, 2015 (64): 38-42, 50.